本书由中共上海市委党校（上海行政学院）
学术著作出版基金资助出版

A WAY TO THE PHILOSOPHICAL LIFE:
A STUDY OF LATE FOUCAULT'S
"SELF" THOUGHT

通向哲学生活之路

福柯晚期"自我"思想研究

王婷 著

上海人民出版社

说　明

1. 文中凡涉及希腊—拉丁文、希腊—拉丁文与中英文互译之处,均以方括号标示,如:"说真话"[parrêsia/truth-telling]、"关心自己"[epimêleia heautou/care of the self];凡涉及法文、法文与中英文互译之处,均以加粗方括号标示,如:"自我"【soi/self】,"主体"【sujet/subject】;凡涉及英文与中文互译之处,均以圆括号标示,如:"自我技艺"(techniques of the self);凡涉及德文与中文互译之处,均以尖括号标示,如"出口、出路"〈Ausgang/exit〉。

2. 文中涉及的人名不加区分,均以圆括号标示。

3. 为行文方便,对福柯以下作品进行了缩写:

BH80　　*About the Beginning of the Hermeneutics of the Self: Lectures at Dartmouth College 1980*

LdF84　　*The Courage of Truth: The Government of Self and Others II. Lectures at College de France 1983—1984*

LdF82　　*The Hermeneutics of the Subject: Lectures at College de France 1981—1982*

目录

Contents

导　论

第一节　问题缘起：主体哲学的衰落

17 世纪，笛卡尔作为奠基人开启了现代哲学高扬人的主体性原则、理性原则的新篇章，自此，西方哲学的主流形态基本是以意识哲学为导向的主体哲学。而崇尚自然科学、重视理性反思、致力于百科全书式体系建造的主体哲学在 19 世纪末 20 世纪初的时候却陷入重重危机，走向黄昏。此后，大部分哲学家将自己的任务设定为批判、摆脱主体哲学的窘迫局面，福柯也位列其中。福柯曾在评价主体哲学时说道："自哲学始于笛卡尔，它就只能以笛卡尔的方式前进。"①主体哲学将知识和意义原则都建立在抽象的先验自我上，但是这个先验的自我抑或能指的主体【sujet signifiant】并不能为建立一门科学知识的哲学奠定可靠的基础，也不能对由结构主义揭示的那些在语言和社会结构中、那些并无主体的却能够产生意义的机制作出解释，因此，福柯对"将主体作为哲学的根基"的做法持怀疑态度，他拒斥由笛卡尔建立起来的，经由康德、胡塞尔、萨特沿袭下来的哲学传统，拒绝接受主体是实体（substance）或先验的观念，反对将主体当成人类知识、意义、价值的永恒和非历史的基点的做法。诚然，逻

---

① Michel Foucault, *About the Beginning of the Hermeneutics of the Self*: *Lectures at Dartmouth College 1980*, ed. Henri-Paul Fruchaud and Daniele Lorenzini, trans. Graham Burchell, Chicago and London: The University of Chicago Press, 2016, p.21. 中文译文参考［法］福柯：《自我解释学的起源——福柯 1980 年在达特茅斯学院的演讲》，潘培庆译，西南师范大学出版社 2018 年版，第 6 页。以下英文译本简写为 BH80，中文简写为《自我解释学的起源》，引文部分的翻译在参考潘培庆译文的基础上进行了部分调整，以下不再注明。

辑实证主义和结构主义(语言学、精神分析以及人类学)都为摆脱主体哲学的束缚作出极为有益的尝试,但是在福柯看来,它们并不能算是成功的。福柯在尼采的谱系学基础上,开辟了"现代主体谱系学"视角,对主体进行历史性描述,通过展现"把我们引至现代自我概念的历史来研究主体的构成",[1]进而与主体哲学划清界限,并将之看作是"摆脱传统主体哲学的可能途径之一"。[2]正是通过这种历史谱系学方法,福柯不但展现出了18世纪中叶到19世纪中叶人被当成"对象"的"人的科学"(science of Man)的诞生、大写的"人"的虚妄性,而且通过追溯古希腊—罗马时期自我关系的样态来试图说明"主体"的断裂性。他与同时期的思想家、哲学家批判路径判然有别,因此福柯对主体问题的研究显得尤为宝贵和难得。

福柯在《词与物》中,曾大胆地宣称"人死了"。福柯具有颠覆性的思想,为破除哲学对"主体"的形而上学迷恋情绪有着致命性的摧毁作用,但是同时也为学者真正理解福柯晚期[3]"自我"思想带来了困难。一方面,学者往往凭借这句话和对福柯早期权力思想的了解,就认为福柯解构、抛弃了主体,同时,指责福柯的哲学只有破坏性的摧毁作用,并没有思想上的建构。[4]另一方面,学者指责福柯晚期思想是对古希腊哲学的复辟和怀古、不具有独立性,是对抛弃的"主体"概念的重建,将他的工作看成是更新了主体内涵的补救解构末路之举,

---

[1]　BH80, p.22.《自我解释学的起源》,第8页。

[2]　BH80, p.53, note *.《自我解释学的起源》,第35页,注释a。

[3]　学术界通常把福柯的思想大致分为三个阶段:60年代的知识考古学研究,70年代的权力谱系学研究以及80年代的伦理学研究。本书涉及的福柯晚期并不是特指通过年份划分而得到的一个具体历史时段,而是指福柯研究内容上的变化,即从对权力关系、生命权力的研究(16—19世纪)转向了对古希腊—罗马思想的考察,大致与"80年代的伦理学"重叠。但是,笔者认为这其中不仅包含了伦理思想,还涉及美学、政治等方面的内容,因此,福柯晚期的"自我"思想包含的"晚期"指的则是延续了福柯一直关注的"人的生存境遇"这一核心问题,其研究视角转换为对古希腊—罗马时期的自我关系、真理关系的探究,与此相关的内容都可以划在本书所指的"晚期"范围。

[4]　刘永谋、宋薇:《主体是如何被解构的——重读福柯》,《河北大学学报》(哲学社会科学版)2006年第6期。

用自我这个"新瓶"装主体的"旧酒"。①因此，福柯对古希腊—罗马哲学追溯的目的是什么？福柯晚期推崇的"自我"到底是怎样的？既然福柯反对基于认识论、将主体当成认识对象的主体哲学，反对将真理看成仅是知识领域的存在，那么福柯是如何理解主体同自身的关系，以及真理和主体之间的关系呢？福柯晚期的"自我"思想到底有没有成功地超越主体哲学，并且为"How is one to live"（苏格拉底问题）作出成功的回答？作为哲学的根基"主体"的合法性既然遭到了质疑，那么哲学应该何去何从、哲学的"根"在何处，这些是福柯晚期无论如何都无法回避的问题。此外，与主体哲学相关的子命题，例如启蒙、自由问题、解放问题、权力问题等，也会成为福柯晚期"自我"思想需要回应的诘难。以上疑问也就成了本书研究的原因。

福柯曾将自己一生的工作概括为"研究的总的主题，不是权力，而是主体"。②可以说，福柯没有专门谈过他的"自我"思想，但他在用一生的工作叙写"主体"这一主题。也就是说，虽然福柯研究的对象繁多，疯狂、监狱、规训权力、知识、性、人口、牧领权力等，但在其研究中始终贯穿着一条红线，即试图解开"主体"这一笼罩在哲学上的魔咒。福柯认为，通过所谓的"治理"过程，主体被塑造成型，通过"强制的技艺"（coercion-technique）和"自我技艺"（technique of the self）双向服从，③"人（主体）"出现了。福柯曾从三个方面对主体的身份

① "有人或许会批评说这是一种怀旧思想，想恢复古代的修养论。"参见黄瑞祺：《自我修养与自我创新——晚年福柯的主体/自我观》，黄瑞祺主编：《再见福柯——福柯晚期思想研究》，浙江大学出版社 2008 年版，第 30 页。"福柯创造力枯竭的表现，是福柯思想和学术的断裂。"参见杜玉生：《哲学修行与品性塑造：福柯的古代哲学研究》，北京外国语大学博士学位论文 2014 年，第 25 页。

② Michel Foucault, "The Subject and Power", *The Essential Works of Foucault 1954—1984*, Volume 3, *Power*, ed. James D. Faubion, trans. Bobert Hurley and Others, New York: The New Press, 2001, p. 327. [法]福柯：《主体和权力》，汪民安译，《自我技术：福柯文选 III》，汪民安编，北京大学出版社 2015 年版，第 108 页。

③ 福柯在《主体性和真相》的法兰西学院演讲中（1981 年 3 月 25 日）对"技艺"[technê]给出了定义："技艺就是有序的程序和深思熟虑的方法，这些程序和方法目的在于在某个特定的对象上实行一系列的转变，这些转变是为了某个目的组织起来的，并且关键在于通过这些转变能够实现这个目的。"参见 Michel Foucault, *Subjectivity and Truth: Lectures at the Collège de France 1980—1981*, trans. Graham Burchell, New York: Palgrave Macmillan, 2017, p.251。

作出归纳,他认为当人的自身的历史本体论分别与真理、权力以及伦理相关时,人通过各种技艺将自己分别塑造为知识主体、作用于他人的主体以及道德的行为主体(agent)。①福柯早期对于知识—权力构型的研究,事实上就是对"强制技艺"塑造主体的研究,这里的真理游戏是基于"规训"和"求真意志"的治理,它包含了第一方面(知识型—知识主体)和第二方面(权力关系—权力主体),对知识—权力共谋的讨论占据了福柯学术生涯的大部分时间。福柯在最后的日子里,转向了第三个维度,即"自我同自身的关系"的讨论,治理的策略主要是"自我技艺",这里事实上还掺杂了第一个方面即"求真意志"下的治理问题,两者共同构成福柯所谓的"主体解释学"。因此,我们看到"主体"是通过治理技艺形成的,而不是相反,要破解"主体哲学"的神话就要仔细地刻画各种治理"技艺"使得"主体""出现"②〈Entstehung〉的历史。"强制技艺"与"自我技艺"经常相伴发挥作用,互相促进,很难完全将两者条分缕析地剥离开来,但是,本书拟以"自我同自身的关系"为研究切入点,探讨福柯晚期思想,③试图以"自我技艺"的这一媒介去重新梳理、理解人与自身、与真

① Michel Foucault, "On the Genealogy of Ethics: An Overview of Work in Progress", *The Essential Works of Michel Foucault 1954—1985*, Volume 1, *Ethics: Subjectivity and Truth*, ed. Paul Rabinow, trans. Robert Hurley and Others, New York: The New Press, 1997, p.262. [法]福柯:《论伦理学的谱系学:研究进展一览》,上官燕译,《自我技术:福柯文选Ⅲ》,汪民安编,北京大学出版社2015年版,第158页。

② "Entstehung"是福柯在《尼采　谱系学　历史学》当中使用的一个德语词汇,它来自尼采的谱系学思想。福柯将这一词汇理解为事物兴起、涌现的时刻,与"起源"(Ursprung)相对立。参见Foucault, *Nietzsche, Genealogy, History*, *The Foucault Reader*, ed. Paul Rabinow, New York: Panthon Books, 1984, p.83。

③ 虽然"强制技艺"与"自我技艺"之间密不可分、互相促进,但实际上,"自我技艺"是"强制技艺"的基础。现代哲学正是通过"自我技艺"得到了知识的起点——"主体"概念,继而实现了通过"求知意志"来管控、治理他人,即权力关系的全面铺展(强制技艺运转模式)——这也是知识、权力勾结的开始:知识愈加丰富,权力关系越发达,人愈发陷入治理。切断这个链条的唯一方法就是取消知识的可靠起点——"主体",因此笔者认为,福柯晚期从"自我技艺"入手,转向了对"自我"的研究,这与其早期的研究是承接递进关系,而不是研究主题的突然转换和断裂。并且,他从"自我"视角出发是基于一定的理论原因的——只有将塑造"主体"假相的"自我技艺"用谱系学描述的方法展现出来,进而消解掉,福柯才有可能从根本上走出主体哲学的困境。有关福柯如何拆解主体哲学的"主体"概念的讨论,详见本书第一章。

理之间的关系问题,因此在材料选取以及讨论方向上均侧重"自我技艺"方面。以"自我技艺"这一"治理"角度去揭示西方社会独有的"主体解释学"特征,以期破除学者对福柯晚期"自我"思想的诸多误解,为其思想的合理性进行辩护。

　　事实上,福柯晚期的思想并不是改头换面的主体哲学,抑或重拾早期摒弃的"主体"概念,他对古希腊—罗马哲学的研究不是简单地复归,而是在其基础上进行了发挥和创造,形成了独立且风格独特的哲学成果。围绕着谱系学考察,通过对比前苏格拉底时期、公元4—5世纪,以及启蒙时期,福柯揭示了现代哲学"主体"的秘密,进一步找到了解决"人类当下的生存困境"的办法,更确切地说,实际上是福柯创造出了一种解决的方法,逆历史而上,找到了一条能够剖析我们何以成为客体化主体的路径,福柯的晚期思想试图创造性地给予我们一种人在世的生存方式、不被过度治理的途径,以及重新理解真理问题的态度,这有别于笛卡尔以来的"理性化的主体哲学"。更重要的是我们要理解福柯谱系学描述下的"自我"并不是一个新的主体的维度,福柯曾明确地表示,自己所反对的就是主体哲学,福柯想要讨论的是,人如何通过真理游戏以及治理技艺把自己构造为疯癫、犯罪以及性等主体的,以此来反对那种不间断地对"主体"进行拷问,进而得出真理知识的做法,反对那种从压抑—解放模型出发来讨论自由路径的做法,总之,将"理性主体"看成哲学的原点是福柯所拒斥的,"为了分析这些关系,我不得不拒绝关于主体的先验理论"。①

　　一方面,通过自现代至古希腊—罗马的历史谱系学描述,透过"性"这一中介,福柯发现,在古希腊—罗马哲学中,人们更为关注人自身的伦理行为,自己

---

① Michel Foucault, "The Ethics of the Concern for Self as a Practice of Freedom", *The Essential Works of Michel Foucault 1954—1985*, Volume 1, *Ethics*: *Subjectivity and Truth*, ed. Paul Rabinow, trans. Robert Hurley and Others, New York: The New Press, 1997, p.290. 参见[法]福柯:《自我关注的伦理学是一种自由实践》,刘耀辉译,《自我技术:福柯文选Ⅲ》,汪民安编,北京大学出版社2015年版,第265页。译文有改动。

与自身、他人的关系,人如何幸福、安宁地度过一生,而并不十分关注宗教道德
问题和认识论问题,哲学的作用不在于向人们灌输有待遵守的道德律令,也不
是向人们兜售某种哲学理论。古希腊—罗马时期的人们更注重遵循审美式的
自我伦理实践准则,而不是强制技艺下的道德法则(code),这区别于基督教道
德及现代基于法律规范之上的道德。同时,在古希腊—罗马的哲学思想中,
"自我"作为一种人同自身的关系,并不是一个给定的、先验的理性实体本身,
而是开放性的场域,通过个人和他人的帮助对自己的身体、灵魂、思想实施一
系列的操作,目的在于改造自己,达至"完美、幸福、纯洁、超自然能力等状
态",①形成一种生存伦理实践、一种艺术美学创造、一种自由存在方式,福柯将
之称为"生存美学"(aesthetic of existence)抑或"自我的风格化"(stylization)。
以"自我技艺"②来追求生活之美是其核心特征,这一时期的"自我技艺"是以
"修养"的样态呈现的,区别于主体解释学的"自我技艺",并且"自我技艺"不
能同强制权力化约,它是福柯要探寻的"思想实验",福柯通过尼采式的谱系学
路径致敬希腊—罗马思想中非规则化的审美和伦理的主体化过程。另一方面,
"自我技艺"(修养)作为"自我"和真理之间的中介还决定了古希腊—罗马时期
人们对于两者之间关系的态度,这一点也区别于基督教和现代时期。在古希
腊—罗马时期,"自我"是据以实践、修养的"格言式自我"【soi gnomique】③,自我
是有待被创造的材料(material),并且,真理也包含了"实践"层面,人通过"修
养"将真理内化为自己的装备,从而对抗生活中出现的危险和苦难,成为更好

---

① BH80, p.25.《自我解释学的起源》,第10页。
② "technê/technique"可译为"工艺""技术""艺术""技艺"等,笔者更倾向于"技艺"的翻译方式,
这能够突出该术语具备的"技"与"艺"的双重含义,这是因为在福柯的思想中,"自我技艺"可以
用在不同语境来指代人们在处理自我关系时采用的不同方法和程序:在现代哲学语境中,这个
术语更多地体现为"技巧""技术"的含义,这是由于现代主体哲学使用了解释学方法来处理自
我关系,将人看成是客观的认识对象,而不是将人看成是一件待塑造的艺术作品,而后者则是古
希腊—罗马时期人们追求的目标,古人以关心自己、说真话等方式来进行自我构造,这更像是艺
术创作的过程,将自我风格化、生活美学化,因此在古希腊—罗马时期这个术语更多地体现为
"艺术"。综合以上两个方面,译为"技艺"能够兼具两层含义。
③ 格言[gnômê]在古代意指意志和认识的统一。

的自我,形成一种良好的生活模式。这不同于"诺斯替自我"【soi gnostique】以及"认识论自我"【soi gnoséologique】,这两种自我是一种绝对的、先验性的主体,事实上在这两种"自我"中,也存在"自我技艺",但是它是以"阐释"和"求真意志"为特征的,福柯将之称为"自白"(confession)和审查,也就是说,真理来自对主体的不间断审察、辨认和分析,来自意识的最隐蔽之处,是认识的产物,福柯反对这种"主体的解释学"。福柯认为基督教是"主体解释学"的始作俑者,基督教虽然继承了古代的"自我技艺",但是基于对上帝的信仰,认为上帝即真理的化身,通过不断地对自我"罪孽"的内心审察,以求得弃绝不洁净的自我,实现完全顺从上帝,获得真理。现代哲学继承了基督教的这种解释学的"自我技艺",将其运用在"人的实证形象"之上,发展出了以理性分析为特征的主体哲学,因此"主体解释学"的传统并不存在于古希腊—罗马时期,而是发端于基督教时期。福柯通过对"自我技艺"的历史性描述,让"主体谱系学"的历史跃然纸上,在福柯看来,自我"不过就是我们历史上所建构技术的历史相关物而已。"①因此,当下的哲学危机和人类生存的困境并不能从"主体哲学"出发来寻找出路,福柯由此转向了对古希腊—罗马哲学的探究。

对于古希腊—罗马的追溯,福柯并不祈求从中直接得到能够解决人类当下生存困境的金钥匙,直接拿来为现代的我们所用,而是通过谱系学的方法展现"自我"的历史性、偶然性,以便启示我们应该重新思考"主体"这一哲学范畴,重新考量将基础奠基于此的哲学的可靠性,重新理解所谓的被治理的状态,重新审视人类当下生存的境遇,借以反思人文主义、人类中心主义、自由问题、启蒙思想等构建起来的庞大的现代性叙事体系,简言之,启示人们反思当下,彻底清算主体哲学遗留的诸多问题。福柯也承认"你不可能在别人于另一时刻提出的另一个问题的答案中找到解决这个问题的答案。您瞧,我想做的不是关于'答案'(solution)的历史,这就是为什么我不接受'另类方式'(alter-

---

① BH80,p.76.《自我解释学的起源》,第62页。

native)这个词"①。也就是说,事实上福柯对于古希腊—罗马哲学是兼有批判与继承态度的,但更重要的是继承,他继承并改进了"自我的风格化""生存美学",以此回答"How is one to live"这一问题。另外,这里其实也关涉福柯对于知识分子任务的理解:福柯回到古代哲学的做法并不是企图在古代的思想中找到解决现实困境的方案,因此他的哲学任务也就不是为公众提供"怎么办"的标准答案,知识分子的形象不应该再是法国启蒙运动中的公共知识分子的形象,不应该将自己的思想直接作为困境的解决方案提供给公众。"知识分子不再需要说什么是善,而由人们自己通过分析所提出的现实去做事情,或者去自发地行事,以便让他们自己去确定对他们来说什么是善。"②也就是说,福柯回到古希腊—罗马哲学,是为了展现"自我"(self)如何被塑型成消极的"主体"(subject)这一谱系学历史过程,剖析人类在求知意志的治理下如何陷于"理性主体"概念模型下而不自知,批判以"解放"路径获取人的自由的观点,重新理解"何为启蒙",福柯作为知识分子的任务则是对这一历史过程进行描述,让人们自己去思考"什么是善",何去何从应是人自我的自由抉择。这是一个开放性的回应,而不应该被批评为"出路彷徨"。在现代世界,让古希腊—罗马的自我技艺装置重新起作用是并不现实的,福柯回到古代

① ［法］福柯:《论伦理学的谱系学:研究进展一览》,上官燕译,《自我技术:福柯文选 III》,汪民安编,北京大学出版社 2015 年版,第 145 页。

Q. Do you think that the Greeks offer an attractive and plausible alternative?

M.F. No! I am not looking for an alternative; you can't find the solution of a problem in the solution of another problem raised at another moment by other people. You see, what I want to do is not the history of solutions-and that's the reason why I don't accept the word alternative.

引自 Michel Foucault, On the Genealogy of Ethics: An Overview of Work in Progress, *The Essential Works of Michel Foucault 1954—1985*, Volume 1, *Ethics: Subjectivity and Truth*, ed. Paul Rabinow, trans. Robert Hurley and Others, New York: The New Press, 1997, p.256.

在《论伦理学的谱系学:研究进展一览》中,翻译者将前两个 alternative 翻译为"另类方式",将最后一个 alternative 翻译为"替代品",笔者认为,这里稍显不妥,福柯这里对照的是 solution, alternative 意指解决当前困境的一种途径、一种可以为我们选择的路径。而福柯恰恰认为自己的任务并不是为人们提供一个直接能应用的答案,即"另类方式",而是发挥启发、引导的作用。

② BH80, pp.137—138.《自我解释学的起源》,第 130 页。

的做法至少可以为现代人提供某种审视当下的角度和工具,在此基础上对当下做出改变。也就是说,福柯关于古代时期的讨论毋宁是对当前人类境遇问题化(problematization)的谱系学研究的产物,是一种政治—伦理学。福柯晚期的工作亦不能算作对早期工作的补救式的回答,更不是对其批评者诘问的回应,而是伴随着福柯对于权力与知识构型研究的深入,对于治理问题的思考,对于人类当下所处的境遇问题化思考的结果,追思古代,只是为了审视现在。福柯晚期的思想不仅具有生存美学、伦理的意蕴,更具有一种福柯重视的"政治—伦理"色彩,因为福柯表达过,"在我们的世界中、在我们自身上、在我们的环境中,接受、拒绝和改变"①什么,这就具有了"政治的层面"。联系早期福柯对于治理问题的研究,我们才能真正理解福柯将目光集中在哲学起源的古希腊—罗马时代的用意,也能够理解无论福柯的研究对象怎样转变,无论是对知识、权力、疯癫、监狱、人口、性的探讨还是对于古希腊—罗马的研究,福柯始终是围绕着人类生存境遇的审视、真理关系的辨析,以及对哲学出路的关注。

第二节　本书结构

本书整体设计五章。

第一章为主体解释学:基督教与现代主体哲学。这是福柯自我思想要批判的对象。从哲学层面来反思人的现实境遇,福柯发现现代哲学中主体同自身的关系、主体同真理之间的关系都以解释学的自我技艺为特征。这种解释学的技艺来自基督教的自白和自我审查技术,笛卡尔将之运用在了哲学中,催生了"主体"这一概念并且产生了新的治理效果,即主体被当作分析解读的对象,真理被当成关于主体的真相,被局限在认识之中,是一种知识。通过这两方面的过程,主体哲学确立了。当下的现实以及诸多理论问题的思考方式均

---

① BH80, p.24, note b.《自我解释学的起源》,第9页,注释 b。

受制于主体哲学,比如对解放问题、自由问题、权力问题等的理解,则会影响人的现实生活境况。福柯通过历史描述揭示了主体哲学的问题所在,即主体概念的虚假性、知识前提的脆弱性,试图消解主体概念,打破主体哲学的形而上学传统。第一章主要处理福柯想要哲学对话的对象。

接下来的三章分别从人同自我关系、人同真理之间的关系出发来考察古希腊—罗马时期,人们处理两对关系时应用的技术——"tekhnê"(准确地说,古人将其看成艺术)。通过对比,试图说明福柯对古代的阐发其实是在为人们提供破除主体解释学传统的一条有益思路,打破主体哲学思路来重新反思人的生存境遇,为"How is one to live?"这一亘古的哲学问题作出回答。

第二章和第三章是阐述古代人如何处理人与自我关系的。他们主要是以"关心自己"的方法去处理这一关系,而"关心自己"在不同时期的内容也不相同。

第二章为"关心自己"就是"认识你自己":柏拉图的十字路口。首先,在柏拉图时期"关心自己"就是"认识你自己",这是一种精英行为,只有少数人能够完成这一目标。其次,关心自己面向的是年轻人。第三,关心自己是为了关心别人,即对城邦的治理。最重要的是"关心自己"是以"认识你自己"作为主要方式的,即通过对灵魂具有的神圣要素进行回忆,从而获得智慧,对于自己有所了解,从而关心自己,继而关心他人。要知道这种认识,并不是认知,这就与现代的"认识你自己"为核心特征的主体哲学划开界限,古代的"认识你自己"需要各种精神要求,也就是说关心自己需要改变自己的行为和生活方式才能实现这一目标,这里包含了生存美学向度。需要注意的是,对灵魂的回忆实际上标识出西方与肉体分离的灵魂本体论形而上学传统。因此称之为柏拉图的十字路口。

第三章为"关心自己"就是"教化自我":"关心自己"的黄金时期。这一章主要处理的是希腊化—罗马时期处理自我关系的主要方式,虽然同样是"关心自己"的主题,但是在这一时期,它已经进一步发展为"教化自我"。"关心自己"已经成为所有人一生需要践行的、以"自我"作为目的的自由实践。因此，分别就关心自己在普遍化程度上、实践目标上以及采用形式上三个方面来考察"关心自己"的内容是如何发展为"教化自我"这一自我技艺的。

第四章为"说真话"：古人处理自我与真理之间关系的核心技艺。这一章主要处理的是古人对待真理的态度。"说真话"是对古人处理真理关系的技艺的一种概括性讲法，可以分为对别人说，就是勇气方式；对自己说，就是净化方式。总体来说，古代讲求真理的主体化、伦理化，真理其实是来自外部的，是通过实践将真理内化为自己的品行以便形成一种幸福、美好的生活方式。

对勇气方式的"说真话"来说，其实经历了三个时段，一是苏格拉底将"说真话"引入哲学。福柯通过对《申辩篇》《克里托篇》《斐多篇》的解读，认为"说真话"是为了让人们关心自己，而最终还是走向了对灵魂进行认识的形而上学，即通过"说真话"使灵魂不受错误意见的影响。

二是苏格拉底将"说真话"引向生活。通过对《拉凯斯篇》的解读，福柯认为，"说真话"最终导向了对生活的检验，建立一种良好的生存模式和行为方式，形成古代特有的生存美学，这一哲学的生活向度，在现代哲学中已经模糊不清。

三是犬儒主义将"说真话"彻底极端化为"将生活本身看成是真理的表达"，这是一种"真的生活"。如果说苏格拉底还是仅将"说真话"引向了生活维度，试图建立一种高尚的生活方式，那么，犬儒主义则是将其极端化，甚至走向了反面，建立一种不堪的边缘生活。犬儒主义其实也发扬了真的无隐匿、无混杂、正直、不变的特性，但是犬儒主义将"说真话"塑造为一种异的生活来向传统、习俗、常规发起挑战。这是福柯十分欣赏并且在自己的哲学中努力践行的，即不怕牺牲、勇于战斗，更是为了治疗。

净化方式的"说真话"主要集中在教化时期，这是一种对自我的真理言说，也就是将听取来的、外部真理内化为自己的品行、生活方式的技艺，通过真理传递（听说读写）和真理转化（实际训练和沉思）两个方面的技艺，人会形成一种好的行为方式、品行,以便拥有一种善和幸福的生活。

以上就是古代处理自我关系、处理自我和真理之间关系的主要技艺,福柯花费大量精力进行阐发,对于古代文本的使用完全依照自己的哲学目标,阐发他的"自我"思想。为了对照现代主体哲学的大行其道,对比说明一种对立的哲学形态的存在,为人们提供一种新思路,来摆脱当前主体哲学对人的现实约束。这种谱系学描述不仅是复述古代思想,而是为了批判和诊断。

第五章为批判态度与创造性修养实践:福柯"自我"思想的内核。这一章对本书涉及的、对福柯"自我"思想存在误读而导致的问题进行了集中讨论。首先对于福柯的"自我"思想到底是不是回归了主体概念,抑或重新拟定了一个新的主体的问题,进行了正面回答。彻底澄清自我、主体、主体性、主体化及各相关的术语是解答问题的关键所在,只有统一了讨论前提,我们才能断定福柯的思想是不是对主体的回归或者是重新塑造了主体。如果主体是主体客体化形成的产物,是被解读分析的对象,是具有本质、普遍的主体,那么福柯是断然排斥这样的主体概念的,因此"自我"思想不是对主体的回归。另外,福柯的"自我"思想也不是重新塑造了一个主体,有人诘难福柯的自我构造是一种悖论,因为自我首先存在才能被建构,所以福柯还是预设了主体的存在,其实这种"在"是一种既在又不在,在就是说,人活着,这种关系就在,这不是一种逻辑关系或者先验预设,而是一种自然而然的"在",这种关系也"不在",因为福柯认为这是有待被塑造的,完全是一种敞开的场域。福柯想要借鉴的主要是古代处理自我关系的"关心自己"的这种生存艺术,试图给予当下受主体哲学钳制的境况以对比性描述,来展现其他处理自我关系的可能方式,福柯指向的问题并不是讨论存在的形而上学问题,而关注的是人如何生存得更好的问题。

同时如何评价福柯的"自我"思想,到底它是一项建构性的工作?还仅仅是一项解构性的工作?这需要从整体上来把握福柯的思想,我们才能正确评价福柯这一思想所做的工作。如果将哲学看成理论和体系的建构,确实福柯没有这方面的成果;但是如果将哲学看成一种生活方式的指南,那么福柯思想则是更贴近这种哲学形态。福柯将哲学看成是个人体验的过程,看成是一种生活方式和态度,目的是能够形成一种好的生活,然而通向好的生活的路径并不唯一,它没有固定的答案。福柯的哲学作为其中的一种答案,具有启发的作用,虽然它不能直接告诉我们应该怎么做,但必须承认的是,启发性也是一种建构性的工作。本书试图从福柯的这种具有启发性的思想中提炼它的内核,即在实际运用中能够学习和可操作的内容,然而这其实是福柯反对的做法,但是为了让更多研究者能够知道福柯的"自我"思想能够带来的意义和借鉴,我们必须这样去处理福柯的"自我"思想。福柯"自我"思想针对处理人同真理之间的关系,福柯形成了一种真的精神,即批判态度,能够与当下形成差异,反思习以为常的事情,也就是问题化它们;针对人同自我的关系,"关心自己"的自我技艺使福柯更加注重体验形成的经验和修养实践,福柯想要倡导的是对自我行为方式和生活方式的转变,哲学是做出来的,它是生活的指南,而不是知识的堆砌。因此,在古人思想的基础上,福柯形成了自己的思想内容——批判态度以及创造性修养实践。

结语部分阐述了笔者对福柯"自我"思想的评价,并探讨了学术界对福柯这一思想存在的诸多误解。对福柯"自我"思想中包含的学术贡献作出了肯定和辩护,同时,也对这一思想具有的局限性作出了客观剖析。

第一章

主体解释学：
基督教与现代主体哲学

我认为，在我们的社会中，在我们的文化中，认识你自己[gnôthi seauton]的影响力要比想象中小得多。——福柯①

我们不应该建构"认识你自己"的连续性历史，并设想这一历史具有某种一般的、普遍的主体理论作为隐含的，或明确的公设，而要通过分析自省性【réflexivité/reflexivity】形式来着手一种实践的历史，实践为自省性形式提供了支撑，以便赋予"认识你自己"这一古老传统原则意义——其可变的意义、历史的意义，但从来不是普遍的意义。——福柯②

自白（confession）③成为西方最有价值的制造真理的技术之一。从那时起，我们就形成了一个特殊的自白的社会。自白广泛地散播它的影响：它在司法、医学、教育、家庭关系以及爱情关系中，在日常生活的最平凡的事情

---

① BH80, p.53.《自我解释学的起源》，第35页。
② BH80, pp.77—78, note 1.《自我解释学的起源》，第64页，注释1。
③ 对于confession的翻译，学术界存在"忏悔"、"坦白"（佘碧平译《性经验史》）、"告白"（李猛译《无名者的生活》）、"自白"（吴蕾译《自我技术》）、"招供"（潘培庆译《福柯思想辞典》）等多种翻译方式。笔者赞同第三种译法，原因在于："忏悔"具有宗教意味，是指认识到过去的错误、罪行决心要改正；"坦白""招供"具有司法意味，在中文里是一个法律专有词汇，是指对被怀疑的犯罪事实进行交代，这是一种被动的行为；"告白"常用在爱意表达语境中，也指代对公众的声明、说明等；在福柯的"自我"思想中，"confession"的确诞生于基督教，但是这一自我技艺后来被笛卡尔等一系列哲学家所继承和运用，指代对自我的陈述这一实践，因此这一术语需要采用一个中性的翻译方法，"自白"在中文里是指自己说明自己的意思，因此更合适福柯对confession的所指。

中,在最庄严的仪式中,都起着作用。⋯⋯西方人已然变成了自白的动物。——福柯①

第一节 主体解释学的开始

"告诉我,你的每一个想法"[omnes cogitations/confess all of your thought]。

1980 年 11 月 17 日,福柯在达特茅斯学院的演讲以一个看似十分专业的主题描述开始。他描述了一位名为勒雷(Leuret)的法国精神病医生在对他的一位患者 A 先生进行冷水淋浴治疗。

医生说:"所有这一切都是疯话,答应我不要再相信它了。"

病人犹豫了一下,然后答应了。

医生回答说:"这还不够,您已经作过类似的保证了,但您没有履行诺言。"于是医生打开莲蓬头,冷水冲向病人的头部。

"是的,是的,我疯了!"病人哭喊起来。

莲蓬头被关闭,审问继续。

"是的,我承认我是疯子,"病人反复这样说,并且加了一句,"我这样承认,那是因为您逼迫我承认。"

冷水再次冲下,病人再次自白,新一轮审问又开始了。

病人说:"不过,我向您保证,我听到了说话的声音,看到了敌人在我周围。"

冷水又一次冲下。

病人说:"好了,我承认,我是疯子;这一切都是疯癫行为。"②

---

① Michel Foucault, *The History of Sexuality*, Volume 1: *An Introduction*, trans. Robert Hurley, New York: Pantheon Books, 1978, p.59. 中文参见[法]福柯:《性经验史》,佘碧平译,上海人民出版社 2005 年版,第 39 页。引文处译文有改动,下文不再注明。

② F. Leuret, *Du traitement moral de la folie*, Paris: J.B. Baillière, 1840, pp.191—204. Quoted from BH80, p.19.《自我解释学的起源》,第 3—4 页。

让患者承认自己是疯子,这是一个十分古老的医治手段,因为一直以来,疯癫排斥承认疯癫,如果患者能够承认自己疯癫的事实,那么他就被治愈了。然而,福柯认为勒雷医生在此处使用了一种与以往极为不同的技术,即他对患者头脑中的观念正确与否不感兴趣,他只是想要让他的患者 A 先生清楚而又明确地说出"我是疯子"这句话。这不仅是一种古老的医疗手段,更是将一种长期存在于司法、宗教机构中的程序纳入精神病医疗过程,"大声而清楚地说出关于自己的真相",①患者(主体)此刻正在制造关于他自身的真相的话语("我承认,我是疯子"),福柯将之称为"自白"技艺。这与福柯早期研究的"强制技术"判然有别,早在 1977—1978 年的法兰西学院的演讲中,福柯从牧领权力出发,得出了"治理"(governmentality)概念,他认为"这种支配他人的技术与支配自我的技术之间的相遇"②是使人"客体化"和"屈从"的工具,我们基本可以认为早期福柯谈论的"强制技术"属于支配他人的技术,而"自白"属于"自我技艺"(techniques of the self),虽然说,支配他人和自我支配的技艺往往相互缠绕、相互配合实现效用,但是,在这里我们还是能够将"说出自己的真相"的技艺和"强制技术"区分开来。在早期,福柯给予"强制技术"塑造主体以重点考察;在晚期,福柯则将研究的兴趣点转向了以"自白"和"心灵审查"【examen de conscience/examination of conscience】为核心特征的"自我技艺"。实际上,这一"自我技艺"形成了现代西方人获取真相的独特方式、造就了西方文化中独有的"主体解释学"构造主体的模式,它创生于西方社会,并且被西方社会普遍接受。正是基督教变革性地使用了"自我技艺",从而使其成为"主体解释学"的摇篮,西方人通过基督教才普遍认为通过"自白"和"心灵审查"能够得到罪孽的免除,能够得到救赎,人们不但要知道自己是谁,还要不停地向他人

① BH80, p.20.《自我解释学的起源》,第 5 页。
② Michel Foucault, "Technologies of the Self", *The Essential Works of Michel Foucault 1954—1985*, Volume 1, *Ethics*: *Subjectivity and Truth*, ed. Paul Rabinow, trans. Robert Hurley and Others, New York: The New Press, 1997, p.225. [法]福柯:《自我技术》,吴蕾译,《自我技术:福柯文选 III》,汪民安编,北京大学出版社 2015 年版,第 55 页。引文处译文有改动。

诉说关于自己的真相。勒雷医生的故事只不过是真理话语、自我技艺以及主体构型之间复杂关系中的一个普通事例而已。福柯借此事例从"自我技艺"的层面来讨论真理与主体、主体与自身之间的关系问题，将之纳入"现代主体的谱系学"这样一个更为普遍的哲学研究主题之中。

　　以勒雷医生故事为缩影，福柯试图说明"自白"和"心灵审查"技艺作为连接主体与真理之间关系的主要方式，不但深植于西方人内心，而且它还被西方哲学传统深深地打上了"认识你自己"［gnôthi seauton］的烙印。也就是说，"认识你自己"总是被西方历史传统和哲学传统当成分析主体、反思、主体与真理之间关系等等问题的宏大叙事线索。然而，福柯通过对于古希腊—罗马哲学的研究发现，"'认识你自己'最初没有它后来所获得的价值"。① 从古代的"认识你自己"到现代的"认识你自己"【connais-toi toi-même/know yourself】，中间历经了漫长且复杂的历史，两者的含义已经存在着巨大的不同，勒雷医生治疗疯癫患者的事例已经不再属于"认识你自己"的范畴。因此，福柯反对简单地以德尔斐神谕"认识你自己"为基础来分析真理与主体之间的关系，试图建立以"认识你自己"为线索的普遍的、连续性的历史，并设想其中存在着一般的意识主体作为理论支撑点，他认为这是一种错误的哲学先验假设，这是人为虚构出来的历史。②

　　福柯认为造成"认识你自己"的含义发生改变的原因在于维系真理和主体关系的桥梁——"自我技艺"始终在发生着变化。通过对"性"的考察，福柯发

① Michel Foucault, *The Hermeneutics of the Subject*：*Lectures at the Collège de France 1981—1982*, trans. Graham Burchell, New York：Palgrave Macmillan, 2005, p.3. 中文参见［法］福柯：《主体解释学》，佘碧平译，上海人民出版社 2005 年版，第 5 页。以下英文译本简写为 LdF82，中文译本简写为《主体解释学》，引文部分的翻译参考佘碧平译文的基础上进行了调整，以下不再注明。

② 福柯对于古今的"认识你自己"之间存在中断的分析可参考福柯在达特茅斯学院 1980 年 11 月 24 日的演讲内容，以及法兰西学院 1982 年 3 月 24 日第一小时的课程内容。参见 BH80, pp.77—78, note 1.《自我解释学的起源》，第 64 页，注释 1. LdF82, pp.461—462.《主体解释学》，第 479—481 页。

现改变最初发生在基督教时期,基督教时代是西方"主体性"历史上的一个至关重要的变革,甚至是断裂时期。福柯曾解释说,"基督徒认识自己(self-knowledge)的要求并不是源于认识你自己[gnôthi seauton]",①而是来自"向你的精神导师坦白你的每一个想法",②这与苏格拉底和柏拉图那里的"认识你自己"[gnôthi seauton]完全不同。基督教处理自我与真理的关系分为两个方面,一是关乎上帝、《圣经》以及教义等方面,二是涉及自身、灵魂和内心的方面,基督教处理这两个方面关系的方法是"禁欲—修道院式"的模式,这种模式下的认识自己和认识真理互为条件。③也就是说,信徒如果想要理解《圣经》的真理,那么他必须洁净自己(通过忏悔、自白和自我审查);同时,如果为了洁净自己,他必须接受《圣经》规定的诸多真理教条,这两个方面意味着基督徒不但要将上帝、教规和《圣经》奉为真理,而且还要"找寻自己的真相,将它解读为被拯救的条件,并对其他人表现它",④即把"表现自我真相"作为自己承担的最为基本的真理义务。而在这一内容中又存在着两种方法来展现"自我的真相",第一种是表现真相[exomologêsis],这种倾向重点在于用行为表现罪人的身份,福柯将之概括为"基督教的本体论倾向",⑤第二种是"诉说自己"[ex-agoreusis],这种倾向重点在于用言语分析不断地揭示内心和思想,福柯将之归纳为"基督教的认识论倾向"。⑥上文提到的孕育了"主体解释学"的自我技艺生发于"表现自我的真相"的认识论路径,即经基督教改造后的"自白"和"心灵审查",福柯认为这种"自白制度"是很晚的时候才存在于基督教之中的一种革新技术。⑦这两种"表现自我真相"的实践虽然在内容上不同,但是却有共同的目的和企图达到的效果,那就是"自我舍弃"(self-renunciation),为了知晓自

---

① BH80, p.45, note 20.《自我解释学的起源》,第30页,注释20。
② BH80, p.27.《自我解释学的起源》,第12页。
③ BH80, p.55.《自我解释学的起源》,第37页。
④ BH80, p.79, note 3.《自我解释学的起源》,第64页,注释3。
⑤⑥　BH80, p.75.《自我解释学的起源》,第61页。
⑦ BH80, p.56.《自我解释学的起源》,第38页。

我的真相，我们必须对自己进行肉体上的仪式苦修和思想上的言语分析，两者是紧密相连的，"只有当你消失，或者你把自己作为一个真实的身体或一个真实的存在而毁灭你自己时，你才会成为表现真相的主体"。①

一、基督教处理自我同真理之间关系的技艺：表现真相

在基督教最初几个世纪里，基督徒处理自己同真理关系的方式完全不同，并不是以"自白"和"心灵审查"作为"展现自我真相"的主要途径，而是以"告解仪式"（penitential rites）为主要方式，"告解仪式"并不是简单的言语行为，而是一种身份的象征。需要"告解仪式"的基督徒是因犯下重大的罪孽而要被教会驱逐出团体的人，通过"告解仪式"，他们有可能重新被上帝接纳，但是这些犯下大错的基督徒需要被烙上记号，表明他们作为重新被接纳的身份，而"告解仪式"包含了一种最为基本的义务，即"表现真相"②[exomologêsis]的义务。

那什么是"表现真相"呢？这是指某人承认某个既定的事实，在这里就特指承认自己是罪人，但这又不是一种单纯言语上的陈述罪孽事实的做法，而是一种类似于戏剧性的表现。德尔图良（Tertullian）这样描述这一表现："忏悔的人身穿苦衣，满身是尘土，他衣衫褴褛；他被人牵着手领进教堂；他跪在修女和神父们面前，紧紧抓住他们衣服的下摆，亲吻他们的膝盖。"③另一记录了"表现真相"的戏剧性的一幕来自圣哲罗姆（Jerome）对法比奥拉（Fabiola）的描写，法比奥拉在第一任丈夫还未去世前就再婚，她犯下了大错，必须进行告解求得宽恕和原谅："她在告解人的行列中，主教、教士和信徒和她一起哭泣，她的头发蓬乱，脸色苍白，双手脏兮兮的，头上满是灰尘，她使自己的胸部和引诱第二

---

① BH80, p.74.《自我解释学的起源》，第60页。

② BH80, p.57.《自我解释学的起源》，第40页。

③ Tertullian, "On Modesty", in *The Ante-Nicene Fathers*, ed. A. Roberts and J. Donaldson, Grand Rapids, MI: Eerdmans, 1979, chap.13, p.473. Quoted from BH80, p.58.《自我解释学的起源》，第41页。

任丈夫的脸蛋变得伤痕累累。她向所有人展示她的伤口,哭泣的罗马注视着她瘦弱身体上的伤痕。"①可以看出,这里包含了告解人对自己的惩罚以及自愿将自己的罪行以自我惩戒的方式表现出来,这正是一种悔罪的行为,然而这里的悔罪行为并不遵循司法模式的审判、也不是建立言语陈述同现实相符的架构,在描述中,我们可以看出并没有对自己的罪行进行言语上的分析和列举的做法,也没有对内心罪孽的层层剖析,有的只是以一种夸张的戏剧手法呈现出来的身体象征,非言语的部分才是"告解仪式"的重要组成部分,对信众来讲,"告解仪式"更像是一种生活方式。

　　不同于后期的基督徒,基督教早期的告解人并不向某个人诉说自己的罪孽、不停地审查自己思想深处不易被捕捉的错误念头,而是将自己的罪行、痛苦放在世人面前展示,以此来揭示自己的真相,表达自己对信仰真理的坚守,通过展现自己的不洁和败坏来重新获取纯洁和上帝的原谅。即便使用了言语,也不是为了事无巨细地陈述自己所犯下的罪行,而是为了确证自己是罪人的身份,"告解仪式"下的"表现真相"具有戏剧性和非言语性的特征,是通过身体的象征来指称"自我的真相"。这种公开的"告解仪式"是一种悖论性的自我技艺,因为一方面告解人要向世人表现出自己作为罪人肮脏和欲望的一面,即"自我的真相",另一方面,告解人通过这种"暴露"【exposer/expose】自己不堪的做法以期实现某种断裂,通过将自己的罪行置于众人视线之下,来切断自己同先前的自己的联系,展示出自己期望摆脱作为罪人的自我,这是一种以"舍弃"的方式来实现自我纯洁的过程。这种"舍弃"的过程后来演变为一种"殉道模式"②(model of martyrdom),告解人不仅要进行"告解仪式",还要将"告解仪式"推向极端,以死亡来展示自己的真相,即"宁愿面对死亡,也不愿意放弃信

---

① Jerome, "Letter LXXVII, to Oceanus", in *The Principal Works of St. Jerome*, trans. W.H. Freemantle, vol.6 in A Select Library of Nicene and Post-Nicene Father, New York: Christian Literature Co., 1893, pp.157—162, esp. pp.159—160. Quoted from BH80, p.58.《自我解释学的起源》,第41页。
② BH80, p.60.《自我解释学的起源》,第44页。

仰",①通过与尘世的决裂来彻底实现自己对上帝的归顺和信仰,福柯将这种"表现真相"的方法称作"我不再是我自己"②[ego non sum ego]。殉道者为后来的告解人提供了行为范本,告解人需要向死亡敞开自身来实现自己的信仰。

二、基督教处理自我同自身关系的技艺:诉说自己

与此并行的另一种"展现自我真相"的路径是存在于修道院之中的"诉说自己"[exagoreusis],福柯认为"诉说自己"是异教哲学学派的练习和基督教的修行③结合的产物④,来自异教哲学的若干哲学实践受到服从原则和沉思原则这两大基督教的修行因素影响后形成的变种,它在形成革新性的"自我技艺"中起着十分重要的作用,"在主体的构成层面导致了决定性的后果:事实上正是在这里我们找到了'自我解释学'的起源"。⑤"诉说自己"是一种让修道士处于服从状态下、持续对自我思想进行言语分析的做法,对此福柯展开了两个方面分析:第一,"诉说自己"要遵循服从原则。这集中表现在与导师的关系上,"任何未按照导师命令而做的事,或者未经导师允许而做的事,均构成偷盗行为"。⑥遵从导师的指导,并不是为了提升自己,而是要让导师完全掌控修道者的生活,因为修道者没有自立自主的权利,所以要与有能力的导师建立一种长久并且牢固的关系,这里的服从是一种永恒的关系、基本持续修道士的一生,即使修道士已经成为年长者、成为一名他人的导师,但是他应该仍旧持有一种服从他人的态度,有一种牺牲自我意志的自觉。第二,"诉说自己"还要遵循沉

---

① BH80, p.60.《自我解释学的起源》,第 44 页。

② BH80, p.61.《自我解释学的起源》,第 44 页。

③ 为了与希腊化—罗马时期推行的对自我进行锻炼的"修养"[askêsis]模式相区分,笔者将基督教这种针对自我进行解码、言语表达、进而舍弃的模式翻译为"修行",与"asceticism"相对应,旨在突出其带有宗教性的苦行、禁欲主义色彩。

④ BH80, p.63.《自我解释学的起源》,第 46 页。

⑤ BH80, p.10.《自我解释学的起源》,前言第 lii 页。

⑥ BH80, p.64.《自我解释学的起源》,第 47—48 页。

思原则。在修道院中,最高的善是修道士将自己的思想集中在上帝这一点上,即对上帝的冥想,保持心灵的纯洁是修道者能够观想上帝的重要条件。两种原则的共同作用下,基督教的第二种"展现自我的真相"的路径显示出独特性——"诉说自己"对思想和语言的关注远超过对行为和仪式的关注,在接下来的日子里,它逐渐发展为基督教独有的"自白"(confession)和"自我审查"(self-examination)的自我技艺。

　　思想和内心的纯粹无瑕是修道者能够一生持续地冥想上帝的重要条件,那么"自我审查"的技术则能够帮助修道者达到此要求,这一技艺会引导修道者仔细核查其思想中是否存在让其信仰左右摇摆不定的激情因素,是否存在侵蚀他灵魂的淫欲[concupiscentia],是否存在让他无视上帝呼唤的各种邪恶形象等。在思想领域存在的这些各种对象,即"思想的几乎不可察觉的运动,灵魂的永恒活动",①希腊神父用"logismoi"[拉丁语是 cogitationes]来指称它们。卡西安(Cassian)认为人类的弱点正是由这些灵魂上的永恒却细小的波动状态造成的,这种躁动不安、不宁静的状态需要极力摆脱。②基督教"自我审查"技艺的与众不同之处就在于它绝不放过那些不易被人觉察的、细小却能释放巨大邪恶力量的思想细节,它最感兴趣的就是潜藏于人的思想中隐蔽、阴暗的角落。卡西安使用了三种比喻来形象地说明基督教的"自我审查"。第一种是石磨的比喻。他将我们比喻成筛选谷粒的磨坊工人,我们有责任去区分好的谷粒(好的观念)和坏的谷粒(坏的观念),有义务去挑选好的谷粒进入石磨(思想)。第二种是军官的比喻。作为军官的我们必须让好的士兵和坏的士兵在我们面前站成一排,让好的士兵向右边走,坏的士兵向左边走。第三种是最为著名的比喻,即钱币兑换者的比喻。作为钱币兑换者,我们必须对钱币的材

---

① 　BH80, p.66.《自我解释学的起源》,第 49 页。
② 　Michel Foucault, "Technologies of the Self", *The Essential Works of Michel Foucault 1954—1985*, Volume 1, *Ethics: Subjectivity and Truth*, ed. Paul Rabinow, trans. Robert Hurley and Others, New York: The New Press, 1997, p.247. [法]福柯:《自我技术》,吴蕾译,《自我技术:福柯文选 III》,汪民安编,北京大学出版社 2015 年版,第 99 页。

质、重量、浮雕、纯度进行核查,也就是说,我们也要对我们的思想进行如此的考察。要看看我们的思想是否来自上帝;即便来自上帝,它是否混入了其他的不洁欲望,有没有被坏思想所腐蚀等。①可以看出,人们需要在做出相应的行为前,先对其思想进行核查,这种核查不涉及思想的真假问题,也不考虑思想是否与外部世界相符合,也不关心思想是否有助于善的行为的形成。"核查"在意的问题形式应该是"我是否被我的思想欺骗了?"而不是"我这样想是错的吗?"②

这种"自我审查"是如何实现的呢? 也就是说,我们如何能够对我们的思想进行有效的区辨(discrimination)呢? 根据福柯的调查,基督教的做法是"把所有的想法都告诉导师,在所有的事情上都服从于导师,把我们所有的想法永久地用语言表达出来",③即"自白"。也就是说,信徒在思想中展开"自我审查"的同时,还要运用话语表达的形式将审查的过程讲给导师听。由于导师拥有丰富的经验,能够帮助弟子更好地区分思想的好坏,辨别思想的真实与虚幻;其实,更为重要的是这种"自白"具有"核实功效"。④卡西安所讲的"偷面包的修士"⑤的故事正是"核实功效"的写照。这个故事的关键问题并不是修士偷面包这一真相被导师知晓,也不是修士归还面包、袒露自己偷窃这一真相的

① John Cassian, *The Conference*, p.57, pp.252—253, pp.59—63. Quoted from BH80, p.67.《自我解释学的起源》,第 51 页。
② BH80, pp.67—68.《自我解释学的起源》,第 52 页。
③ Michel Foucault, "Technologies of the Self", *The Essential Works of Michel Foucault 1954—1985*, Volume 1, *Ethics: Subjectivity and Truth*, ed. Paul Rabinow, trans. Robert Hurley and Others, New York: The New Press, 1997, p.248. 中文参见[法]福柯:《自我技术》,吴蓓译,《自我技术:福柯文选 III》,汪民安编,北京大学出版社 2015 年版,第 102 页。引文处译文有改动。
④ BH80, p.71.《自我解释学的起源》,第 55 页。
⑤ "一位年轻的修道士叫萨拉平(Sarapion),他难以忍受必需的斋戒,他想每晚有一个面包,但他不敢向他的精神导师坦言相告。有一天,这位精神导师或许猜到了一切,他作了一次公开讲道,谈论说真话的必要性。年轻的萨拉平被这一讲道说服了,于是他从道袍里拿出了他偷的面包,并向所有人展示。然后他跪在地上,坦白他每天的饮食秘密,就在这时,不是当他展示他所偷的面包的时候,而恰恰是当他坦白,坦白他每日饮食的秘密,恰恰就在坦白的时候,似乎有一道光离开了他的身体,穿过了整个厅堂,散发出一种令人作呕的难闻气味。"参见 John Cassian, "The Second Conference of Abba Mose: On Discretion", 11, in *The Conference*, pp.91—92. Quoted from BH80, pp.70—71.《自我解释学的起源》,第 55—56 页。

行为展现,而是偷面包的事实真相被修道士讲述出来、"自白"出来,"自白这一言语的表达行为是真理的证明和表现",①也就是"核实功效"。依照卡西安的想法,在"自我审查"的过程中,坏思想被人们极力隐藏起来,这是因为人们在讲述坏思想的时候觉得难堪、没有办法很从容的袒露它们。由此,判断思想的善恶就可以依据它是否抵制言语表达,邪恶的思想来自魔鬼撒旦,魔鬼见不得光,当人们运用"自白"的技艺将邪恶的念头从逼仄的角落里逼迫出来的时候,坏思想就顽固抵抗。为了确保自己的思想不再被坏思想干扰,内心平静能够观想上帝,基督徒要不停地通过"自白"将那些藏匿在内心中的、抵制语言分析的思想拉出来晒太阳、暴露在上帝面前,不间断地进行"诉说",也就是通过"告诉我,你的每一个想法"[omnes cogitations]这种自我技艺实现彻底的皈依上帝。

　　我们可以看出,在基督教最初的时期,"表现真相"和"诉说自己"是作为联通主体和真理、主体与自身之间关系的两种主要技艺,虽然它们在内容上迥然不同,但是却拥有着相同的宗教旨归和治理效果,那就是修道士的自我真相被言语分析和行为仪式揭露出来,通过悔罪放弃曾经堕落的自己,彻底服从和归顺上帝。换句话说,在肉体和行为上实行苦修和殉道的义务,在精神和言语上实行思想审查和言语自白的义务,这都是通过彻底放弃成为意志主体的做法来获取真相,"为了发现自我的真相,我们必须牺牲自我;为了牺牲自我,我们必须发现自我的真相。真理和牺牲,关于自我的真相和对自我的牺牲,它们是紧密相连的"。②真理的获得与意志主体的摧毁是相辅相成的,这种基督教独有的处理主体和真理之间关系的方法,福柯将它概括为"基督教主体化的纲要",③它在基督教内部生发出来并壮大起来,在后期,"告解仪式"这一方面逐渐淡化,而"诉说自己"这一方面的影响却日益增强,经基督教变革后的"自白"和"自我审查"的技艺在后来的基督教中占据了主导地位并成为标准化的行为

---

① BH80, p.71.《自我解释学的起源》,第 56 页。
② BH80, p.73.《自我解释学的起源》,第 59 页。
③ BH80, pp.89—90, note 48.《自我解释学的起源》,第 73 页,注释 48。

准则。它们是既独特又矛盾的方法,一方面信徒要不断地通过"自白"和"自我审查"来陈述自己的错误、坦诚自己的欲望、捕捉自己见不得人的念头,进而获得自我的真相;另一方面,在获得自己是不洁、堕落的主体这一真相后,又要与之决裂,彻底抛弃从前的自己。也就是说,对自己的关注与对自我的舍弃是共时性的。此刻,一种新的自我关系的类型出现了——主体像是一本有待被阅读的书,人通过"自白"和"自我审查"来解读主体之书的内容,即挖掘来自主体这一对象的真相,而"主体的真相"就是忏悔人是一个罪大恶极的人,他必须与曾经是罪人的自己诀别。作为"罪人"的主体在这一过程的结尾处被舍弃而消失,但是基督教开启了用"思想审查"和"言语分析"的解释学方法去维系主体和真理、主体与自身之间关系的基调——主体是真理的来源,如若进行不停的言语分析来拷问主体,我们能够得到真理。其实,这孕育了一种在认识论下形成自我关系的倾向,并且这种认识论的主体,开了近现代意识主体哲学的先河,主体哲学不但继承了基督教主体解释学的自我技艺,而且进行了新一轮的技术革新,将这种自我技艺放置于新的权力运作的背景下去治理主体,在主体与自身、主体与真理的关系上将这种解释学扩大化。

第二节 主体解释学的继承与发展

"认识你自己"【connais-toi toi-même/know yourself】。

通过上文,我们可以将福柯理解的基督教处理主体同真理的关系总结为通过仪式性表现真相的方式来达至真理,通过"自白"和"心灵审查"的方式处理主体同自身的关系。福柯将"主体解释学"的开端放在了基督教时期,颠覆了人们以往对理性主体的认知,正如上文提到的,传统哲学将"认识你自己"这一法则追溯至古代柏拉图时期,试图勾勒出自古至今的一条关于理性主体的线性历史脉络,福柯对于基督教"自白"和"心灵审查"的谱系学描述试图拆解关于这种"理性主体"的神话。因为我们看到在基督教时期"主体"是被信徒拒斥的对象,"认识你自己"的含义开始变迁,自我技艺不再是为了优化主体而服务的修养,而是作用更倾向于分析的"诉说自己"以及"心灵审查"的自我技艺,因此,解码主体和认知主体的方法发源于基督教,而不是德尔菲神庙的神谕。福柯对笛卡尔以降的近现代意识主体的谱系学考察可以看成是他对"理性主体"神话的虚假性的进一步揭示:不存在理性主体,主体概念不过是自我技艺的附属品而已,不存在关于普遍的、理性的主体历史,事实上存在的只是关于自我技艺的变革史。基督教变革性地应用了原就存在于古代哲学中的一些自我技艺并将之发扬光大,随后笛卡尔将基督教的"自白"技术和"心灵审查"技艺批判地继承下来,并将之运用在新的权力关系运作的背景之下,开了理性主体为核心的理性主体哲学先河。

一、 笛卡尔继承、改造"解释学"的自我技艺

虽然基督教通过摒弃主体来获得真理,但是在上文中,我们仍可以看到基督徒为了获取真相而作出诸多的实践,例如告解仪式、殉道、苦修、心灵的忏悔以及审查性的自白等,福柯将这种主体为了获得真理而用来转化自己、塑造自己所付出的代价称为"精神性"①(spirituality)。"精神性"包含的是实实在在的主体代价,例如禁欲、苦修等实践,而不是一次简单的认识行为,"精神性"用来变革主体的生存方式,处理主体同真理的关系,它认定主体必须通过一系列的实践和修炼去锻造自身,才能将主体送至真理的彼岸。而与此不同的是笛卡尔开启的认识论路径,他声称:"为了达至真理,只要我是任何一个能看到显现之物的东西的主体就足够了。"②从此,哲学家相信主体可以不依靠任何苦修

---

① LdF82, p.15.《主体解释学》,第 16 页。
② Michel Foucault, "On the Genealogy of Ethics: An Overview of Work in Progress", *The Essential Works of Michel Foucault 1954—1985*, Volume 1, *Ethics: Subjectivity and Truth*, ed. Paul Rabinow, trans. Robert Hurley and Others, New York: The New Press, 1997, p.279. [法]福柯:《论伦理学的谱系学:研究进展一览》,上官燕译,《自我技术:福柯文选 III》,汪民安编,北京大学出版社 2015 年版,第 188 页。

和锻炼方式就可以获取真理。也就是说,从笛卡尔时期开始,真理与主体之间的关系不再是靠"精神性"的实践来维系(即主体需要付出代价才能达至真理)①,仅靠人的认知理性就可以进行真理和主体之间关系的推理,伦理和认知科学在这里分道扬镳。笛卡尔的"我思故我在",直接将普遍的存在、个别个体以及意识主体三者直接画上等号,三者之间不需要任何"精神性"的代价付出,这一论断将意志主体和认识主体割裂开,在通往真理的路上,清楚明白的证据取代了要付诸实践的苦行和禁欲,主体的存在和主体获得真理之间不再存有必然关系。但奇特的是,笛卡尔却采用了基督教的"自我技艺"来摆脱神权对哲学的奴役、从而建立起近现代主体哲学,当然他对基督教的技艺进行了批判性的吸收,坚持了"自白""自我审查"等解释学技艺,他是第一个将宗教的技艺改造后应用于哲学领域的人。然而,笛卡尔的理论目的却与基督教不同,他并不是为了人的救赎,也不是为了证明上帝存在,而是为了找到一个可靠的哲学前提,一方面同基督教神学对抗,反对神学的桎梏,走出所谓的黑暗、愚昧时代;另一方面给予逐渐兴起的现代理性科学以理论上的支持。

福柯认为:"中世纪的哲学从来没有采取过沉思(meditation)或自我审查(self-examination)的形式,哲学从来没有采取那些存在于天主教或基督教传统中的精神习练(spiritual exercise)的形式。"②即便是在古希腊时期,柏拉图对自我的沉思也是仅在本体论的层面,也不是在心理学层面。③笛卡尔开创的哲学

---

① 学者对于笛卡尔的"沉思"是否应该被解读为一种"精神习练"存在很大争议。参见 Bradley Rubidge, "Descartes's Meditations and Devotional Meditations," *Journal of the History of Ideas* 51, 1990, pp.27—49. Amélie Rorty, "The Structure of Descartes' Meditations," in *Essays on Descartes' "Meditations"*, ed. Rorty, Berkeley: University of California Press, 1986, pp.1—20. Pierre Hadot, *What is Ancient Philosophy*, trans. Michael Chase, MA: Belknap Press of Harvard University Press, 2002。笔者认为鉴于福柯在访谈中的回答,我们应该将笛卡尔的"沉思"解读为解释学层面的自我技艺,即利用认知证据与逻辑有效性即可获得真理。

② BH80, pp.104—105.《自我解释学的起源》,第 90 页。

③ Michel Foucault, "On the Genealogy of Ethics: An Overview of Work in Progress", *The Essential Works of Michel Foucault 1954—1985*, Volume 1, *Ethics: Subjectivity and Truth*, ed. Paul Rabinow, trans. Robert Hurley and Others, New York: The New Press, 1997, p.275. [法]福柯:《论伦理学的谱系学:研究进展一览》,上官燕译,《自我技术:福柯文选 III》,汪民安编,北京大学出版社 2015 年版,第 182 页。

沉思,是基督教的宗教"自白"和"心灵审查"的技艺在哲学领域成长、壮大的写照,笛卡尔对基督教心理学层面的自我技艺的应用,即将主体当成解析对象来不断进行思想上的考察,产生了非禁欲的知识主体。①因此,在《第一哲学沉思集》中,我们总是能够看到笛卡尔的沉思类似于基督教的心灵审查和语言分析的自我技艺的再现,"比如我在这里,坐在火炉旁边,穿着室内长袍,两只手上拿着这张纸……我怎么能否认这两只手和这个身体是属于我的呢……我在这里必须考虑我是人,因而我有睡觉和在梦里出现跟疯子们醒着的时候所做的一模一样、有时甚至更加荒唐的事情的习惯……那么让我们现在就假定我们是睡着了,假定所有这些个别情况,比如我们睁开眼睛……都不过是一些虚幻的假象……因此我要假定有某一个妖怪,而不是一个真正的上帝,这个妖怪的狡诈和欺骗手段不亚于他本领的强大,他用尽了他的机智来骗我……"②我们看到,整个过程均在思想中展开,并且怀疑过程中对思想每一环节都进行细致的推敲:不但怀疑"我"之外的整个环境,即"我"坐在火炉旁这个事实,还要对自己是否穿着长袍和是否拿着这张纸进行核查,甚至属于"我"这个主体本身的部分——手和身体的存在都要进行不信任。这个过程类似于基督教晚近时期信徒的自白和审查过程,即每一个在思想中出现的念头都要仔细核查,考虑每个念头是否都是善良和纯洁的,还是只是看起来是善良的样子,推敲其来自上帝还是来自一个隐匿在自己思想中、让自己产生坏念头而不自知的魔鬼,以检测自己是否已经达到可以被救赎的纯洁之态。而笛卡尔将这种方法运用在哲学的沉思中不是为了检测思想中是否藏匿有不洁的欲望和受到魔鬼蛊惑的念头,而是为了获得意识的自明性,这是思想中的独白,接近"自白",它为了获

---

① Michel Foucault, "On the Genealogy of Ethics: An Overview of Work in Progress", *The Essential Works of Michel Foucault 1954—1985*, Volume 1, *Ethics: Subjectivity and Truth*, ed. Paul Rabinow, trans. Robert Hurley and Others, New York: The New Press, 1997, p.279. [法]福柯:《论伦理学的谱系学:研究进展一览》,上官燕译,《自我技术:福柯文选 III》,汪民安编,北京大学出版社 2015 年版,第 189 页。

② [法]笛卡尔:《第一哲学沉思集》,庞景仁译,商务印书馆 1986 年版,第 15、16、20 页。

得在思想中唯一真实、可靠的原点,基于此进行理性推理,进而获得真理,整个过程中起到关键作用的就是具有意识属性的理性主体,而达至真理的方法也仅是在思想中运用合乎逻辑的推理而已,放弃了基督教的纯化主体以求真理的殉道方式。也就是说,在得到自明性之前,我们仅需要将存在的一切进行思想上的怀疑,看它们是否真实且清楚明白,否则就不能将之纳入我们的思想,同时,即便我们获得了一些观念,也要核验、考查这些观念是否来自"妖怪"的欺骗,值得注意的是,这种关于思想是否来自"妖怪"欺骗的假设并不源自哲学,而是来自基督教的宗教修行假设,从这里看出笛卡尔在意的是观念的真实可靠、不虚幻,无关乎这一观念的错误与正确,无关乎对主体能否有实践上的指导意义。

另外,对于真理的获得,笛卡尔与基督教的推理序列是正好相反的,并不是全能的上帝来保证真理的获得,而是通过这个正在"怀疑"和"思考"的我(主体)来确保真理的前提是可靠的,即从"我思"的清楚明白推导出"我"(主体)的存在进而推导出自然世界、上帝和真理的存在。在笛卡尔这里,真理不同于基督教的真理,在第四沉思中,笛卡尔对真理进行了如下讨论:"因为当我把我的意志限制在我的认识范围之内,让它除了理智给它清楚、明白地提供出来的那些事物之外,不对任何事物下判断,这样我就不至于弄错;因为凡是我领会得清楚、明白的,都毫无疑问地是实在的、肯定的东西,从而它不能是从无中生出来的,而是必然有上帝作为它的作者。上帝,我说,他既然是至上完满的,就绝不能是错误的原因;因此一定要断言:像这样一种领会或者像这样一个判断是真实的。……如果我把我的注意力充分地放在凡是我领会得完满的事物上,如果我把这些事物从其余的、我所理解得稀里糊涂的事物中分别出来,我当然就会认识真理。"①简言之,凡是能够在认识范围之内、清楚明白地被主体把握的都是真理。我们能够看出,这种真理已经是对象化、认识论上的真

---

① 〔法〕笛卡尔:《第一哲学沉思集》,庞景仁译,商务印书馆1986年版,第65—66页。

理,仅凭借主体自身结构和理性演绎法就能够获得真理,而不用通过改变自己生存方式的禁欲修行方式去获得。基督教的真理与上帝属一体,上帝保证了真理的获得,虽然是通过信徒心灵审察和自白这种向内折叠的方式,但是真理始终来自上帝,而不是来自主体;而笛卡尔的真理来自主体的直观和演绎,凡是具有自明性、存在于主体的认识范围之内即可,从此,对象认识的真理概念彻底取代了精神性的真理。进而带来的结果是,道德主体和知识主体的分离,即便主体不具有道德也配得上拥有真理,这在古希腊哲学,甚至是基督教时期都是无法想象的,因为一个人必须是伦理主体,他才配得上具有真理。笛卡尔革新性地运用了基督教的自我分析式的自白和心灵审查的自我技艺,放弃了真理的精神性道路,取而代之的是自明性和理性推理,福柯认为这一做法使得"现代科学的制度化成为了可能"。①但是,这种做法也有被后人诟病的地方,即将伦理主体和知识主体割裂,人们又应该怎样去理解我们有必要成为伦理主体的要求呢? 又应该怎么去理解真理问题和人的存在问题呢?

不同于基督教为了获得《圣经》和来自上帝的真理要将不洁的自己舍弃的做法,笛卡尔的理性哲学确立了主体的优先地位,更重要的是主体的"思"的优先性,即一个能够思考和怀疑的意识主体的存在是哲学认识论转向的起点。当然,笛卡尔这里对主体的理解还十分粗糙,他不加区分地将"思"和"思着的我"看成是浑然一体的东西,即设定了一个能够思考的绝对存在的实体——"灵魂",但是这个概念本身是具有一定问题的,尽管自我意识在思想中是具有自明性的,然而不能将我思(主体的意识)与自我的存在(主体的存在)直接画上等号,这也是后来康德对笛卡尔重点批判的地方。但是,不得不承认的是笛卡尔运用基督教内折式的分析性自我技艺对哲学的改造,第一次在哲学上树

---

① Michel Foucault, "On the Genealogy of Ethics: An Overview of Work in Progress", *The Essential Works of Michel Foucault 1954—1985*, Volume 1, *Ethics: Subjectivity and Truth*, ed. Paul Rabinow, trans. Robert Hurley and Others, New York: The New Press, 1997, p.279. [法]福柯:《论伦理学的谱系学:研究进展一览》,上官燕译,《自我技术:福柯文选III》,汪民安编,北京大学出版社2015年版,第189页。

立起理性主体的形象，主体开始与人相关，并将非理性的主体排除在外，福柯在《古典时代的疯狂史》中，就曾谈过人们对待疯癫改变态度的原因在于笛卡尔所倡导的理性主体的建立，"如果说巴黎总医院只是从肉体上把疯狂者禁闭起来了，那么，笛卡尔的《第一沉思》则从精神上把癫狂从理性生活中排除出去了"。①也就是说，笛卡尔对哲学进行的认识论转向、对理性主体的倡导，这在福柯看来无不是一种理性的暴力，福柯并不是要在这里否认理性和认识，而是提醒人们理性主体的持续膨胀会成为宰制人的新的治理途径。主体性原则和理性会推动知识的兴盛，通过人对"知"的渴求来更严厉地实行权力的运作，更重要的是认识论的转向改变了人对自我关系的构建，主体不再是一个被创造的对象，而是一个有待被肢解、剖析的对象。虽然笛卡尔这一做法将伦理主体和知识主体进行了分化，但是却为后来的主体哲学奠定了形而上学基础，通过改造"解释学"技艺，他正式确立起现代意识主体哲学，自他以降，哲学的基本形态是主体哲学，以笛卡尔哲学的方式进行演进。

二、 康德极端化"解释学"的自我技艺

福柯将主体解释学的发端放在基督教，认为是基督教发明了这种分析和认识的自我技艺，笛卡尔将之引入哲学，将基督教的"告诉我，你的每一个想法"[omnes cogitations]逐渐演化成了现代的"认识你自己"【connais-toi toi-même/know yourself】，将解释学式的自我技艺深化，开启了哲学的认识论转向，塑造了一个理性主体的形象，这也标志着真理与主体、主体与自身的关系进入了现代时期，对此福柯评价说，"真理史的现代时期开始于认识本身成为了通向真理的途径"。②福柯认为笛卡尔在《沉思集》中，已经奠定了这种倾向，笛卡尔将"自明性"【l'évidence/self-evidence】定义为如其所是地被给予意识的东

---

①　莫伟民：《福柯的反人类学主体主义和哲学的出路》，《哲学研究》2002 年第 1 期。

②　LdF82, p.17.《主体解释学》，第 18 页。

西,并且将其看成是哲学的起点,也就是说"通过把主体自身存在的自明性当成是通向存在(being)的途径,对自身的这种认识(不再是以检查自明性的方式,而是以我作为主体而存在的无可置疑的方式)使得'认识你自己'成了获得真理的基本手段"。①换言之,从笛卡尔开始,主体达到真理的方式只能是以认识的方式,不再以"精神性"的方式去承载真理和主体的关系,福柯将之称为"笛卡尔时期",但是他并不认为这一过程只与笛卡尔有关,而是指在处理真理与主体、主体与自身之间关系的时候,但凡仅涉及以认识方式、不用改变主体的存在方式就能获得真理的哲学思想都应该被划进这个范围之内。在现代真理史上除了上文提到的笛卡尔,另一位则是对福柯思想影响巨大的康德,在讨论有关认识论哲学的时候,康德是不可绕过的一位哲学家。按照福柯对主体哲学的理解以及康德在认识论中的地位,我们可以认为康德是将主体解释学的自我技艺推向顶峰的人,他批判地继承了笛卡尔主客二分的认识论路径,其批判哲学将一切问题的基础建立在人的认识范围的有限性上,建立了以"人"为中心的"人类学",②"从康德开始,情况完全反过来了,不再是从无限或真理出发去投影式地提出人的问题。从康德开始,无限不再在讨论范围以内,只有有限。从这个意义上讲,康德的批评本身含有某种人类学的成份(或冒险)"③,福柯将之称为"人类学沉睡"。④福柯反对这种"人类学中心说",在他看来,这种哲学观点"试图从自我中识别出最本质的特征,以此作为教条式的主体形而上学的那种自主性的基础",⑤这是一种虚假的先验假设,是人在处理

---

① LdF82, p.14.《主体解释学》,第16页。
② 我所谓的人类学不是指一般被称为人类学的那门科学,那门科学主要是研究与我们的文化不同的文化;我所谓的人类学是指哲学特有的某种结构,它决定了目前的哲学的所有问题都处于某一特定的范围内,即人类的局限性。参见[法]福柯:《福柯集》,杜小真编选,上海远东出版社2002年版,第69页。
③ [法]福柯:《福柯集》,杜小真编选,上海远东出版社2002年版,第75页。
④ [法]福柯:《词与物:人文科学考古学》,莫伟民译,上海三联书店2002年版,第445页。
⑤ Bob Robinson:"A Case for Foucault's Reversal of Opinion on the Autonomy of the Subject", *The Ethics of Subjectivity: Perspectives since the Dawn of Modernity*, ed. Elvis Imafidon, New York: Palgrave Macmillan, 2015, p.106.

自我关系时,错误地运用自我技艺塑造出来的,将一切哲学问题的根源放在具有表象能力的"自我"(主体)的这一概念上的做法是危险的,我们并不能从这一概念出发得到真理、权力、自由等问题的满意答案。

笛卡尔抛给康德两大难题:一是认识论上的真理问题。二是伦理主体和知识主体之间的关系问题,康德正是从这两方面着手改进了笛卡尔的"自我技艺"。事实上,福柯对康德的研究主要集中在他的"启蒙"思想上,对康德在"主体解释学"方面做的工作着墨不多,不过,我们可以沿着福柯对"主体解释学"的谱系学描述的思路,来考察一下康德有关自我关系、自我与真理关系这两方面的观点。

第一,关于认识论上的真理问题。康德仍沿用了笛卡尔变革后的理性自我分析的自我技艺,即从主体的理性认知能力出发去讨论知识和真理问题,但是他对此技艺进行了变革。在康德看来,笛卡尔的"自明性"、理性演绎法容易陷入独断论的危险,并且普遍的形式逻辑具有局限性,并不能带给我们新知识,他试图用先验逻辑去解决认识论上的问题。康德独有的真理观使得他并不认同笛卡尔的"我思故我在"——它存在着将"纯粹的思"这种功能化的统摄概念实体化为"我在"的危险,更重要的是他不认同"笛卡尔断言心智的自明性比外在物体的存在性更为直接确定",[1]也就是说,康德认识到了经验材料对真理形成的重要性。如果按照福柯对两种真理体系划分的理解,[2]他将现代意识主体哲学的真理观理解为真理完全来自主体自身,主体依靠自身的认识能力就可以获得真理,那么康德从认识的角度去定义的真理实质上是现代意识主体哲学真理观的极好范本,并且康德在笛卡尔的真理观基础上,对其进行了精细化处理和推进。那么到底什么是康德认为的真理呢? 康德认为知识(真理)

---

[1]　高秉江:《"思"与思维着的我——笛卡尔和康德自我观的异同》,《哲学研究》2011 年第 6 期。

[2]　福柯认为存在着两种真理体系和两种获得真理的技艺,笛卡尔起到了分界线的作用:一是真理外在于主体,主体为了达到真理需要改造自己,即需要精神性的锻炼和修养;二是真理来自主体自身,主体依靠自身的认识能力就可以获得真理。而后者则代表了自笛卡尔以来的哲学家思考真理问题的基本方式。参见 LdF82, p.191.《主体解释学》,第 205—206 页。

必然以判断的形式表现出来,并且只有那些具有普遍必然性的,又能带来新的内容的判断才是真正的知识(真理)。那么如何同时拥有普遍必然性,又能够带来新的内容呢?康德认为:"我们的知识产生自心灵的两个基本来源,其中第一个是接受表象的能力(印象的感受性),第二个是通过这些表象认识一个对象的能力(概念的自发性);通过前者,一个对象被给予我们,通过后者,该对象在与那个(仅仅作为心灵的规定的)表象的关系中被思维。因此,直观和概念构成我们一切知识的要素,以至于无论是概念没有以某些方式与它们相应的直观,还是直观没有概念,都不能提供知识。"①简言之,真理等于对经验材料的感性直观加上先天形式条件的知性概念。我们可以看出,从康德这里开始,仅依赖于向内折叠的分析、"自白"以及审查技术是不够的。也就是说,即便经笛卡尔改造后的自我技艺也不能够完全应付真理和主体之间的关系问题,康德批判地继承了笛卡尔的唯理论路径,并调和了其与经验论的观点,提出了"先天综合判断"来代替笛卡尔的"清楚明白的自明性",上文提到的"精细化处理"则体现于此,这将保证哲学上的真理具有严谨性。在康德看来,真理的形成必须有外在物体的参与,那么康德的真理观是否已经超出福柯对现代意识主体真理观的评价了呢,也就是说康德理解的真理是不是不绝对来自主体、存在外物的参与?——对此,我们不要误会康德,他的真理观仍旧属于福柯的评价范围内。这是因为在人的认识范围之外的物体在真理的形成过程中确实参与其中,它促使人形成感觉经验,并在概念的统摄下进而形成知识,但我们对于"自在之物"缺乏认识,我们只能认识它的"表现"〈Erscheinungen〉,物自体本身不形成真理,虽然它对真理的形成至关重要,形成真理的是"表现""感觉经验""概念",它们都是人的认识的产物、内在于人之中,因此康德所理解的真理仍然是主体自身的产物,而不是来自人之外。康德相较于笛卡尔,其真理观更为精致,但它仍逃不过是"解释学"自我技艺的产物的命运。康德的"纯粹理

① 《康德著作全集》第 3 卷,李秋零主编,中国人民大学出版社 2004 年版,第 69 页。

性批判"不过是将基督教开启的分析、认识的自我技艺全面化和彻底化了。在笛卡尔时期,上帝和自然世界还是以"我思"为前提经过逻辑演绎推导出来的实体,但是,在康德对主体纯粹理性的批判过程中已经将这种不能"认知"的实体剔除掉了,只留下了能够被意识的先天结构捕捉的对象。康德以上的做法,福柯认为无非是康德将基督教的"诉说自己"在18世纪"重新植入一个不同的语境之中,其目的不再是自我舍弃,而是积极地构造一个新的自我"。①总之,如果仔细推敲康德的真理观,我们会发现它实质上仍旧处于主体解释学模式之下,即真理与主体之间的关系仍旧以解释学的自我技艺为中介,真理仍旧不需要"净化、修养、舍弃、目光转向、改变生存方式"②来获取,真理仍来自主体对自身的深刻挖掘,这与古希腊—罗马时期的做法判然有别,古人崇尚的真理是需要进行自我修炼和生存方式转变才能达到的"精神性"真理,而这需要进行一系列真切的自我修养实践,不单单停留在认识中。不同于笛卡尔和康德处理自我与真理关系的技艺,本书的第四章会对古人处理自我与真理之间的关系的技艺作以详细讨论,此处不再赘述。

第二,关于主体的问题。一方面,康德反对笛卡尔将主体实体化,"'我思'必须能够伴随我的一切表象",③也就是说,"'我思'明显是一个功能化的统摄概念,……自我同一性仅仅是一种自我统觉的形式统一(form of the unity of apperception),这种统一性只是意识表象统一性的逻辑基础,并不涉及一个物质的或者灵魂的实体同一性"。④也就是说,康德对笛卡尔的"我思故我在"持有怀疑态度,虽然笛卡尔坚持说这是一种"自身直接显明的同

---

① Michel Foucault, "Technologies of the Self", *The Essential Works of Michel Foucault 1954—1985*, Volume 1, *Ethics: Subjectivity and Truth*, ed. Paul Rabinow, trans. Robert Hurley and Others, New York: The New Press, 1997, p.249. [法]福柯:《自我技术》,吴蕾译,《自我技术:福柯文选 III》,汪民安编,北京大学出版社 2015 年版,第 104 页。

② LdF82, p.15.《主体解释学》,第 16 页。

③ 《康德著作全集》第 3 卷,李秋零主编,中国人民大学出版社 2004 年版,第 103 页。

④ 高秉江:《"思"与思维着的我——笛卡尔和康德自我观的异同》,《哲学研究》2011 年第 6 期。

时性结构",①不存在三段论的推理。但是康德认为笛卡尔混淆了"我思"和"我在",康德认为主体并不是一个实体,而是一个逻辑上的概念设定。假设"我思故我在"是真理的话,同时康德认定一切真理均以判断形式出现,那么笛卡尔的这一命题应该是一个先天综合判断,即应是知性概念和感性直观的复合,后者包含经验的因素,但是笛卡尔的命题不存在任何经验材料的内容。笛卡尔从"我思"推出"我"只是一种分析性过程,因此这个命题是虚假的,"我在"这种主体的实体化不过是认识的幻相,虽然逻辑上不存在任何问题,但是并不是事实。因此,笛卡尔将"我"看成是实存的主体,"我思"看成是依存于"我"的一个属性,这是康德不能认同的,因为在康德看来,"先验自我"作为一切真理知识的可能性的前提是一个极点,它超出了认识的范围,是不能够在认识上作分析和推导的对象,是我们无法追问的最高点。并且笛卡尔将意识、主体的普遍存在以及个体的存在画上等号的方式在康德看来也着实不妥,因为在康德看来,他要求作为真理前提的"自我"是普遍有效的,而不是经验世界里的"自我"(主体)实存,它只是作为逻辑上的形式保证,这里的"自我"可以换成任何主体,是一个放之四海而皆准的普遍有效的概念。因此,我们可以看出康德并没有取消笛卡尔建立起来的"理性主体",而是运用"纯粹理性批判"这种自我技艺将"主体"在认识论上塑造得更加严谨,将笛卡尔那些不够严谨和含混的概念作了进一步澄清。我们不难看出,这种批判路径仍旧是对主体做探究式的考察,虽然不是以宗教忏悔的方式进行,但是仍旧采取了言语表现的方法,不是自白,而是以一种在思想中的独白方式进行。虽然康德认为"自我"是一种认识所不能及的对象,但是它逻辑上的先验性保证了知识和真理的可能,运用理性批判的方式,我们就能够得到"真理"。主体和真理都被赋予了新的语境角色,主体变成了形式上的逻辑概念,真理也只是在知识层面有意义,以解码方式维系两者的自我技艺——理性批判并没有改变。

---

① 高秉江:《"思"与思维着的我——笛卡尔和康德自我观的异同》,《哲学研究》2011 年第 6 期。

另一方面,康德还要解决笛卡尔遗留下来的知识主体和伦理主体的关系问题。在上文中,我们已经看到,从笛卡尔开始,不再沿用"精神性"的方式去获得真理,那么带来的问题就是不具有道德的主体配拥有真理吗? 如何调和知识主体与道德主体的分裂? 福柯认为"康德的解决办法是找到一个普遍的主体",①正是这个普遍的理性主体保证了道德形而上学的可能。讨论真理的可能性,是理性运用在理论领域;讨论道德的可能性,是理性运用在实践领域,两者来自同一个普遍主体的理性,如上一点所说,这一普遍的理性主体并不是实体而是一种逻辑上的形式设定。"我不得不悬置知识,以便给信仰腾出地盘",康德甚至将自己的哲学称作"道德学",足以看出康德其实是十分重视道德形而上学的地位的,并不是将自己的关注点仅仅放在认识论上,甚至之前所做的认识论上的工作都是为了处理道德领域的问题。按照福柯对康德的评价(找到普遍主体),我们可以认为康德的纯粹理性批判和实践理性批判仍是解释学的自我技艺,用人的普遍理性去为道德行为作担保,从现代"认识你自己"【connais-toi toi-même/know yourself】出发将伦理的修养问题变成了道德律令,而不是"认识你自己"[gnôthi seauton]所具有的自由美学实践和伦理层面的意义。我们需要改变自我及生活方式吗? 我们需要修养吗? 答案是否定的。康德在《实践理性批判》中提出的与自我的关系就是主体既是知识的主体,也要求其具有伦理的姿态,这样一个普遍、客观及具备理性的主体保证了在理论领域和实践领域的自我的同一性。同时,康德还要求这个普遍的、客观的、具备理性的主体是先验自由的,在他看来这是主体能够做出道德行为的必要条件,这也不同于主体解释学之前古人对自由的看法。

综上,我们可以看出,基督教是将主体当作一种认识和解读对象的自我技

---

① Michel Foucault, "On the Genealogy of Ethics: An Overview of Work in Progress", *The Essential Works of Michel Foucault 1954—1985*, Volume 1, *Ethics: Subjectivity and Truth*, ed. Paul Rabinow, trans. Robert Hurley and Others, New York: The New Press, 1997, p.279. [法]福柯:《论伦理学的谱系:研究进展一览》,上官燕译,《自我技术:福柯文选 III》,汪民安编,北京大学出版社 2015 年版,第 189 页。

艺的发明者,是启发笛卡尔改造治理技艺的先师,也就是说,福柯勾画出了现代主体哲学采用了经过基督教改造后的自我技艺的历史,即运用自白和自我审查来处理自我关系和真理关系的历史。历经基督教至现代主体哲学这段漫长的历史,自我技艺虽然不断地变更形式,但基本要义都是"认识你自己"【connais-toi toi-même/know yourself】,它是恒定且稳固的,这就表明了治理始终是存在的,我们能够从中剥离出受自我技艺支配的真理游戏、被塑造出的不同主体形象。人们极力构造理性主体的连贯历史其实是一种杜撰,真实存在的只有自我技艺形成的"主体解释学"的历史。从弃绝主体到重新建构主体,这其中是因为自我技艺处于不同的治理语境中,现代认识论的理性主体不过是一种自我技艺配置出来的假相,技艺生产了"主体",而不是相反,对此福柯评价道"在他们的历史进程中,人(Man)从来没有停止过自我建构,也就是说,持续不断地取代自己的主体性【subjectivité/subjectivity】,把他们自己建构成一个无限的、多重的、不同的主体性的序列,而这个序列永远不会终结,并且这个序列也不会将我们带到所谓的'人'(Man)的面前",①因此福柯说"人死了",这个人不是生物学意义上的,而是形而上学意义上的。蒂莫西·奥利里(Timthoy O'Leary)就认为福柯最为重要的发现就是"主体"是历史事件创生出来的幻相,既然现代哲学的"主体"是历史性的,那么它必将有一个终点。

在"理性主体"的荫蔽之下,启蒙主义、人文主义、理性主义大行其道,宣布上帝死了的同时,人(理性主体)成了哲学新的筹码,人们将一切问题的由来以及解决途径都归之这个意识主体之上,并制造出一系列的身份——疯人、病人、犯人、同性恋者等作为知识对象,建立起诸多科学学科来征服、治理人本身。但是这样是可行的吗? 福柯反对这种理性主体哲学的强势讹诈,在他看来这是基于治理需求对真理与主体、主体与自身之间关系的一种人为改写,在这种哲学背景下的、解决人类困境的方案也是存在问题的,正因为并不存在主

① Timothy O'Leary, *Foucault and the Art of Ethics*, London & New York:Continuum, 2002, p.111.

体,所以解决困境的方案也值得怀疑。"人死了"之后,如何理解真理问题? 还存在主体吗? 如何看待真理与主体两者之间的关系问题? 如果暴力解放以及意识形态变革的路径都行不通,那么人的自由问题、生存境遇如何解决呢? 只剩下虚无了吗? 福柯真的只是一个具有破坏性的后现代主义哲学家吗? 这些问题,福柯在其晚期对古希腊—罗马哲学的讨论中,我们都能找到答案。福柯之所以将这段历史称为"主体解释学"是因其与古希腊—罗马的哲学相对立,在福柯看来,这是由于古希腊时期的人们采用了不同的自我技艺(准确地说,是生活艺术),因此,哲学面貌大为不同。

第二章

"关心自己"就是"认识你自己"：
柏拉图的十字路口

希腊普遍的问题不是自我技术[tekhnê]，而是生活艺术[tekhnê]，即如何生活的问题。很明显，例如从苏格拉底、塞涅卡（Seneca）到普林尼（Pliny），他们都不担心来世，死后发生的事情，或者上帝是否存在。在他们看来，这些都不是重要问题；重要的是，为了生活得好，我必须使用哪种艺术？我认为，古代文化的主要发展之一就是这种生活艺术逐渐成了自我技术。——福柯①

我认为在古代的精神性之中，哲学与精神性相同或几乎相同。在任何情况下，哲学最重要的关注点都是围绕着自我，而世界知识【connaissance/knowledge】都位于其后，通常是为了服务或支持对自我的关心。——福柯②

通过上一章的讨论，我们知道"认识你自己"[gnôthi seauton]如何经由基督教的"告诉我，你的每一个想法"[omnes cogitations]演变为现代认识论哲学

---

① Michel Foucault, "On the Genealogy of Ethics：An Overview of Work in Progress", *The Essential Works of Michel Foucault 1954—1985*, Volume 1, *Ethics：Subjectivity and Truth*, ed. Paul Rabinow, trans. Robert Hurley and Others, New York：The New Press, 1997, p.260. [法]福柯:《论伦理学的谱系学：研究进展一览》，上官燕译，《自我技术：福柯文选Ⅲ》，汪民安编，北京大学出版社2015年版，第153页。

② Michel Foucault, "*The Ethics of the Concern for Self as a Practice of Freedom*", *The Essential Works of Michel Foucault 1954—1985*, Volume 1, *Ethics：Subjectivity and Truth*, ed. Paul Rabinow, trans. Robert Hurley and Others, New York：The New Press, 1997, p.294. [法]福柯:《自我关注的伦理学是一种自由实践》，刘耀辉译，《自我技术：福柯文选Ⅲ》，汪民安编，北京大学出版社2015年版，第272页。

的"认识你自己"【connais-toi toi-même】，事实上，这三者代表了不同时期人们"被吁请或者被激励去发现自身道德义务的方法"，即"主体化模式"。福柯反对承袭基督教自我技艺的现代主体哲学，看似"主体化"过程形成的主体概念其本质是通过"主体的客体化"形成的，这是被动消极的过程，形成的主体是认识的对象、是治理征服的目标，且失去了其本有的生活向度。对此福柯评价说"主体并不是一个实体"，①它本应该是美的、面向可能的、和谐的关系。他用历史谱系学的方法追溯了"理性主体"的起源，这延续了他一贯的解构作风，原来"理性主体"的起源并不高尚，所谓的"理性主体"不过是人们利用原有的自我技艺去型塑自身，形成的新的自我关系【rapport à soi/self-relation】而已，它只是自我技艺的历史相关物，福柯摘下了现代"理性主体"的桂冠，宣判"人死了"。福柯将基督教和现代主体哲学一道称为"主体解释学"，福柯意在拆解它。对于古希腊—罗马的谱系学研究不仅是为了追溯自我技艺的历史，更是试图对人类当前的生存困境作出回应，颇有些对照和怀古思今的意思，也就是说，我们除了用解释学的方式去处理与自我的关系、与真理的关系，还存不存在其他的可能性去处理这两者之间的关系，以便主体与自身建立积极的关系、实现对权力的抵抗、践行积极的自由实践？同时，福柯对于古希腊—罗马时期的主体化模式的谱系学分析是否如学者所说的一样，是一种对于福柯早期抛弃的"主体"的重建、抑或重新拟定了一个主体放在他的哲学之中？答案需要在福柯对于这一时期的主体化模式的谱系学分析中去寻找。

"关心自己"作为古人处理自我关系核心的"自我技艺"是由苏格拉底引入哲学领域的，并且是他一生坚守的人生格言，苏格拉底倾其一生劝导他的同胞去关心自己，而不要将他们自己的注意力放在其他事物上，例如财产、地位、名

---

① Michel Foucault, "The Ethics of the Concern for Self as a Practice of Freedom", *The Essential Works of Michel Foucault 1954—1985*, Volume 1, *Ethics：Subjectivity and Truth*, ed. Paul Rabinow, trans. Robert Hurley and Others, New York：The New Press, 1997, p.290. ［法］福柯：《自我关注的伦理学是一种自由实践》，刘耀辉译，《自我技术：福柯文选 III》，汪民安编，北京大学出版社 2015 年版，第 265 页。

誉、声望等等。然而,后人往往只将苏格拉底和现代"认识你自己"【connais-toi toi-même/know yourself】联系起来,忘却了苏格拉底思想中包含的"关心自己"的内容。在关于苏格拉底的文本记录中,苏格拉底都是以一个敦促人们照看自己,并以促使他人关心自己为己业的形象出现的。虽然这一"关心自己"的传统并不是苏格拉底的专利,而是贯穿整个古希腊—罗马的文化的一个基本性原则。

第一节　"关心自己"概述

在谈论"关心自己"就是"认识你自己"之前,我们有必要对"为什么现代的'认识你自己'成为人们最为熟知的哲学格言,却没有'关心自己'存在的空间?"这一问题进行回答,也必须对"古代的'认识你自己'与现代的'认识你自己'之间存在差异吗"这一问题作出思考。"关心自己"是古代一以贯之的原则,虽然不同时期的内容略有不同,但在详尽讨论不同之前,有必要对其基本内容进行概括,这能帮助我们提纲挈领地把握这一技艺。

一、"关心自己"被现代"认识你自己"遮蔽的原因

对于"认识你自己"[gnôthi seauton]的解释,福柯参考了罗舍尔(Roscher)和德弗拉达斯(Defradas)的解释。罗舍尔的解释是"当你询问神谕时,仔细检查你自己以及你将要问和想要问的问题,因为你必须把自己限制在最少的问题上,不要问太多,仔细考虑你自己和你需要知道的事情"。①德弗拉达斯的解释是"你应该永远记住:你毕竟是一个凡人,而不是神,你不应该过分夸大自己的力量,也不应该与神的力量作对"。②从这两种解释中,我们可以看出,这里的

---

① ②　LdF82, p.4.《主体解释学》,第6页。

"认识你自己"［gnôthi seauton］并不是以"认知"或者"解读"方式去分析、解码自我。事实上，根据福柯的研究，古人对于解释学之下的自我审查和自白极不注重，虽然这些技艺存在于这一时期，但绝不是为了去发现和挖掘自我的真相，这些技术只是在基督教之后变得越发重要和盛行。在福柯看来，人们寄希望能够建立"理性主体"连贯历史的"认识你自己"最初是与"关心自己"［epimêleia heautou］成双成对出现的，甚至"认识你自己"是从属于"关心你自己"的。

"关心自己"在希腊化和罗马文化中从来不是一种禁忌式的道德律令，相反它是一条被苏格拉底践行的古老格言，不仅是一种基本的哲学态度，更是一种被大众广为接受的教化现象。究竟是什么原因导致现代"认识你自己"遮蔽了"关心自己"的呢？在福柯看来，存在着两方面的原因：

一方面，来自道德和法律上的悖论。西方文化受基督教的影响非常大，基督教的道德基本上成了西方人普遍接受的道德原则，在上文中我们看到，基督教将与"关心自己"联系紧密的"认识你自己"的自我技艺改造后应用在追求宗教目上，即追求一种灵魂的不朽和永恒、追求对上帝的爱，这是通过一种自我舍弃(self-renunciation)方式实现彻底的拯救，因此这种几近严苛的道德禁令不允许给予自我更多的关注，这与基督教关注他人的宗教目标相违背，因此在西方社会中没有"关心自己"的生长环境。另外，我们还承袭了一种将自我看成"社会道德继承人"①的世俗传统，这种世俗拒绝将自我尊重和关爱看成具有正面价值的道德基础，"关心自己"在这种社会语境下总是与一种自我崇拜、利己主义相关联，因为它要求我们"寻求与他人关系中可被人接受之行为的规则"，②换句话说，这种社会道德总是要求践行一种善待他人的现代道德，"要

---

①② Michel Foucault, "Technologies of the Self", *The Essential Works of Michel Foucault 1954—1985*, Volume 1, *Ethics: Subjectivity and Truth*, ed. Paul Rabinow, trans. Robert Hurley and Others, New York: The New Press, 1997, p.228. ［法］福柯：《自我技术》，吴蕾译，《自我技术：福柯文选 III》，汪民安编，北京大学出版社 2015 年版，第 61 页。

么是他人、集体、阶级,或者是祖国,等等"。①无论是基督教还是现代世界都主
张一种非利己主义的道德,然而存在悖论的是,这种非利己主义是在一种对自
我表示关注的背景下通过对自我的放弃来实现的。事实上,"关心自己"的本
意在古希腊—罗马时代始终是具有正面意义和指导人类生存方式的古老箴
言,虽然不是必须被践行的道德法则,但是却是古代向往美好生活的人们乐于
接受和自觉践行的生存格言。然而,在福柯看来道德史的这一方面原因并不
是具有决定性意义的。

另一方面,在福柯看来是造成这种遮蔽的根本性原因,即所谓的"真相
史",②他将这个理由概括成"笛卡尔时期",但是这一时期并不是仅有笛卡尔,
而是有一批哲学家,这就是上文提到的哲学认识论转向。也就是说,笛卡尔率
先将"认识你自己"[gnôthi seauton]改造成现代的"认知自己",开了这种自我
技艺的先河,通过认识和解码自我的方式就可以到达真理,摒弃了"关心自己"
下的那种以"精神性"方式获取真理的途径。事实上,"关心自己"要求人践行
"精神性"的实践,因为"精神性"除了认为人不具有自主到达真理的能力外,它
还认为人需要"爱"和"上升运动"来实现自我的转化,以求得真理"回归""主
体",这不是指以认知的方式,而是指真理赋予人以灵魂的安宁,也就是说,在
古希腊—罗马文化中,"关心自己"指的是一整套基于"精神性"的对自我的转
化,这是人获得美好生活的必要条件。然而,笛卡尔为代表的认识论哲学家改
造并消解了这种"精神性"的自我技艺,认为仅仅凭借主体的理性就能够使得
人获得真理,只要严格遵守认识活动的各项逻辑法则、存在能够达成共识的科
学理论、不受各种利益诱惑欺骗科学,那么作为主体的我们就能够如愿抵达真
理的彼岸。但是,我们能够看出这都是基于认识的内部提出的各种要求,并没
有改变人的存在以便获取真理的过程。因此,在真理的现代史上认识论哲学

① LdF82, p.13.《主体解释学》,第 15 页。
② LdF82, p.14.《主体解释学》,第 15 页。

大行其道,这带来的后果就是人们遗忘了"关心自己"与"认识你自己"本来具有的同构关系。

二、"关心自己"的基本内容

既然"认识你自己"[gnôthi seauton]与现代"认识你自己"【connais-toi toi-même】存在差异,那么这一古老箴言的本意究竟是什么呢? 事实上,福柯对于这一箴言的理解源于他对基督教性道德和牧领权力的研究,正是通过"性"和"关注他人"①[epimeleia tòn allòn],福柯追溯到古希腊—罗马时期,并且发现了不同于基督教宗教道德目的的"自我关注"的伦理学和生存美学,在其中,"认识你自己"最初是与"关心自己"处于同构状态,主体解释学的自我技艺实际上正是"认识你自己"和"关心自己"分道扬镳的写照。从哲学的训练到基督教的禁欲,这近千年的过程中,"关心自己"的内涵扩大了,也被后人曲解了。事实上,在古希腊—罗马时代,"关心自己"的内容在不断变化,福柯对其进行了谱系学讨论:"关心自己"从最初的就是"认识你自己"、两者是相辅相成的,逐渐演变成一种包含修养实践的、改变自我生存状态的生活艺术,以至于最终确立了自己的独立性。虽然它的内容在古希腊—罗马时期经历了变化,但是"关心自己"作为人的自由抉择不同于主体解释学的治理自我的技术,在古希腊—罗马时期(柏拉图时期、教化时期)有最为基本和稳定的规定性:

---

① Michel Foucault, "On the Genealogy of Ethics: An Overview of Work in Progress", *The Essential Works of Michel Foucault 1954—1985*, Volume 1, *Ethics: Subjectivity and Truth*, ed. Paul Rabinow, trans. Robert Hurley and Others, New York: The New Press, 1997, p.278. [法]福柯:《论伦理学的谱系学:研究进展一览》,上官燕译,《自我技术:福柯文选 III》,汪民安编,北京大学出版社 2015年版,第 186 页。"关注他人"这种对人的治理是希伯来的传统,是其牧领制度进入欧洲之后在基督教会中逐渐形成的,而非希腊罗马的传统。作为牧羊人的教会、神职人员和作为他们"牧羊、看管"的信徒对象之间保有特殊关系:神职人员在生活上照顾、关心信徒,还要引导信徒走向灵魂的救赎。在牧羊人心中,每只羊的重要性和整个羊群的重要性相同,他们对由每只羊构成的羊群负责,也要负起具体引导每一只羊的责任,基督教治理的这一特点为福柯所重视。参见[法]福柯:《安全、领土与人口》,钱翰、陈晓径译,上海人民出版社 2010年版,第 2 页。

"首先,存在着有关普遍观点、思考事物的某种方式、立身处世、行为举止、与他人的关系的主题。'关心自己'是一种对自我、他人和世界的态度。"①也就是说,"关心自己"是具有正面价值的人生格言[gnômê],它是古人待人处事的最为日常和基本的原则,但是并不是一种禁令,而是一种自然而然的、依据人的自由选择的伦理态度,福柯在这里举了一个来自普吕塔尔克(Plutarch)文本中的例子来说明:斯巴达人"亚历山大里德"(Anaxandridas)将自己的土地交给希洛人来种植,以便"亚历山大里德"能够有时间来关心他自己。②人们不关心自己身外之物,与所有的财富和名望相比,自我才是人们值得关注的事物,"关心自己"的生活艺术意在让人们能够拥有自我控制的能力,能够在任何境况中采取正确的行为,不丧失心灵的平和与安宁,能够实现幸福安宁的人生。这是一种在世的智慧,其中也存在审查和说出自我的真相(tell the truth about oneself)的技艺,但是其目的是让人们记住自己做错事得到的教训,避免再次犯错,而不是为了忏悔和自白,也就是说,不是要像基督教那样抛弃自我,是为了个人的"转化"(individual's transformation),让人变得更好,也就是说,"认识你自己"[gnôthi seauton]是基于"关心自己",正是有了对自己的正确评估,才能够将真理实际地运用在现实中,起到指导作用,而不是认识论哲学那种关于思维的教条。福柯将之称为"作为力量的真理",③通过"关心自己"实现伦理之人的塑造。

"其次,'关心自己'也是关注、看的某种方式。……我们必须把我们的目光从外部、他人、世界等转向'自我'。关心自己意味着以某种方式关注我们的思想和我们思想中发生的事情。"④也就是说,除了自我之外的周遭事物都不能成为人所关注的焦点,苏格拉底曾经批评他的同胞为了获得金钱、声望以及地位而处心积虑,并且雅典人对这种错误行径不以为然,他批评雅典人没有用自

---

① LdF82, p.10.《主体解释学》,第 12 页。
② Plutarch, *Sayings of Spartans*, 217a. Quoted from LdF82, p.31.《主体解释学》,第 35 页。
③ BH80, p.34.《自我解释学的起源》,第 22 页。
④ LdF82, pp.10—11.《主体解释学》,第 12 页。

己的智慧和努力去完善自我。事实上，"关心自己"要求人们把所有的注意力、热情、目光都努力朝向自身这个"环形意象"，费斯蒂耶尔（A.J. Festugière）将它称作"陀螺意象"（the image of the spinning top），①虽然"陀螺"（人）会不停地旋转呈现出许多面向，但是其始终是朝向自我的，也就是说，人要不停地向着自我回归，也就是古人倡导的"转向自我、回归自我"[epistrophê pros heauton]。这其实是一种自我建构的过程，然而这种"建构"的自我并不是主客关系之下的"主体"，也不是基督教早期的那种对自我的关注——那是一种以舍弃自我的方式实现的"转变"[metanoia]，这是一种认知自我和意志自我能够和谐共处的、拥有幸福、实实在在的人。这是将生活风格化的做法，也就是说，每个人作为自由的个体都可以自愿选择是否将自我看成是一件艺术品去用心打磨，人们可以选择这种幸福的道路，也可以将自己沉沦在外物之中。

"第三，'epimêleia'不仅仅指这种普遍的态度或者把注意力转向自我的方式。'epimêleia'也总是指一些自我对自我施展实践，通过这些实践，人可以改变、纯净、转化、美化自己。"②也就是说，"关心自己"并不是基于思维逻辑的推理游戏，只是存在于人的思想内部，它是一种基于人的自由、以实际的修养[askêsis]为核心的伦理过程。福柯认为这种"关心自己"处于"格言"范围之内，在古代"gnômê 这个词指意志和认识的统一体"，③那么在这种"关心自己"之下的自我就是积极的、能够实现知行合一的人，即能够通过具体的修养[askêsis]，比如写作、缄默、沉思、节制考验等方式实现自我的幸福安宁。另外，这与上文提到的"精神性"也是一致的，也就是说，"关心自己"始终要求人以一种实践为代价，才能够实现人对真理的获取，通过一系列的修养实践，才能够将这种来自自我之外的真理内化为指导自己行为的准则。总之，"关心自己"指向的是一种有效的行动，而不是一种思维活动或者态度。

---

① LdF82, p.207.《主体解释学》，第 221 页。
② LdF82, p.11.《主体解释学》，第 12 页。
③ BH80, p.36.《自我解释学的起源》，第 23 页。

第二节   福柯对《阿尔喀比亚德篇》的解读

在柏拉图时期,"关心自己"就是"认识你自己",福柯通过对《阿尔喀比亚德篇》进行了谱系学的解读来对此进行说明,在这个文本中"关心自己"首次作为完整的主题被明确地提出来,福柯旨在说明"关心自己"和"认识你自己"在苏格拉底—柏拉图时期相辅相成的紧密关系。

一、"关心自己"就是"认识你自己"的第一次出现

《阿尔喀比亚德篇》集中体现了苏格拉底—柏拉图时期人们对"关心自己"的理解。这篇文本描述了苏格拉底与正处于想要治理城邦时的阿尔喀比亚德之间的对话,福柯避而不谈这篇文献的真伪问题,单就"关心自己"这一自我技艺第一次出现在哲学领域的意义来讨论这篇文献。

开篇,福柯感兴趣的事情是阿尔喀比亚德所处的人生转折点:阿尔喀比亚德出身于城邦中十分显赫的家族,父母给他带来了丰厚的财产、很高的地位、家族的特权,即使不依靠父母,他还有一位有钱有势的亲戚伯里克利(Pericles)做靠山;同时,他还有俊美的外表,有很多的追求者。但是,就是这样可以在城邦中做任何事、被世人追捧的人开始厌倦了无新意的生活,"我宁愿死在今天,也不愿意过一种只会给我带来我已经拥有的东西的生活"。①这也是苏格拉底上前与阿尔喀比亚德进行攀谈的原因所在——此时苏格拉底在阿尔喀比亚德身上看出了一种关心自己的意愿正在形成,阿尔喀比亚德想要摆脱之前的生活,他想要参与政治,想要治理城邦,"将法定的优先特权转变为对他人的治理",②这时候"关心自己"的问题就出现了,也就是说,若要治理他人,他需要

---

① LdF82, p.32.《主体解释学》,第 36 页。
② LdF82, p.33.《主体解释学》,第 37 页。

先关心自己。苏格拉底提醒阿尔喀比亚德,如果想要治理城邦,他首先要考虑一下自己的竞争对手,他的敌人不光来自本城邦,还来自其他的外部城邦,他会遇到斯巴达人,还会遇到波斯人,如果论财富,虽然阿尔喀比亚德很富裕,但是相比财富雄厚的波斯国王,他的财富不值一提;如果要论才干和教育,他也比不上斯巴达人和波斯人,例如波斯在培养他们年轻的君王的时候,花费了很多精力,他们在君主年少的时候就会为其配备四位老师,分别教授智慧[sophia]、法律[dikaiosunê]、节制[sôphrosunê]以及勇敢[andreia],而阿尔喀比亚德接受的教育非常低劣,他被托付给了亲戚伯里克利,但是这个人连自己的儿子都教育不好,更无法教育阿尔喀比亚德,并且伯里克利还想方设法将他甩给色雷斯的佐皮(Zopyrus)——一个无知无识的老奴——来看管,可见,这些人都没办法给予阿尔喀比亚德好的教育。可见,无论在各个方面,与他的竞争对手相比,阿尔喀比亚德都处于劣势,所以苏格拉底劝说他在进入政治生活之前要好好地审视自己,要对自己的各方面有清醒的认识:

> 苏:哦,有福气的人啊,听听我的和德尔斐神谕的劝告吧,认识[124b]你自己,因为这些人才是我们的敌手,……
>
> 阿:哪些是真该用心的呢? 哦,苏格拉底,你能引导我吗? 我觉得你讲的一切都很像真的。①

福柯认为"认识你自己"[gnôthi seauton]第一次出现是以一个十分弱化的方式出现在"关心自己"[epimêleia heautou]这一概念之前的,这是一种审慎的劝说,为的是引出"关心自己",②正是阿尔喀比亚德有各种不足,苏格拉底才敦促其"关心自己",对自己的各方面条件有一个正确的评估。因此,与"认识你自己"第一次成对出现的"关心自己"有以下特点:

---

① [古希腊]柏拉图:《阿尔喀比亚德》,梁中和译,华夏出版社2009年版,第142页。
② LdF82, p.35.《主体解释学》,第39页。

　　首先，"关心自己"的必要性与阿尔喀比亚德的权力的行使紧密连接。也就是说，阿尔喀比亚德力图放弃自己继续被人们当成被爱的对象的被动处境，他要成为一个爱别人的人，即能够治理他人，管理城邦，他要成为一个在爱和政治上都处于主动地位的人，那么他就要先关心他自己，要对自己的劣势有明确的认识，才能与敌手进行竞争。其实，"关心自己"与权力相关联在上文中我们提到过，就是斯巴达人"里德"把自己的土地交给希洛人去耕种，自己才能有时间去关心他们自己，但是这里指的是一种统治的特权，这种特权赋予了斯巴达人能够具有优先关心自己的权利，而《阿尔喀比亚德篇》这里的情况正相反，正是年轻的阿尔喀比亚德希望能够获得治理城邦的权力，才要去关心自己，否则他就不能够获得这种政治的特权。

　　其次，"关心自己"的必要性与阿尔喀比亚德的教育不足相关。我们知道阿尔喀比亚德被托付给了一个老奴，同时，还被觊觎他的美色的人所围绕。在福柯看来，这里抨击的其实是雅典教学法和不当的男童之爱，因为教育本身是一件十分庄严的事情，将一个未来会决定城邦命运的年轻贵族交给一个蠢钝无用的家奴是欠妥的；另外那些爱慕阿尔喀比亚德的人，不关心他，也不让他关心自己，一旦他老去失去了姿色，他们就无情地抛弃了他。而苏格拉底虽然在一早的时候也是爱慕他的一员，但是在阿尔喀比亚德失去众星拱月的地位时，他仍旧陪伴在阿尔喀比亚德身边，并且在这个时候才第一次开口对这个男孩说出了自己的劝解——"关心自己"，苏格拉底的助产术对这个年轻的贵族起到了积极的引导作用，这个男孩从此要服从他的爱人苏格拉底，更确切地说是一种精神上的追随，"政治抱负与哲学之爱的交叉点就是'关心自己'"。①

　　第三，一个人在放开老师的手、进入政治活动的关键年龄时，他必须学会

---

① Michel Foucault, "The Technologies of the Self", *The Essential Works of Michel Foucault 1954—1985*, Volume 1, *Ethics: Subjectivity and Truth*, ed. Paul Rabinow, trans. Robert Hurley and Others, New York: The New Press, 1997, p.229. ［法］福柯：《自我技术》，吴蓍译，《自我技术：福柯文选 III》，汪民安编，北京大学出版社 2015 年版，第 64 页。

"关心自己"。在文本中，苏格拉底拦下阿尔喀比亚德的时候，是这个年轻人刚好处在人生转折点的时候，是他将要去参与管理城邦的时候，是他刚好从被人追逐的对象变为主动爱人的时候，虽然他被苏格拉底的追问逼入窘境，但是苏格拉底却劝说这个年轻人不要灰心，他还来得及去关心自己，因为阿尔喀比亚德并不是已经到了迟暮之年，如果他已经50岁了想要"关心自己"可能就太晚了，但是他现在刚好处于"关心自己"的最佳时期。需要注意的是，这篇文本的这个说法与苏格拉底其他对话录的内容相矛盾，苏格拉底在《申辩篇》中对"关心自己"有不同的看法：苏格拉底将会无差别地对待老年人、年轻人、外地人以及他的同胞，向他们传达神的旨意，劝导所有人关心灵魂的最高幸福，不要将精力和时间花费在名利上。①我们从《申辩篇》中能够看出，"关心自己"是对年龄没有限制的，是所有人一生的职责，这就引发了矛盾，因为在《阿尔喀比亚德篇》中，"关心自己"是年轻人的一个必要阶段，因此"关心自己"的适宜时期引起了争论，在后期的伊壁鸠鲁和斯多葛学派中，"关心自己"变成了人一生的追求，我们将在下一章对这个问题展开分析。

最后，阿尔喀比亚德的身份决定他必须对城邦进行管理，然而他并不知道如何照管城邦，他进行政治活动的目标是什么，此时，"关心自己"就成了一种迫切的要求，这就是他"关心自己"的原因所在。也就是说，事实上，"无知"是作为"关心自己"与"认识你自己"第一次成对出现的重要因素。因为阿尔喀比亚德作为城邦未来的统治者，他的统治才华与他未来具有的地位之间并不相称，他不但对应该知道的东西无知，而且对自己的无知也一无所知，所以他必须对自己进行关心。在苏格拉底指出阿尔喀比亚德的无知之后，他安慰这位少年，你还有时间"关心自己"，这里值得注意的是，苏格拉底用的词是"关心自己"而不是"学习"，②这两种方法之间存在很大的区别，"学习"指的是一种类

①《申辩篇》，30a—b，《柏拉图全集》第1卷，王晓朝译，人民出版社2002年版，第18页。
② 普罗泰戈拉曾将苏格拉底的回答解释为"学习"。在后文中，福柯将关于"世界知识"，即"他物知识"称为"学习"[mathêsis]，指一种以"对象化"的方式去处理人与世界的关系，与"精神化"完全不同，但并不意味着"学习"与"关心自己"的实践——"修养"完全不可融合，第三章对"学习"与"修养"的关系做出了讨论，见本书第三章第二节。LdF82, p.315.《主体解释学》，第330页。

比推理的教学法,这不同于"修养"为主要方式的"关心自己"的自我技艺和实践,福柯认为苏格拉底是将早就存在于前哲学论题中的那些要经过实践改变主体存在方式精神性的自我技艺引入哲学之中,也就是说,无知的阿尔喀比亚德要通过"关心自己"这种自我技艺、通过修养实践来改变自己的无知的生存状态。

然而,"关心自己"究竟指的是什么呢? 我们并不清楚"关心"的对象,也不了解"关心"所涉及的具体过程。因此,就引发了对这两个问题的讨论,即《阿尔喀比亚德篇》中,第二、三次"认识你自己"与"关心自己"结合出现。

二、"关心自己"就是"认识你自己"的第二次出现

苏:自己关心自己是什么意思[128a],因为我们常常不知不觉地没有关心我们自己,尽管我们以为在那样做——还有,一个人什么时候才那样做了呢? ……

苏:认识自己不是件容易的事呢,还是像获得德尔斐神庙的铭文那样轻而易举,抑或艰难而非所有人的事。

阿:哦,苏格拉底,于我而言一方面常常以为那是所有人的事,[129a5]但另一方面也经常觉得那很困难。

苏:但是,哦,阿尔喀比亚德,无论那是否容易,于我们而言都以为着:认识了我们自己就知道了关心我们自己,不认识就永远不知道。……

[129b]苏:接着来,这样下去"其自身"就会被发现,于是我们就可以发现我们自身之所是,但如果保持无知就不会那样了。①

我们看到,这里是第二次"认识你自己"与"关心自己"一同出现,这里是对

① [古希腊]柏拉图:《阿尔喀比亚德》,梁中和译,华夏出版社 2009 年版,第 154—158 页。

"什么是关心自己"的追问,在福柯看来,"认识你自己"是作为"关心自己"的方法论路径出现的。换言之,问题是这样展开的:若想"关心自己"先要"认识你自己",那么认识自己的什么呢? 答案并不是一个人的能力或者激情等等这些"自己的"东西,苏格拉底回答说,"其自身",自己的自己,也就是"自己本身"[auto to auto]。在"自己的"和"自己"之间存在区分,苏格拉底让我们关心和认识的对象是"自己本身",但是这个"自己本身"又不是对人的本性和构成的概括,而是对自己与自己的关系的探索,福柯认为这个既作为"关心"的主体,又作为"关心"的对象,处于"关心"这一实践两端的要素事实上传达了一种身份意识,应该这样理解"自我"——"heauton/soi-même/self"——这个要素:它既是"认识"和"关心"的发出者,又是"认识"和"关心"的承受者,而不是一种主客认知关系。那么究竟什么是这个"自己"呢? 苏格拉底回答说:"……我们就要关心灵魂……[psukhê epimelêteon]。"①

在《阿尔喀比亚德篇》中,苏格拉底将"自我"界定为"灵魂"[psukhê]的方法是很独特的,他通过"使用"【se servir】这个词汇来分析出"灵魂"这个答案的,两者联系紧密。按福柯的理解,《阿尔喀比亚德篇》中,通过"使用"这条分界线将"行为主体"与"活动所涉及的所有其他要素"划分开,也就是"S"(行动主体)—"se servir"(使用)——"O"(其他要素),那么也可以将这个公式应用在"关心自己"这个活动中。苏格拉底举例鞋匠和音乐家来让阿尔喀比亚德更好地理解这个公式,鞋匠和琴师都是"用者",而他们的手、眼睛,以及制作鞋子的工具和弹奏的琴等要素都被看成是"被用者",②我们能够很容易理解"鞋匠""琴师"与"做鞋子的工具",以及"琴"之间的区别,但是一旦涉及身体是"被用者",就需要认真澄清:因为鞋匠和琴师不能等同于他们的手和眼睛,身体不能"使用"【se servir】它们自己,那么就存在某个要素作为"使用"手和眼睛的行为发出者,这就是"灵魂"。如果"关心自己"这一活动的"用者"和"被用

---

① [古希腊]柏拉图:《阿尔喀比亚德》,梁中和译,华夏出版社2009年版,第168页。
② [古希腊]柏拉图:《阿尔喀比亚德》,梁中和译,华夏出版社2009年版,第159页。

者"同一,行为发出者是"灵魂",那么"关心"的对象也就是"灵魂",但是福柯这里特别强调了这个"灵魂"并不是《斐多篇》中的禁锢在身体之中的灵魂,也不是《斐德罗篇》中的需要被正确引导的灵魂马车,更不是《理想国》中具有等级之分的灵魂,而是一种能够运用工具、使用语言、操纵身体的灵魂—主动者。为什么"灵魂"是主动者,而不是实体的灵魂呢? 这与福柯对"使用"一词的解读相关,"se servir"事实上是福柯对于一个十分古老的希腊词"khrêsthai"的法语翻译,这个词的含义是指"人与某物、自我之间建立的诸多关系",①而"诸多关系"包含了以下几个方面的内容:一是指使用、利用,比如说人利用某种工具;二是人持有的态度和施行的行为,例如"ubriskhôs khrêsthai"的含义是"举止粗暴",我们就不能将之翻译成"使用暴力",这就不存在利用的含义,而是一种人持有的态度野蛮或者主动发出的行为粗鲁;三是指与他者之间的关系,例如"theois khrêsthai"不是指"使用诸神",而是一种人同神之间保持的习常性关系,人要崇拜神、敬重神、与神灵互尽义务;四是指人采取何种态度对待自己,例如"epithumiais khrêsthai"不是人以期完成某事而采取某种情绪(passion),而是"屈从、让步于自己的情绪","Orgê khrêsthai"不是使用愤怒,而是指一个人为他的愤怒情绪所左右、表现得十分生气。

在上文中,我们提到苏格拉底用鞋匠、琴师做类比,试图让阿尔喀比亚德弄清楚什么是人在"使用"关心时处理的对象,答案是灵魂。福柯对"khrêsthai"的含义进行了四个层面的分析后指出,在《阿尔喀比亚德篇》中,苏格拉底正是运用"khrêsthai"这个词汇的后三个含义来确定"epimêleia heautou"中"heautou"的是灵魂—主动者之意。因为在福柯看来,苏格拉底要指出的"不是灵魂与世界、身体之间的工具性关系,而是主体相对于他周围的事物、他所能够管控的对象,以及与他有关的其他人、自己的身体和自身而言,所具有的特殊的超越性地位"。②这种"超越性地位"就是灵魂的自主、能动地位,正是基于这种理

---

①② LdF82, p.56.《主体解释学》,第 60 页。

解,福柯认为,能够区分出《阿尔喀比亚德篇》中"关心自己"与其他三种类型活动中对自身的所谓的"关心"之间的不同。这三种类型的"关心自己"分别是：医生、一家之主以及情人。首先,医生治病,如果医生因为自己生病而对自己实行了一套健康的饮食、对自己进行检查、对自己的病症进行处置,我们能够认为医生是在"关心自己"吗？福柯的回答是否定的,因为在他看来,医生实际上所关心的不是作为灵魂—主动者的自己,而是关心那个身患疾病的身体,自己的身体和灵魂之间存在很大差别,所以不能认为医生是在"关心自己"。其次,一家之主管理他的家庭和财产,为了让他的家庭保持和睦、他的财产不断增值,那么他是在"关心自己"吗？福柯的答案仍旧是否定的,他认为,道理很明显,一家之主关心的是他的家庭和财产,这是属于"他的"东西,而不是他自身,因此一家之主的"关心自己"仍不是苏格拉底所谓的对灵魂—主动者的关心。最后,情人对被追求者的关心,是对被追求者本人的关心吗？福柯的答案依旧是否定的,福柯举例阿尔喀比亚德的情人们,因为他们在阿尔喀比亚德年少英俊的时候围绕在他的身边,他们实际上关心的是这个少年的美貌和强壮的身体,一旦阿尔喀比亚德失去了这些,他们就一哄而散,抛弃了阿尔喀比亚德。但是,同样作为情人的苏格拉底却不同,苏格拉底在阿尔喀比亚德不再受众人追捧时仍旧关心他,因为苏格拉底是真正关心阿尔喀比亚德,关心他的"灵魂—主动者",虽然苏格拉底在文本中具有情人的身份,但是他更是以导师的身份来敦促阿尔喀比亚德"关心自己",导师不同于教师,教师的工作是传道授业解惑,而导师的责任却是引导他人去关注自己将来"关心自己"的方式,在导师对学生的爱中发现学生对学生自己的关心的可能性。

因此,我们能够看到,通过对"khrêsthai"一词的解读,福柯回答了"什么是关心自己"这一问题的一部分——"我们必须关心的自我是什么"[1]的问题,这里也是"认识你自己"与"关心自己"第二次一同出现的时刻,"认识你自己"作

---

① LdF82, p.66.《主体解释学》,第71页。

为"关心自己"的方法论解决了关心的对象问题,"heautou"就是灵魂—主动者,人必须为自己的灵魂操心劳神。

三、"关心自己"就是"认识你自己"的第三次出现

[132c]苏:那么接下来我们就要关心灵魂即人必须注视者了。

阿:显然。

苏:而对身体和金钱的关心(照料)要转交给别人。

[132c5]阿:可不?!

苏:但是我们如何能清楚地认识它呢? 当我们要认识它时,看起来,我们就得认识自己。①

这是《阿尔喀比亚德篇》中"认识你自己"与"关心自己"第三次一同出现。这里"认识你自己"是作为"关心自己"的主要形式出现的,它概括了"关心自己"应该包含的具体内容,"关心自己"就是"认识你自己"。那么人如何才能够认识自身呢? 并且这种"认识"过程包含了哪些具体内容呢? 福柯这里引用了关于"眼"的隐喻来解读"认识你自己"的过程。上文我们知道关心的对象是"灵魂",那么这里就是"灵魂"需要认识自己,"灵魂"如何认识自己呢? 苏格拉底用"眼"来做类比,一双眼睛(A)想要看到自己的时候需要什么条件呢? 阿尔喀比亚德回答说,需要镜子一类的东西。但是,镜子并不是唯一具有反射效果的东西,在另一双眼睛(B)中也能折射出眼睛(A)的形象,因此,相同的本质(identical nature)是一个人能够知道他自己是什么的条件或反射面,那么在"眼"的隐喻中,这种相同的本质就是"视觉",眼睛(A)不是在另一双眼睛(B)中看到它自己的,而是在"视觉"(the source of vision)中看到自己,也就是说,

———————————

① [古希腊]柏拉图:《阿尔喀比亚德》,梁中和译,华夏出版社2009年版,第168—169页。

是"视觉"让眼睛(A)能够在眼睛(B)的视觉行为中捕捉到自己、看到自己。那么我们可以将之类比在"灵魂"上,因为我们没有办法给"灵魂"照镜子,就要找到一个与灵魂具有相同本质的(identical nature)要素,来让灵魂认识自己。苏格拉底认为眼睛的共有本质是"视觉",那么与"灵魂"具有相同的本质的要素是什么呢? 苏格拉底认为,灵魂的本质就是智慧,即思想和知识[to phronein, to eidenai/thought, knowledge],①那么只有"神"[ho theos/God]才具有这相同的本质,也就是说"灵魂"只有通过认识"神"才能够认识"灵魂本身"。那么我们就得到了这样一个序列:"关心自己"首先要"认识你自己","认识你自己"就要对"自我"(灵魂)进行反观,而与灵魂具有相同本质(思想和知识)的要素就是"神",那么我们只有首先认识"神"才能"认识自己"、继而"关心自己"。福柯认为,苏格拉底将对话的落脚点最终放在了城邦治理上,也就是说,人借以将自己向"神"敞开的过程来"认识自己",这允许人获得了与"神"相仿的智慧[sôphrosunê/wisdom],人有了智慧之后,就能够具有明辨善恶、真假、是非等等的判断力,就能够具有恰当行事的能力,就能够在治理城邦过程中发挥自己最大的潜能。这样我们就不难明白为什么在《阿尔喀比亚德篇》中结尾的时候,阿尔喀比亚德为什么回答说:"我首先就来[135e5]关心正义[dikaiosunês/justice]。"②"关心自己"与关心正义是殊途同归的。

在福柯看来,《阿尔喀比亚德篇》结尾处阿尔喀比亚德的回答属于典型的苏格拉底—柏拉图时期对"关心自己"的理解,"关心自己"的含义有着不同于其他时期的一些特征:

首先,"关心自己"是一种精英的行为。从对话伊始到对话结束,核心的问题就在于阿尔喀比亚德如何能够更好地管理城邦,始终围绕着政治因素展开。因此,我们能够看出,苏格拉底—柏拉图时期的"关心自己"是对于那些想要将来执掌城邦统治权的贵族提出来的一条律令,所以,"关心自己"应该成为这些

---

① [古希腊]柏拉图:《阿尔喀比亚德》,梁中和译,华夏出版社2009年版,第171页。
② [古希腊]柏拉图:《阿尔喀比亚德》,梁中和译,华夏出版社2009年版,第178页。

贵族应有的特长和习惯。这就要求进行"关心自己"的人要有时间、金钱、教养、天资等条件来支撑"关心"这一过程,这就要求此人的出身高贵以及天资过人,否则这个人就不能很好地实现"关心自己",也不能承担治理城邦的大任。此外,通过"关心自己"这一过程的锻炼,这一律令期望达到的结果和目的就在于塑造一个更完善的人,这个人要与城邦中的其他民众形成对比,这里存在着"伦理区分",通过"关心自己"的实践,这个人成为了能够有能力进行转变自我的精英。因此,苏格拉底—柏拉图时期的"关心自己"面向的受众应是精英阶层。

其次,"关心自己"是年轻人的特权。上文提到,阿尔喀比亚德处于人生阶段的转折期,苏格拉底劝导这个年轻人说,他还来得及去"关心自己"。这一点体现了这一时期对于"关心自己"的年龄要求:"关心自己"是在人需要进入政治生活前的准备活动,它处于人生的特殊阶段,是"关键的年纪、决定性的年纪、成熟的年纪"①必不可少的事情。

第三,"关心自己"的目的是治理城邦。这是一种政治途径,苏格拉底将"关心自己"的对象设定为"自我本身",即灵魂,但是并不是为了"自身"而"关心自己","关心自己"是作为实现更好地治理城邦这一目标的手段出现的,它只是作为一种方法论存在,"城邦调节了自我与自身之间的关系"。②

最后,"关心自己"是以"认识你自己"为主要方式的。福柯认为:第一,"关心自己"是在"认识你自己"中找到了自己最高的完成形式。第二,"认识你自己"指出了人通向真理的道路,这个通向真理的通道不在人之外,而在于人对自身神圣性的挖掘(自身和神相同的本质——智慧),也就是说,"认识自己、认识神灵、辨识自我之中存在的神圣性"③的这种方式是这一时期所独有的。这两点引发了后世称为"柏拉图主义的悖论":在福柯看来,柏拉图主义成

---

① LdF82, p.75.《主体解释学》,第 80 页。
② LdF82, p.83.《主体解释学》,第 88 页。
③ LdF82, p.76.《主体解释学》,第 82 页。

为后世的"精神性"运动的起因在于，这里将人通向真理的方法归结为对"自身神圣性的发现"，"只有在与自我、神性有关的灵魂的精神运动这种条件下，才能获得知识和真理之途"，①也就是说，这其实是一种改变主体存在方式的"精神性"方法，这是对神的认识，是一种向外敞开的过程。"关心自己"就是"认识你自己"将各种精神要求统一于"认识你自己"的范畴之下，才使得理性与精神性变得模糊不清，导致了看似是悖论的悖论，这其实是柏拉图思想中本身孕育着西方哲学两大分流的种子。因此，按照福柯的理解，这一时期的"关心自己"实际上发挥了一种双重作用，"（一方面）不断地、反复地提出为了达至真理所需的精神性的必要条件，（另一方面）在知识、认识自己、神性、本质的活动中不断地重新吸收精神性"。②

福柯之所以选取《阿尔喀比亚德篇》来诠释"关心自己"这一律令的含义，不仅是因为它是"关心自己"这一律令第一次出现的文本，更重要的是，这个文本也是"第一次将'gnôthi seauton'作为哲学实践的必要条件郑重地引入哲学"。③这个文本是对柏拉图哲学的高度概括，能够作为整个哲学的拱顶石，是整个西方哲学的十字路口："关心自己"就是"认识你自己"，这事实上是"开始发现并确立'自己'（oneself）是一个本体论上不同于肉体（body）的现实"，④将哲学置于认识灵魂的氛围中，"把对灵魂的认识转变为关于自身的本体论"⑤。这造成了理性主体为根基的形而上学的认识论体系和实践为核心的生存美学之间的分流，并且后者在哲学发展中日渐衰微，逐渐被人忽略和遗忘，相反形

---

① LdF82, p.77.《主体解释学》，第82页。
② LdF82, p.78.《主体解释学》，第83页。
③ LdF82, p.170.《主体解释学》，第184页。
④ Michel Foucault, *The Courage of the Truth*(*The Government of Self and Others II*)：*Lectures at the College de France 1983—1984*, trans. Graham Burchell, New York：Palgrave Macmillan, 2011, p.159. 中文参考［法］福柯：《说真话的勇气：治理自我与治理他者 II》，钱翰、陈晓径译，上海人民出版社2016年版，第133页。以下英文译本简写为LdF84，中文简写为《说真话的勇气：治理自我与治理他者 II》，引文部分的翻译参考钱翰、陈晓径译文的基础上进行了调整，以下不再注明。
⑤ LdF84, p.127.《说真话的勇气：治理自我与治理他者 II》，第106页。

而上学的话语空间日益膨胀。并且,基督教"自白"的技艺和现代主体哲学对这种解释学方法的继承,更加速了哲学的自由实践和生存美学向度的衰落。但是,仍应该清楚的是"关心自己"的箴言始终是当时人们处理自我同自身关系的首要的规则,即便是含有"认识你自己"的层面,它也仅是作为实现"关心自己"的途径存在,它与"关心自己"是共生关系,自我关系并不是以"认知"自己这种方式展开的。苏格拉底—柏拉图时期的"关心自己"就是"认识你自己"仍旧处于以实践来"关心、照管、照顾"自己这一广阔的主题之下,在希腊化—罗马时期的异教哲学中,"关心自己"发展为"教化自我"【culture de soi/culture of the self】,"关心自己"以形式多样的自我实践和修养训练展开,从而实现了蓬勃发展,福柯正是在这里看到了,"关心自己"的对象不再是灵魂[psukhê/soul],处理自我与自身的关系也不再是以对灵魂静观的方法,而是以"自我"为目的、净化【le cathartique】程序为核心的自我修养的丰富展开。

第三章
"关心自己"就是"教化自我"：
"关心自己"的黄金时期

在公元 1—2 世纪,①"关心自己"的内容发生了深刻的变革,这是"关心自己"分期上的另一重要时期,但是并不是说一旦到了这一时期突然出现了某种因素使得苏格拉底—柏拉图时期的"关心自己"的内容产生了新的形式,事实上,这一变化过程是缓慢而复杂的。但是,在希腊化—罗马时期"关心自己"的内容中的确已经基本看不到柏拉图主义的"关心自己"的影子,取而代之的是福柯称为"关心自己"的"黄金时代"。在这一时期,"关心自己"得到了极大程度的发展,在其普遍化程度上、实践目标上以及采用的形式上都发生了巨大的改变。"关心自己"不仅是认识活动中的一个概念,更是采用诸多形式展开的、以自身为目标的自我实践【pratique de soi/practice of the self】、修养训练、人生信条、行动性格言,福柯将之同一概括为"教化自我"【culture de soi/culture of the self】。

---

① 福柯将这一黄金时期划定为:在政治上可以从奥古斯都王朝或者朱利亚—克劳狄王朝的建立起算,一直延续到安东尼统治的结束。在哲学上可以从罗马斯多葛主义时期开始起算,经过穆索尼乌斯·鲁弗斯,一直到马可·奥勒留,也就是希腊化古典文化的复兴时期。并且包含了基督教传播与早期主要基督教思想家出现之前的时段,比如德尔图良和亚历山大里亚的克莱蒙。事实上,在福柯行文和讨论的过程中,涉及的范围远远超过了公元 1—2 世纪这个他为自己划出来的顶峰范围,他截取这一段时期只是因为这一时期的"关心自己"的内容较为典型。毋宁说,福柯讨论的范围是根据"关心自己"的内容来划定的,是一个模糊和宽泛的时间段,但凡符合"关心自己"以"自我实践、修养、训练"等方式呈现这一条件的,都被划进他的讨论范围,我们可以大致将之称为希腊化—罗马时期。

第一节 "关心自己"的普遍化

在苏格拉底—柏拉图时期,"关心自己"是精英阶层的特权,并且发生在这个人处于青春期结束向成年期过渡的临界点,这个时刻被希腊人称为"hôra"①,指的是"人生中必须关心、照管自己的时刻或季节"。②然而在"关心自己"的黄金时期,它成了适用于所有人一生的普遍原则,福柯将之称为"关心自己的普遍化过程",③而这一普遍化过程从两个层面展开:

一、"关心自己"成为一生需要践行的实践原则

"关心自己与生活艺术存在共延性,自柏拉图以来,尤其是在后柏拉图主义运动中,生活艺术、生存艺术成了哲学的基本定义。关心自己和生活范围一致。"④也就是说,"关心自己"不再是教育缺失危机下的补救措施,而是成为伴随每个人一生的、持久性的义务抉择,逐渐成为一种"生活艺术"⑤[tekhnê tou biou/art of living]。福柯对以下文本的谱系学解读说明了这一点:(福柯认为公元1—2世纪是"关心自己"作为一种修养实践、生活艺术最为鼎盛的时期,其实更早的时候已经存在了"关心自己"同"生活艺术"紧密相连的哲学思想。)例如,在《给墨诺伊库斯(Menoeceus)的信》中,伊壁鸠鲁(Epicurus)曾说:"一个人不要因为尚年轻就不去研究哲学,也不要等到老年时,又觉得研究哲学太过劳累,因为一个人致力于灵魂的健康,从不会时机尚未成熟,也不会时机已过。一个人说研究哲学的时间尚早,或者已经错过,就等于是在说幸福来到的时刻尚早,或者将不再出现一样。因此,无论是年轻人还是老年人,都应研究哲学。老年人可以通过自己的阅历,面对良善的事情时依然如年轻人一样行事,年轻人则因不再对未来感到恐惧而变

①②④⑤ LdF82, p.86.《主体解释学》,第91页。
③ LdF82, p.86.《主体解释学》,第90页。

得成熟。"①我们能够看出,这里哲学的思考和"关心自己的灵魂"有着共同的目标,就是达到人生的幸福,人对幸福的追求不论年轻和年老,这应该是人一生的目标,因此,年轻的时候要"关心自己的灵魂"、进行哲学思考,以便能够为生活中遇到的各种灾难和痛苦做好充足准备;年老的时候要"关心自己的灵魂"、进行哲学思考,用回忆的方式让自己保持年轻的状态,"关心自己"的实践贯穿了人生的始终。另外,我们还能在斯多葛学派的穆索尼乌斯·鲁弗斯(Musonius Rufus)的文本中看到人一生必须每时每刻"关心自己"的记载:"如果一个人想要过健康的生活,那么他必须不间断地处于关心之下[to dein aei therapeuomenous]"。②

福柯认为这一时期不但将"关心自己"变成了人一生的追求,而且强调了成年人向老年人的过渡期成为了"关心自己"这种实践的重心。③例如,在《论灵魂的安宁》(On Tranquility of Mind)中,塞里努斯(Serenus)向塞涅卡(Seneca)寻求建议,这个时候的塞里努斯已经是一位大臣、开始了自己的政治生涯,他不是阿尔喀比亚德那样即将走入城邦政治的年轻人,但是他还是向塞涅卡寻求关心自己灵魂的建议。④另外,塞涅卡还与鲁西里乌斯(Lucilius)保持了长久的指导关系,福柯对鲁西里乌斯的年龄进行了考证,在与塞涅卡保持联系的时段里,他应该是一个40—50岁的成年人,而不是个青春期刚结束的年轻人。此外,爱比克泰德(Epictetus)开办学校来教导人们时刻"关心自己",根据

---

① [古希腊]第欧根尼·拉尔修:《名哲言行录》,徐开来、溥林译,广西师范大学出版社2010年版,第532—533页。在英文版中,"致力于灵魂的健康"对应的是 take care of one's soul,这里可以看出"关心自己"是老年人和年轻人都要进行的实践活动且伴随他们一生。参见 LdF82, pp.87—88。

② 英文版本中将 therapeuomenous 翻译为 treatment,并且第98页中 therapeuein heauton 这一短语后做了解释,therapeuein 虽然指示医疗中的养护、治愈行为,但是考虑古代哲学中"关心自己"与医学具有同构,因此将其翻译为照顾自己、做自己的奴仆而服务自己等。同时中文版中将其翻译为"照管、照顾、关心"。参考中译版,笔者将其翻译为对自我的"关心、照管"。参见 LdF82, p.102.《主体解释学》,第103、108页。

③ LdF82, pp.91—92.《主体解释学》,第96页。

④ [古罗马]塞涅卡:《哲学的治疗:塞涅卡伦理文选2》,吴欲波译,中国社会科学出版社2007年版,第31—35页。

福柯对《对谈录》(*Discourses*)的考察,哲学学校对年轻人和成年人一视同仁,都敦促其进行"关心自己"的实践。在犬儒学派的演说中,我们也能够看到面向不同年龄段的受众进行的"关心自己"的劝导。福柯援引了亚历山大里亚的斐洛(Philo)的例子来说明,成年向老年过渡这个时段在"关心自己"的黄金时期所具有的特殊地位。在《论思辨生活》(*On the Contemplative Life*)中,斐洛曾谈到"他们渴望不朽和幸福的生活,这使得他们认为他们已经结束了有生之年,他们把财产留给了儿子、女儿或者其他的近密的亲属,他们事先就让这些人继承了遗产,而那些没有家人的人则把一切都给了伙伴或朋友。"①这里的记载与《阿尔喀比亚德篇》的内容大相径庭,阿尔喀比亚德是在自己十分年轻的时候遇见了苏格拉底,并展开了对"关心自己"的讨论,而在《论思辨生活》中,"关心你的灵魂"[epimeleia tês psukhês]的群体已经变成有后代的成年人,并且"关心自己的灵魂"是在他们感到希望结束有生之年的时候,而不是他们处于人生的生机勃勃的起点的时候。在最后福柯还对比了毕达哥拉斯学派对人生阶段的划分来说明,希腊化—罗马时期对于"关心自己"的年龄无限制的特点。

　　以上福柯举的例子,无不在说明在"关心自己"的黄金时代,这一律令成了人一生的诉求,与人的个人生活有着相同的外延,是人终生需要践行的自我实践,这在其产生的效果是促成了一些变革。

　　首先,"关心自己"的批判性功能【fonction critique/critical function】越发明显。在福柯看来这包含了两个层面的内容:一方面是训练(training)层面。在《阿尔喀比亚德篇》中,"关心自己"也包含了训练的层面,这种训练是为了弥补阿尔喀比亚德的无知,这是对教育缺失的控诉,是为了让他更好地进入政治生活的训练,在福柯看来这是为某种社会活动或职业所做的准备性训练,类似于阿尔喀比亚德未来要成为统治者的情况,这不同于希腊化—罗马时期发展起来的"关心自己"的实践。这一时期,训练层面的要素并没有消失,而是改变了

① Philo of Alexandria, *De Vita Contemplativa* (*On the Contemplative Life*), 473M. §13. Quoted from LdF82, p.91.《主体解释学》,第 96 页。

它的形式，这种训练的效果在于让人能够对生活中遇到的困难、痛苦以及失败做好准备，能够以积极乐观的状态去迎接生活中突发的各种偶然事件，这对人来说类似于保护装置，希腊人称为"Paraskheuê"，这不是为了特定的职业所掌握的职业素养或者某种预设的社会活动所需要的技术知识而作出的训练，而是针对人的自身，进行的完善化的训练，用来改变人的生存方式。从这个角度讲，这种"训练"与"关心自己"的另一层面——"批判与矫正的方面"（corrective aspect）不可分割，并且后者的重要性越发突出。也就是说，"关心自己"不再是以"无知"作为前提，而是为了改变人的生存状态，这是一种矫正的作用，福柯曾引用塞涅卡致鲁西里乌斯的第 50 封信的内容来说明这种作用，它可以改变人的"错误、不良习惯以及必须摆脱的、根深蒂固的变态和依赖性"。[1]在希腊化—罗马时期的哲学家看来，在人实践"关心自己"的时候就应该将这些早已存在于自身的恶铲除掉或者遏制其发展，在一生中不断地进行"矫正"，更要趁着年少进行"关心自己"，因为这时候"恶"还没有深入内心，更容易被改正。这种"矫正"的"关心自己"旨在让人成为本该成为、却从未成为的人。在福柯看来，这是"关心自己"在这一时期最为根本的内容之一，也就是说，人通过"关心自己"来矫正自己，洗心革面，这就是塞涅卡所说的"高尚的灵魂［bona mens/the noble soul］绝不会出现在不完美的灵魂［mala mens/the soul's imperfection］之前"[2]的意义所在。另外，还要纠正来自非自然状态的"恶"，这是一种习得性的污垢，例如在教育及成长的家庭环境等因素中形成的错误，这不是与生俱来的，是一种被外在强加的价值体系所形成的错误的价值观。应当注意的是，这里"关心自己"仍旧是在哲学修养层面对"灵魂"的关注，这区别于修辞教育，"修辞学是一门关于修饰、伪装、诱惑的教学"[3]，这是对身体浮夸的关注，是一种取悦他人的教育，而不是真正的"关心自己"。

---

① LdF82, p.94.《主体解释学》，第 99 页。

② Seneca, *Letters* 50, L.7. Quoted from LdF82, p.95.《主体解释学》，第 99 页。

③ LdF82, p.96.《主体解释学》，第 101 页。

　　其次，"关心自己"与医学之间的联系越发紧密。上文提到"关心自己"旨在通过纠正、批判来形成"应该形成却从未形成的状态"，这与医学实践十分类似。福柯认为，事实上，在柏拉图那里身体的艺术与灵魂的艺术差别巨大，①《阿尔喀比亚德篇》将"关心自己"的对象明确地规定为"灵魂"，而在希腊化—罗马时期，强调身体艺术的特征更为清晰，并且在伊壁鸠鲁和斯多葛学派的理解中，灵魂的关心与身体健康两者密不可分，身体要素逐渐被整合进"关心自己"的内容中，也就是说，"关心自己"要同医学一样与身、心两者一同打交道，不可偏颇。一方面，"关心自己"与医学共同分有的概念是"pathos"，这被伊壁鸠鲁学派和斯多葛学派当作激情（passion）、疾病（illness）。斯多葛学派对此有十分详尽的讨论，他们将激情的递增状态描绘成一种疾病恶化状态：第一阶段是"euemptôsia"，这是指一种易于生病的体质。紧接着的第二阶段是灵魂的非理性冲动，即"pathos"。第三阶段就是疾病了，非理性的灵魂冲动就变成一种慢性疾病，即"nosêma"。如果疾病一直不被治愈，就会生成"邪恶"［kakia］的第四阶段，人此时则完全被邪恶占领、侵蚀了。另一方面，"关心自己"与医学共有的概念是"therapeuein"，这个概念在希腊文中有三种含义，在这一时期的哲学中被视为一种类似医疗手术的自我实践，"therapeuein heauton"指的是给自己医疗关注、成为自我的仆人、把自己奉献给自己。

　　最后，"关心自己"突出了人的老年时期所具有的重要性和价值。在希腊化—罗马时期之前，人们认为老年人的价值是十分有限的，虽然老年人具有智慧、经验，能够为城邦出谋划策，但是身体上的虚弱导致他们仍旧需要年轻人的帮助和保护，也就是说，老年人的价值是得到人们的肯定的，但是人们却不希望自己成为老年人。从"关心自己"成为人的终生实践准则后，伴随着人们开始意识到成年向老年过渡的时期的重要价值，老年时期成了关心自己最为杰出的结果、最高形式和回报时刻，也就是说，老年人具有的状态是"关心自

---

① LdF82, p.107.《主体解释学》，第 117 页。

己"这一自我实践期望达到的顶峰。因为人在老年会摆脱自己的众多欲望,用获得的智慧和积累的经验来更好地掌控自己的人生,因此,老年人能够获得仅来自自我的愉悦体验,它是完全来自自我、不依靠外界的物质快感等因素来取得的快乐和自我满足,人因为自我感到满足,人回到自身,也就是说,老年人的状态是人与自身能够保持节制、控制、主宰的关系,人与自我形成完满和谐的关系。那么,老年时期就不应该被看成人生萎缩、即将走向终点的阶段,而应该是被人们孜孜以求的、具有正面价值的生存状态,这一状态是通过"关心自己"这一自我实践塑造的,也就是说,老年不应该仅仅被看成人所必须经历的生理阶段,在"关心自己"的黄金时代,老年人具有的状态应该被看成人与自身应该形成的理想关系、人应有的最完满状态,人不应该被动地去遭遇生理的老年,而应该将老年时期这种愉悦状态当成人一生所要追求的修养目标。根据福柯的描述,这一时期的哲学家,不同于前希腊化时期将人生划分为几个阶段、每个阶段要使用不同的方式去对待的做法,而是要将人生看成连贯的统一体、将到达老年状态看成目的,也就是说,人无论处于人生的哪一阶段,都要尽快达到老年这一正面的极点,不要让那些激情、烦恼、金钱和权力蒙蔽自己,要尽快让自己处于老年这个安全的庇护所,使得内心安宁且愉悦,"为变老而活"。①另外,还要注意的是,福柯强调,老年的状态是一种修养的结果,②并不是说到了老年的年龄就会拥有这种完满的自我关系,人应该在年轻的时候就安排好自己的生活,为达到老年的状态做训练,后文中的"死亡训练"就是这种"关心自己"的具体写照。

二、"关心自己"成为面向所有人的普适性准则

在苏格拉底—柏拉图时期,"关心自己"是面向既定人群的,即那些需要未

① LdF82, p.110.《主体解释学》,第120页。
② LdF82, pp.110—111.《主体解释学》,第120—121页。

来执掌城邦命运的贵族；但是在希腊化—罗马时期，它成了所有人都能够采用的普遍原则。但是福柯认为，这并不意味着“关心自己”成了适用于整个社会的普遍伦理法则，因为在福柯看来，法律形式只是人在处理与自身关系、塑造主体的技术史上的一个插曲，在古希腊—罗马时代，存在着数量可观的非法律形式的自我实践供人选择去处理自我关系，并且福柯认为这些非法律形式的自我技艺相较于法律形式更具有优越性，① 总之，“关心自己”并不是能在全社会推广的伦理法则。这是因为，“关心自己”虽然具有普适性，但事实上，在当时它只能被少数人实践：“关心自己”需要人们具有休闲[skholê/otium]条件，这是人能够践行自我实践的实际条件；另外，“关心自己”还是人的自主选择，人有权利选择它或者拒绝它。也即是说，不存在内容上统一、强制性的“关心自己”的法则，这里的“普遍化”是指“关心自己”的实践原则面向每一个人敞开，这个人不需要像阿尔喀比亚德一样具有贵族身份抑或具有经济上的优势，在“关心自己”原则面前，人人平等，没有身份上的差别。可以说，在苏格拉底—柏拉图时期，身份的差别是能够使得“关心自己”得以贯彻的前提，这就是当时“关心自己”的特点所在，这是一种精英艺术，但是在希腊化—罗马时期，大家拒绝身份上的高低贵贱之分、经济上的优劣之别，所有人都可以通过“关心自己”来拥有更完善的自我关系。例如，在大众化的阶层，这种“关心自己”常常出现在以既定的崇拜为核心的宗教团体中，在福柯看来，这一群体“关心自己”的形式比较粗糙，通常围绕着宗教的仪式展开，而不需要精致的个人修养和理论探究，但是对于“关心自己”的实践是要求每个人必须参与其中，福柯称之为“封闭的宗教团体”。② 另一方面，与大众阶层共在的是一种考究的群体，福柯认为这种“关心自己”存在于当时的社会关系网络（朋友网）中，它们具有等级之分，是通过一系列的职责与义务勾连起来的社会体系，“与个人的选

---

① LdF82, p.112.《主体解释学》，第 122 页。
② LdF82, p.127.《主体解释学》，第 137 页。

择、优雅的休闲生活和理论研究"①相关,这是一种经济、文化上的分离,比如塞涅卡、鲁西里乌斯、塞里努斯之间的关系。福柯在这里列举的只是两个极端,"关心自己"面向所有人的普遍化的受众要远比这复杂得多,这两种群体中进行的"关心自己"的实践从来不是以纯粹的方式出现的:比如伊壁鸠鲁学派的团体,这是一种由文化带来的社会分离团体,它并不属于宗教团体,但是又囊括了宗教色彩要素;又比如亚历山大里亚的"治疗家"团体,他们有着十分明显的宗教实践,但是他们对理智和理论的强调又表明了某种教化区隔。

因此,福柯想要在这里说明的是,"关心自己"的普遍化取消了以往对身份、地位的等级限制,也就是说,在希腊化—罗马时期,所有人都可以进行"关心自己"的实践。虽然"关心自己"向所有人敞开了自己,但是并不是所有人都能够实现"关心自己",这就是"呼吁的普遍性与拯救的稀有性"②,也就是说,人会因为自己的不坚定、勇气不足、缺乏对"关心自己"重要性的认识,导致不能够进行这种自我实践,这不是由于身份或等级上的区分,而是能力上的区分,即有修养能力的人和没有修养能力的人之间的区分,人不再因为自己的出身来被决定是否需要"关心自己",而是完全取决于自己的自由选择。另外,"关心自己"的目标能不能被实现,凭借的是人是否坚持了修养的实践、是否有拯救自己的意念,人不是被当作"关心自己"遴选的对象,人在"关心自己"的实践中变为主动选择的一方。"关心自己"成了一个无条件的原则。

第二节 "关心自己"与"转向自我"

福柯认为,"关心自己"的第二个变化是对象和目标的同一,即都是"自我"【soi/self】。我们知道在苏格拉底—柏拉图时期,虽然"灵魂"(自我)作为"关

---

① LdF82, p.114.《主体解释学》,第123页。
② LdF82, p.120.《主体解释学》,第129页。

心自己"的对象,但是"关心自己"却作为关心其他人的手段,即"关心自己"的目的是为了更好地统治城邦。福柯列举了普罗克鲁斯(Proclus)和奥林匹欧多尔(Olympiodorus)对于《阿尔喀比亚德篇》的解读,并认为在这个文本中可以发现"政治"与"净化程序"【le cathartique/the cathartic】开始有分流的迹象。①"净化程序"其实是一种新柏拉图主义的理解方式,福柯认为在柏拉图那里,"政治途径"和"净化程序"两者不存在结构上的区分,也就是说,"关心自己"的目的是为了实现城邦的安定、和谐,"净化程序"采用的是"认识你自己"的方式,以便实现自己的本性与神圣要素之间的接触,简言之,是以"认识你自己"这种回忆性方式来"关心自己"以便实现城邦正义的目标。

　　然而,在希腊化—罗马时期,"关心自己"作为一种生活艺术的定位越发明显,同时,自我成了"关心自己"的自足的且唯一的目标,"关心自己"的实践更侧重"净化程序",就是以"转向自我"[convertere ad se/return to the self]的方式进行的"教化自我"【culture de soi/culture of the self】以期实现"自我拯救"。

一、 拯救自我与拯救他人：自我和他人的位置倒置

　　根据福柯的考察,在希腊化—罗马时期这种"自我修养"是为了实现"自我拯救",但是人们对"拯救"[sôzein/to save]的概念一直存在一些误解,总是认为这个概念与宗教观念相关。在希腊化—罗马时期,"拯救"完全是以哲学的概念在起作用,"拯救作为哲学实践和哲学生活的一个目标而出现和发展"。②"拯救"在希腊文中是有特定的含义的:首先它指的是对危险的躲避,比如摆脱火灾,摆脱疾患等等。第二个含义是指让某物能够保持现状,不受伤害,例如在毕达哥拉斯学派那里被称为"围墙"[peribolon/enclosure],灵魂受到来自身

---

① LdF82, p.170.《主体解释学》,第 184 页。
② LdF82, p.182.《主体解释学》,第 195 页。

体像围墙一样的保护。第三，"拯救"的含义被普吕塔尔克称为"牢记"[sôtêria mnêmês/keeping the memory]，这是一种在道德上的保护，将某事作为荣辱或者廉耻记忆、保存起来。第四，"拯救"还有一种司法上的含义，也就是证明某个人是清白的，让他不受法律上的制裁，为他辩护。第五，"拯救"还有一种被动的形式"sôzeinthai"，这指的是让某物保持原有状态，例如让酒保持原来的醇香。第六，"拯救"指做好事，以保证某事、某人或者某个群体的好的状态。比如，一家之主和国王。因此，我们看到这些含义中没有一条是与宗教相关的，并且"拯救"不仅仅有着摆脱危险、逃离不洁的环境等负面含义，它还有正面的含义。也就是说，人通过"自我修养"形成自我武装（就像围墙保护城市那样）以便对抗一切苦难和打击，对自己实行"自救"（save oneself）的人时刻都处于一种警惕、节制的状态；另外，对自己进行"修养"的人能够使得自己避免被胁迫和奴役的状态，能够掌握自己的自由和尊严；此外，对自己实行"拯救"的人能够在外界发生变化时，保持自己的常态而不受影响；最后，实行"自救"的人能够实现幸福和内心的平静。这样的"拯救"，即"关心自己"是人要一生持之以恒的事，并且"拯救"过程的实施者就是自我本人，人通过"拯救"活动能够达到"不动心"（自制，不受影响，保持自我）和"自给自足"（除了自身之外，别无他求）的状态。因此，福柯认为在"拯救"过程中，"自我"是这种活动的实施者（agent）、对象（object）以及目的（end），"一个人为了自我而拯救自己，通过自我而被拯救，为了达至自我而非他物来拯救自己"，①希腊化—罗马时期的"关心自己"通过"自我修养"的方式实现"自救"，从而达到自身。这里需要注意的是，这不同于柏拉图时期，人通过拯救他人、自身从而得救，自身被当成一个中介；也不同于基督教时期的拯救，我们在第一章已经提到过，基督教的拯救最终要实现的目的在于舍弃自身，从而忠于上帝。

虽然"拯救"成为"关心自己"最终想要达到的效果，但是，这并不意味着将

---

① LdF82, p.185.《主体解释学》，第 198 页。

"自我"看成目的后,他人成了被排斥的对象。在《阿尔喀比亚德篇》中,事实上存在这样一个逻辑,阿尔喀比亚德"关心自己"以便实现城邦的正义、和谐,当城邦被治理得井井有条的时候,即所谓的"城邦整体成员得到拯救",那么作为城邦中的一员的阿尔喀比亚德也获得了"拯救"。因此,他人在这里不仅没有被排斥,还被当成了追求的对象。在福柯看来,在希腊化—罗马时期,这种逻辑被倒置,虽然"自我"成了"关心""拯救"的目标和对象,但是他人并没有被排除在拯救的范围之外,只是两者的关系被颠倒了。也就是说,人必须为了自己而关心自己,为其他人做善事、拯救其他人只是作为"关心自己"的补充这一好处而存在,"对他人的关心、照管就像是你持之以恒地锻炼自己以便拯救自己的活动的补充奖励"。①福柯利用了"友谊""社群"以及"君主"的例子来说明"自我"和"他人"关系的倒置。

"友谊"(friendship)是伊壁鸠鲁学派十分关注的问题。他们十分赞赏友谊,他们以"友谊"是基于功利的观点为人们熟知,福柯对于伊壁鸠鲁的"友谊"概念的解读十分不同。福柯对于梵蒂冈第 23 条格言进行了解读,这条格言是:"一切友谊本身都值得追求,不过友谊的最初却是它能带来个人利益。"②福柯在其课程中将"利益"翻译为"有用"③【utilité/usefulness】,并认为应该对"有用"这个概念进行仔细研究,"有用"是指人所做的事情与人之所以这样做的原因之间形成的一种外在关系。在福柯看来,伊壁鸠鲁的"友谊"概念是"关心自己"的一种形式,人们之所以需要"友谊",是因为"友谊"能够帮助自己克服那些不能够独立完成的困难,那么"友谊"的出发点就是它能够为自己提供一种服务、与他人互惠互利的选择,即出于"关心自己"的原因人们选择"友谊",因此,我们能够看到,他人完全是处于第二位的,自我才是"关心自己"的

---

① LdF82, p.192.《主体解释学》,第 207 页。
② [古希腊]伊壁鸠鲁、[古罗马]卢克莱修:《自然与快乐:伊壁鸠鲁的哲学》,包利民等译,中国社会科学出版社 2004 年版,第 45—46 页。
③ LdF82, p.193.《主体解释学》,第 207 页。

首要目标。

斯多葛的"社群"（community）概念也表明了这一时期"自我"与"他人"关系的倒置。爱比克泰德从两个方面讨论两者之间的关系：一方面是自然，他认为所有的生物都首要寻求自己的"善"，当生物寻求"善"的时候顺带助力了他人的"善"，这样他建立起了利己与利他之间的自然关系；另一方面是因为人是所谓的理性存在，人们不像动物一样天生被上帝赋予那些不用关心自己的特质，比如动物的皮毛能够御寒，而人必须"关心自己"，因为这是有理性动物和非理性动物之间的根本区别之一。①因此人为了"关心自己"就必须了解什么是自己、他与别的东西有何不同；与自己不同的这个东西是否依赖自己；什么是应该和不应该对这个东西做的。这种"关心自己"的结果映射在了人的社群关系上，人们就必须知道自己应该履行的社会义务，其出发点是人自身，我们正是在"关心自己"的行为中触发了对他人进行关心的行为。

"君主"（the Prince）被认为是一生都在为他人进行操劳的人，然而福柯却从马可·奥勒留（Marcus Aurelius）的例子中解读出了这一身份在希腊化—罗马时期完全是以"自我"为核心目标和出发点的。②在《沉思录》（Meditation）中，马可·奥勒留有很多对于日常问题的探讨，对于帝王的使命却没有很多讨论，他只把"君主"看成一种职业，这跟其他的职业工作者没有什么区别，他的道德目标是对"自我"的关注，在对于"关心自己"的过程中会遇到"君主"的各种使命，也就是说他表现出的道德高尚、品行公正、严肃纯粹的样子，都是出于"关心自己"，为了自己能够向更好的自我迈进，而不是为了成为更好的"君主"，如果能够成为一个好的君主、从而拯救了其他人，这是因为首先他同自我的关系处于非常完满的状态，从而惠及了其他人。

---

① ［古罗马］爱比克泰德：《哲学谈话录》，吴欲波、郝富强、黄聪聪译，中国社会科学出版社2004年版，第42页。

② LdF82，p.201.《主体解释学》，第215页。

二、"转向自我"与柏拉图、基督教的"转向"之区别

既然"自我"成为"关心自己"的首要目标，这就将福柯的研究引向了希腊化—罗马时期最为重要的术语"转向自我"——"［se］convertere ad se/epistrephein pros heauton/converting to the self"。①福柯发现在古代时期，"转向自我"并不是一个概念，而是被一系列严谨的实践组成的一套"修养""教化"图式，并作为一种"自我实践"在这一时期的哲学中发挥了重要的作用，与主体性【subjectivité/subjectivity】的塑造、自我与真理之间关系的处理密切相关。

福柯对于希腊化—罗马时期的"转向"的解读建立于皮埃尔·阿多（Pierre Hadot）的思想②之上。皮埃尔·阿多认为有两类"转向"在西方文化中起到重要作用：一是柏拉图的"epistrophê"，③是指灵魂朝向其来处的回溯，面向灵魂的至善、至美、至真的完美本体的回归，这种永恒的生命运动以"觉醒"的方式展开；二是基督教的"metanoia"，④这是一种人对自我的转变与抛弃，是对主体

① 在爱比克泰德、马可·奥勒留、普罗丁那里将其表述为 epistrephein pros heauton，英文版将其翻译为 turning towards the self, converting to the self，而塞涅卡将其表述为［se］convertere ad se，英文版也将其翻译为 converting to the self。参见 Epictetus, *Discourses*, III. xvi.15, xxii.39, xxiv.106. Marcus Aurelius, *Meditations*, IX. 42. Plotinus, *Enneads*, IV. 4. 2. Seneca, *Letters*, XI. 8, LIII. 11, XCIV.68. Quoted from LdF82, p.207。结合中文版翻译，以及福柯演讲内容，笔者将其统一翻译为"转向自我"，旨在与将"关心自己"的焦点放在城邦、他人的做法相对照，突出其将"自我"作为目标和对象，将关注力从别处转移回来、重新放置在"自我"这一目标上的含义。

② 皮埃尔·阿多对"conversion"（转向）一词的解读参见 Pierre Hadot, *Exercices Spirituels et Philosophie Antique*, Paris：Études Augustiniennes, 1987, pp.175—182。

③ 在《自我解释学的起源》中，译者将柏拉图的"epistrophê"翻译为"返回"，参见《自我解释学的起源》，第69页。笔者赞同这种翻译方式，这一词包含了此岸彼岸对立的内容，也就是说，它指的是追求从此岸回到完美彼岸的做法，所以这个词更侧重摆脱、逃离（此岸）、回忆、回到本初家园（彼岸）的含义，因此可以将之翻译为"回归"。参见 Pierre Hadot, *Exercices Spirituels et Philosophie Antique*, Paris：Études Augustiniennes, 1987, p.175。

④ 在《自我解释学的起源》中，译者将基督教的"metanoia"翻译为"悔过"，参见《自我解释学的起源》，第69页。笔者认为这个词包含了悔罪的含义，希望与带有原罪的自己划开界限且脱离、更新、舍弃自我，因此是要将自我进行变化、改变、转变，强调了原来的自己与跟从上帝的自己之间的不同，重在"变"，所以最好将之翻译为"转变"。参见 Pierre Hadot, *Exercices Spirituels et Philosophie Antique*, Paris：Études Augustiniennes, 1987, p.175。

的彻底更新,意味着主体的重生,即"转变主体",死与生构成了这种体验的核心特征。

一方面,柏拉图的"epistrophê"。在皮埃尔·阿多的理解基础上,福柯对这一术语重新进行了三个方面的界定:第一,根据柏拉图对此岸世界和彼岸世界的划分,人需要摆脱现象世界的束缚、追寻本体世界,因此"epistrophê"的落脚点是理念本体世界,受柏拉图两个世界划分的影响,"epistrophê"对肉体是带有贬低色彩的,认为肉体是灵魂的坟墓,是需要摆脱的对象。第二,进行"epistrophê"的起点是人的无知,因此才要回归自身、对自身进行关注。第三,"epistrophê"主要采取的是回忆式的方法,因为柏拉图的灵魂学说认为人本来是具有知识的,人只是忘记了在理念世界掌握的知识,需要用回忆的方式唤起原本掌握的知识。然而,希腊化—罗马的"转向"与柏拉图这种以"回忆"为特征的"epistrophê"极为不同。第一,希腊化—罗马时期的"转向"立足于现实的生存世界,这意味着人要将自己的注意力放在那些人们可以控制的东西上,摆脱那些不受我们主宰的事物。第二,不同于柏拉图"转向"对肉体的贬低,希腊化—罗马时期的"转向"提倡人与自身的关系保持完整和充分,事实上,这一时期养生法十分普遍,它提倡对身体进行珍惜和保护。第三,不同于柏拉图那种"回忆"式的认识是"转向"的核心,"认识"也在希腊化—罗马时期的"转向"中存在,但是并不重要,重要的是训练、修养等自我实践方式,而不只是认识。

另一方面,基督教的"metanoia"。事实上,在古希腊的文学的文本中就含有这个术语,这个术语的含义是消极的,是指一种悔恨、内疚的情绪。这一概念在3—4世纪的基督教中得到了很大的发展,"metanoia"包含了"悔罪"和"彻底改变思想和精神"这两层含义,它与柏拉图"epistrophê"的含义极为不同。在阿多理解的基础上,福柯也对此术语进行了进一步澄清:首先,"metanoia"是对主体存在方式的突然改变(sudden change),这是一种十分戏剧和激烈的过程。第二,"metanoia"包含"过渡"(transition)的过程,也就是说,这是一种黑暗过渡到光明、死亡获取重生、腐朽迈向永恒、从魔鬼的统治上升到上帝的统治的过程。第三,"metanoia"预示着一种断裂,这是前两种含义的结果,正因为要对人进行彻底的改变,要从恶走向善的一面,因此就要同从前的自己划清界限,也就是对自我的舍弃。然而,希腊化—罗马时期的"转向"更多是基于哲学的,不同于基督教的这种"修道士—禁欲"的宗教"转变"。第一,基督教"转变"最重要的就是要实现对自我的断舍离,然而,希腊化—罗马的"转向"不存在这种与自我的分裂。希腊化—罗马时期倾向于将自己的精神集中在自己身上,对自己做出纠正、成为更好的自己,这是自我的主体化过程(self-subjectivation),而不是转变、更新主体。第二,希腊化—罗马的"转向"要求将自我置于自己的关注之下,时刻要保持精神集中在自己身上。第三,"转向"要求人将"自我"设立成为一个目标,并且朝向这个目标不断迈进,这种迈进并不是一种思想上、认识上的运动,而是一种实实在在的锻炼或者修养过程,这种实践图式是这一时期"转向"的主要特征。

　　福柯认为在两者之外,存在着第三种"转向"的模式,即实现自我主体化希腊化—罗马模式的"转向"。①既然"关心自己"就要将自己的目光和注意力"转向""自我"(self),要时刻紧盯这个对象。那么,当普吕塔尔克、爱比克泰德、塞涅卡和马可·奥勒留在他们的思想中反复提到检查自身(examine yourself)、紧盯自身(look at yourself)这种实践要求的时候,他们指的是哪些具体的操作呢?在福柯看来,这是对自我的注视,将目光锁定在自己上,把目光从他人、他物上移开,这并不是要求人们效仿柏拉图的"回归"用回忆的方式去认识自己,让灵魂重拾本来的智慧知识;也不是类似于后期的基督教僧侣—禁欲的"转变"将"自我"看成有待破译的对象,即 omnes cogitationes 这种自我技艺下,对自身的欲望和思想波动的穷追不舍,对自身的舍弃。总之,既不是柏拉图的"认识你自己"也不是基督教中的"审查你自己"。

---

① LdF82, p.217.《主体解释学》,第 230 页。

三、"转向自我"与"他人"

"转向自我"就是"注视自我"（turn one's gaze on the self），而不是他人（others）。注视自我，将目光集中在自我之上，这里其实暗含了目光在此前是停留在他处的，因此这一时期的"关心自己"才提倡人将目光聚焦在自己身上，"把目光从别处挪开……远离日常的烦扰，远离让我们对他人感兴趣的好奇心"。①福柯列举了普吕塔尔克在《论好奇心》（On Curiosity）中的两个隐喻，一是有关于城市建造的，要让城市合理布局，不让外来的风雨等灾害侵害居民；二是有关于房屋建造的，不要让窗户朝向邻居。在福柯看来，这两个隐喻都在极力说明人们不要管他人的闲事，消除来自外界的好奇心（风雨，邻居的琐事）。②另外，在马可·奥勒留的《沉思录》当中也有类似的建议："不要把你剩下的生命浪费在思考别人上"，③"那不去探究他的邻人说什么、做什么或想什么，而只注意他自己所做的，……为自己免去了多少烦恼啊！"④这些都是从否定的角度去说明，将目光投向自身的时候，不要做什么，那么从肯定的角度讲，这一"注视"自我是什么呢？首先要对好奇心有正确的理解，在福柯看来，这种好奇心"polupragmosunê"并不是一种认知的渴望，而是轻率（indiscretion），普吕塔尔克在《论好奇心》中将其定义为"philomatheia allotriôn kakôn"，这是听到他人陷于困难之中或者他人身存缺点的幸灾乐祸，因此涌现了普吕塔尔克的劝诫"不要好奇"。不要好奇他人的事情，相反，要对自己的缺点保持关注。我们能够看出这种对自身的注视，并不是对自我的解读或者破译（decipher），期待一种关于自我的知识、认知【connaissance/knowledge】，而是一种聚精会神的训练，它不意味着人要不停地检查自己是否具有错误和缺点，而是说，为了能够摆脱自己对他人持有的那种

---

① LdF82, p.218.《主体解释学》，第232页。
② Plutarch, *On Curiosity*, 515b—d. Quoted from LdF82, p.219.《主体解释学》，第232页。
③ ［古罗马］马可·奥勒留：《沉思录》，何怀宏译，中央编译局出版社2008年版，第26页。
④ ［古罗马］马可·奥勒留：《沉思录》，何怀宏译，中央编译局出版社2008年版，第41页。

不怀好意的目光,让自己在发现自己不足的过程中,逐渐向"自我"这一目标的轨道并拢。关于注视自我的训练,普吕塔尔克提倡用记忆训练来摆脱他物对自身的干扰,每天背诵学到的基本格言、训练自己在走路时候集中注意力、不要满足由于突发事件引起的好奇心(比如收到一封信,不要立马打开它);在马可·奥勒留那里也存在类似对"polupragmosunê"的反对,"我们应当在我们的思想行进中抑制一切无目的和无价值的想法,以及大量好奇和恶意的情感"。①

从这些文本的讨论中,我们能够看出"注视(gaze)自我"是将自我看成既定的目标,并将所有的注意力都放在这一个对象上,不受任何人的打扰,同时还要意识到自我与被看成目标的自我之间始终存在距离,而这个距离要用知道(awareness)、谨慎(vigilance)以及关注(attention)去填补,而非自我—认识—自我这样一个序列——即要用自我的知识去填补。这是一个走向自我的过程,不将自身看成有待分析和解释的文本,自我不是知识的对象,"注视自我"的过程是对"自我"主体化的塑造过程。要求注视自我,这其实可以看成人对自身的了解,也是一种"认识你自己",但是它并不是关于自身的抽象知识,也不是以"认知"的方式进行,所以,它不同于苏格拉底—柏拉图时期的"认识你自己",也不同于基督教对自身的探秘,更不同于后期现代主体哲学中的主体认知。希腊化—罗马时期的"认识你自己"拥有"关注、注视、照管"的面向,不能脱离"注视自我"和"转向自我"来单独谈论其内涵,围绕着"转向自我"展开"关心自己"的实践是一种关于人的生存的有益实践、是生活艺术、是能够塑造人的"品行"[êthos]、改变生活方式的伦理指导。

四、"转向自我"与"他物"

上文讨论了"自我"和"他人"的关系,此外"自我"和"他物"的关系也是这一时期哲人思考的重要内容。"他物"集中表现为"他物的知识"(knowledge of

---

① [古罗马]马可·奥勒留:《沉思录》,何怀宏译,中央编译局出版社 2008 年版,第 26 页。

things),这是"转向自我"的基础。福柯用"学习"[mathêsis]来概括"他物的知识",即"认识世界和自然"。如果"转向自我"仅仅指的是"注视自我",那么,是否我们只需要将我们的目光投射在自己身上,也就是说除了关于人自身之外的知识是否就成了无用的知识呢? 答案是否定的。按照福柯对犬儒学派、伊壁鸠鲁学派以及斯多葛学派的理解,他主张不能按照两者之间的内容划分,即关于自己的知识或关于世界、自然的知识,而是应该考虑关于他物的知识是否对"关心自己""转向自己"这一诉求起到了促进作用。进一步讲,虽然"关于自我的知识"是"转向自我"这一要求的基本主题,但是这种对自我的认识绝对不能代替对自然的认识和探求。自我知识能够在"转向自我"这一主题下有其立足之地的前提是自我知识与自然知识紧密相连,由此可以看出"他物""他物知识"的重要性。

1. 犬儒学派:德梅特里乌斯的"有用与无用知识"

德梅特里乌斯(Demetrius)是犬儒学派的哲学家,根据塞涅卡的记载,德梅特里乌斯十分推崇运动员的形象。他认为一个好的运动员不是要学会所有的姿势,而是要挑选那种在竞技中常用的姿势记牢并练熟。运动员的隐喻说明人需要忽略那些在实际生活中起不到作用的花哨把戏,而要掌握那些在斗争和困境中随时都可以派上用场的知识。德梅特里乌斯认为那些关于海啸、人的七年规律、双生胎及其悖论等知识都属于那些花哨的把戏,是不值得浪费时间去关注的,与这些相对的是人必须要掌握的。

> 一个人的灵魂可以蔑视所有命运中的偶然事件,只要他不受恐惧的影响,不贪求得到享用不尽的财富,而是已经学会从自身寻觅宝藏了;灵魂驱散所有对神和人的恐惧,……只要那个人的灵魂鄙视所有在其充裕的时候却使生活悲惨贫乏的东西,只要它能够高瞻远瞩地发现死亡并不是任何邪恶的来源,倒是许多邪恶的终结;只要那个人的灵魂可以将自己先给美德,并认为每一条通往美德的道路都是平坦的;……这样的灵魂远离风暴,……它完完全全地获得了有用的和必要的知识。其他所有东西

只是休闲时光的消遣而已。①

从这段文字来看,福柯觉得德梅特里乌斯完全不是建议人们忽视所有有关外物的知识,并不是让人们去弄清楚自己是谁,自己的本质、欲望、激情等问题,不是让人去进行"心灵审查"【examen de conscience/examination of conscience】,像基督教一样探寻内心深处的秘密,而是掌握有关周遭的"关系知识"(relational mode of knowledge)。在他看来,这两种知识的区分并不是是否关于人的生存知识,而是因果知识和关系知识的对立,因为"关系知识"具有能够被改写为"处方"(prescription)的属性,即一种对人的行为起指导作用的律令,关系知识能够被表述为具有真理意义的格言陈述,人同周遭的各种关系打交道以便知道如何应对生活中各种关系常项,这种知识会导致人的存在方式的改变,促使人成为更好的自己,而这则是"关心自己"所追求的效果。一味地追求因果知识并不能强化人的精神,会使人在因果知识中迷失生活的方向,而关于自然和世界的知识只有呈现出"关系知识"的形态才能成为"关心自己"的有用知识。简言之,划分两种知识的根据在于是否对人的"品行"[êthos]和生存状态有影响,当一种认识能够具有诗性(ethopoetic)的作用,促使人产生了"品行"并改进了其生活方式,那么这种知识就可以被划分在"转向"过程中,而不会被无视。

2. 伊壁鸠鲁学派:自然研究

按照福柯的理解,伊壁鸠鲁学派的"自然研究"[phusiologia]并没有成为被否定的知识,而是以一定的方式参与到人的修养实践中,以便为"关心自己"、实现"自我主体化"提供有效的和不可缺少的条件。梵蒂冈馆藏格言(即第45段)对"phusiologia"进行了说明,"研究自然并不会使人大话连篇或是炫耀公众

---

① ［古罗马］塞涅卡:《强者的温柔:塞涅卡伦理文选》,包利民译,中国社会科学出版社2005年版,第274—275页。

所推崇的那些学识成就;它只会使人蔑视俗见、独立特性,为自己的德行而非外部的财产的价值而骄傲"。①也就是说,"自然研究"只会让人因为自己的善感到骄傲,而这种骄傲并不来自周围的事物;那种夸夸其谈的人只懂得炫耀那些世俗推崇的学问,迎合大众的口味,以期从他人那里获得赞誉,这是一种"phônês ergastikous",即说话的工匠(word-spinners),他们只是声音的搬运工,根本不懂得什么是真正的逻各斯真理。格言的第 76 条显示了伊壁鸠鲁的哲学具有"关心自己"的修养倾向,"你明白了为自己学习哲学和为希腊学习哲学之间的区别",②也就是说,伊壁鸠鲁和那些迎合大众的人不同,伊壁鸠鲁通过对于"自然研究"的把握能够实现自我的"转向"、能够使人内心平静安宁,而这一切的最终目的都在于自我、他能够"关心自己"。同时,这种"自然研究"并不是一种纯粹的自然知识领域,而是一种能够为人类行为提供指导原则的知识,这种作为"他物知识"的"自然研究"是一种"准备"[paraskeuê/equipping & preparation],一种为了抵抗各种人生境遇中各种苦难的智慧,能够让人不受外界的干扰、始终能够向着"自我"这个目标前进,具备了这种自然知识的人不再受未知恐惧的情绪支配,使人勇敢、倔强、无畏、对自我始终抱以信仰,这些人将会成为"autarkeis"(只依赖、满意自己的人),也就是说,"自我"是他们唯一的目标,他们只因为自己的善和德性感到自豪。掌握了这种关于"他物"的"自然研究"的人就是一个自由的自我,就能够在自我中发现最根本的幸福,这绝不是对自身的解剖或释义,而是人通过这种"自然研究"来转化、修缮和改进自我关系,也就是说,在"关心自己"的修养实践中并不能排除这些能够对自我产生影响、能够改变人存在方式的自然知识,虽然它们并不是"转向自我"的关于自我的知识,但是这些关于非自身的真理对于人实现"主体

---

① [古希腊]伊壁鸠鲁、[古罗马]卢克来修:《自然与快乐:伊壁鸠鲁的哲学》,包利民等译,中国社会科学出版社 2004 年版,第 47 页。

② [古希腊]伊壁鸠鲁、[古罗马]卢克来修:《自然与快乐:伊壁鸠鲁的哲学》,包利民等译,中国社会科学出版社 2004 年版,第 50 页。

化"是至关重要的。

3. 斯多葛学派:塞涅卡《自然问题》、马克·奥勒留"精神训练"

斯多葛学派虽然认为认识自然的问题很重要,但是他们持有以"生活艺术"为中心的态度,即他们认为应该推崇将一切与人的生存有关的知识、技艺纳入"生活艺术"和"关心自己"之中的做法,也就是说,他们具有把对"自身的关注"和对整个世界秩序、内在的结构理解融合在一起的哲学倾向。

(1)塞涅卡的《自然问题》。根据《自然问题》(Natural Questions)这一文本,福柯将塞涅卡对待自然知识和自我知识的态度解读为"我们只有全面探索世界才能达到自我"。①《自然问题》是一本有关自然的宏大研究,然而福柯认为至少有两个部分能够说明塞涅卡论述这些离人的生活十分遥远的自然问题的原因,一是第一卷的"序言",二是第三卷的"序言",它们的存在说明塞涅卡将自然知识当成"关注自己"的前提。在写作《自然问题》时,塞涅卡年事已高,他认为自己在之前的日子里将时间浪费在一些无用的学习[vana studia/ pointless studies]上,而现在他必须抓紧时间全身心地投入"关心自己"[sibi vacare/attending to oneself]的事业,"夜以继日,消除毫无意义的关心、担忧,不要关心那些离着所有者很远的财富,这样才能使人把心思都放在自我和研究上,在年龄飞逝最快的时候,我们至少把心思放回我们自己身上"。②那除了"关心自己"之外的那些剩余的东西就不重要了吗?例如在《自然问题》中讨论的自然、宇宙、星辰等,都成为必须舍弃的对象了吗?福柯将塞涅卡对历史知识的态度解读为:塞涅卡想要舍弃的是关于历史的知识,那种叙述外国国王的各种功勋传闻和故事,这些会夸大事实让人产生对君主的错误赞美,这些是应该予以避免的知识。③相反,正是自然知识使得人重新获得了自我、回到自我、才能

① LdF82, p.266.《主体解释学》,第280页。

② Seneca, *Natural Questions*, trans. Harry M. Hine, Chicago and London:The University of Chicago Press, 2010, p.25.

③ Seneca, *Natural Questions*, trans. Harry M. Hine, Chicago and London:The University of Chicago Press, 2010, pp.25—26.

够践行"关心自己"的使命。福柯认为在《自然问题》第三卷的"序言"中"一个人是自由的,不是因为城邦的法律,而是因为自然法"①这一记录说明了塞涅卡对自然知识的态度。塞涅卡认为人在拥有"关心自己"的能力之前,人是处于被"奴役"的状态,这是一种"对自身的奴役"［Servitutem sui/servitude to the self］,是一种不可避免的、时时刻刻压在人们身上的最为沉重的奴役。②但是,通过以下两种做法,塞涅卡认为我们是能够克服这种"奴役"的:一是减少对自我的要求(demanding),也就是说减少后天强加给自我的传统、习俗、职责等,比如耕地、在公共领域的辩论、政治集会的发言等等;二是不要让自己在这些劳动中谋取利益。塞涅卡认为必须摆脱这种对自我施加责任进而取得金钱、名利等好处的自我关系,而摆脱的方法是对自然进行研究。③

在《自然问题》第一卷"序言"中,塞涅卡区分了哲学的两个不同部分:一是关于我们在世上必须做的事情,这部分关系到、关注于"人"［ad homines spectat］;二是关于天上的事情,这部分关于诸神［ad deos spectat］。④然而这两部分哲学的内容差别很大,关于自然的研究出现在日常生活的序列之后,因为关于人的哲学相对于关于神的哲学来讲是不完备的。虽然日常生活的哲学能够给人带来光明、照亮我们生活中晦暗不明的路、让人不犯错误,但是相对于关于诸神的这种完备哲学来讲,前者不能够带领我们脱离这种生活的黑暗,而关于神的哲学能够带领我们达到光明的来源之处。对此福柯的理解是,关于诸神的哲学(即各种自然研究)能够给人带来的不仅是生存和行为的指导,更是一种引发灵魂超越黑暗、达到光明之域的哲学。然而这种超越和摆脱并不是柏拉图意义上的,而是在"关心自己"、塑造自我、真正的主体化过程中的超越和

---

① Seneca, *Natural Questions*, trans. Harry M. Hine, Chicago and London：The University of Chicago Press, 2010, p.27.

②③ Seneca, *Natural Questions*, trans. Harry M. Hine, Chicago and London：The University of Chicago Press, 2010, pp.27—28.

④ Seneca, *Natural Questions*, trans. Harry M. Hine, Chicago and London：The University of Chicago Press, 2010, p.136.

转向;并不是带领人从此岸世界达到彼岸世界、从现象世界到达本体真理世界
的过程,这个人的转变发生在此岸世界,是人生在世对自己的把握。上文我们
提过"对自我的奴役"是要通过"自然研究"来摆脱的,就是学习关于诸神的哲
学来实现人的自由,那么克服奴役就是摆脱了人的不够完善的状态、纠正人的
各种错误和邪念。另外,这种对上帝哲学的追求并不是要像基督教修行那样
将自我丢弃在对上帝的信仰之中,而是让我们重拾自我,在自然中与上帝共
在,"in consortium Dei",人与上帝拥有相同属性的理性能力(reason)以便实现
自己的升华,让自己摆脱"奴役"状态、到达光明、到达我们所处的世界的顶端,
俯视整个世界,人们就能探知自然最深处的秘密。①掌握了自然的秘密而又不
离开这个现实世界,人历经倒退运动到达世界的最高处,俯视财富、荣誉、快感
等东西,能够把握它们的真相,即它们对于人生来讲只是些虚假的光环,人们
必须摆脱这些空有其表、微不足道的事情。因此,从"关心自己"的视角来看,
对自然的认识能够让人摆脱无知造成的担心和恐惧感,同时,让人们正确估
量、理解自己所处的现状,将注意力集中在自我之上,树立自我,对自我进行关
注和爱护,从而纠正不完善的自我。福柯认为塞涅卡对于自然知识的态度在
一定程度上参考了柏拉图主义,但是又与其在目的上和自我技艺上有着很大
区分。②他认为塞涅卡对自然知识的重视是从属于"关心自己"这一处理自我
关系的范畴下,这属于"完全不同的精神架构",也即是说,塞涅卡虽然重视自
然知识、后退地俯瞰整个世界,目的并不是摆脱人所处的日常生活世界来实现
灵魂向本体世界的回溯,不存在此与彼世界的区分,而是人在掌握了自然知识
之后,能够纠正自我、能够拥有相应的理性来完成对自我进一步的改善,"通过
掌握关于世界的真正知识,我们把自己放在如此高的位置,从这一点上,在我

---

① Seneca, *Natural Questions*, trans. Harry M. Hine, Chicago and London: The University of Chicago Press, 2010, p.137.

② LdF82, p.281.《主体解释学》,第 297 页。

们下面,我们可以看到世界的一般秩序,……这就是从上面俯视自我,而不是仰望我们所生活的世界以外的东西。正是这种关于自我的观点涵盖了我们所参与的生活世界,从而保证了主体在这个世界内的自由"。①福柯将之概括为"关于世界知识的精神化"②的过程,人深入地审视整个世界进而知晓整个世界是我们所不能够选择的世界,我们生于此、长于此、老于此,我们唯一能够选择的就是,"仔细考虑和权衡你的选择"。③这就是修养自我的最高标准,能够审慎地选择自己是死还是活,因此,不是去追求另一个世界或者舍弃自我,而是要成为"好的灵魂、良知"④[bona mens],能够克服自己的邪恶,控制自己,在生活的逆境中始终保持坚定和冷静,正视快感带来的诱惑,纠正自己、让自己始终保持在对幸福和最高的善的追求中。我们能够看到,在"转向自我""关心自己"的这个戒律中,不存在对世界知识、他物的贬低,也不存在对人的内在思想的探秘和反复审查。

(2)马可·奥勒留的《沉思录》。作为斯多葛学派的代表人物之一,马可·奥勒留在《沉思录》中表达了他对待外在世界的态度,福柯将之理解为"精神训练"(spiritual exercise),这与塞涅卡的"关于世界知识的精神化"方式异曲同工。但与塞涅卡相反,马可·奥勒留的方法并不是让人退后到世界的顶端、俯视整个世界,而是从自我所处的那一点开始,近距离地分辨世界的每个细小环节。"反观自身[esô blepe/look at the inside]。不要让任何特殊性质及其价值从你这里逃脱"⑤,福柯选择了马可·奥勒留《沉思录》第三卷的内容来说明"精神训练"的具体程序:

---

① LdF82, p.282.《主体解释学》,第 298 页。
② LdF82, p.289.《主体解释学》,第 304 页。
③ LdF82, p.284.《主体解释学》,第 300 页。
④ LdF82, p.265.《主体解释学》,第 279 页。
⑤ [古罗马]马可·奥勒留:《沉思录》,何怀宏译,中央编译局出版社 2008 年版,第 74 页。

　　让我们补充这一段①:你对呈现于你的事物为自己下一定义或做一描述,以便清楚地从其实体,从其袒露,从其完整性来看看它是何种性质的事物,告诉你自己它适当的名称,以及组成它的各种事物(它以后将又分解为这些事物)的名称。②

　　因为没有什么比心灵的飞升更具有创造性的了,它能系统和真实地考察在生活中呈现于你面前的所有对象,总是凝视着事物以便同时看清这是一个什么性质的宇宙;万事万物在其中各起什么作用;相对于整体各有什么价值,相对于人又各有什么价值。③

　　每一事物是什么,它是由什么东西组成,那现在给我印象的事物又能持续多久,我需要以什么德性对待它。④

　　第一阶段就是要定义、描述在精神中出现的形象。"定义、界定"对应的希腊文是"poieisthai horon",其包含了两层意思:一是指在哲学、逻辑和语法范畴内给出一个合适的定义;二是指当时的一种流行用法,即给某物品定价格和估计价值。"描述"对应的希腊文是"hupographên poieisthai",指的是详细地记录直觉内容,并且直觉的内容关涉事物的各个要素和形式。那么对应在文中另加的这种"parastêmata"上,就是要求人们对"所有落入精神、心灵之中的东西"[hupopiptontos]都要经过检视,定义和描述,福柯也将这种"落入精神之中的东西"称为"表象流"⑤(flux of representations),并认为斯多葛的精神训练,就是让

---

① 在中译本的《沉思录》中,这一节的译文没有体现"parastêmata"这一术语。福柯对引文的第一句话进行了解读,根据他所使用的译本,开头的句子包括了"戒律"一词,他认为"戒律"对应在希腊文中就是"parastêmata",然而准确来讲这个词汇没有"戒律"的意思,并不是指人们按此指令必须去完成某个事件,而是建议人们必须时刻要将其紧紧握在手中,记在脑子里,把它放在眼前,它既是对于基本真理的陈述,也是行为的基本原则。福柯认为在希腊化—罗马时期"parastêmata"其实不存在真理的陈述和行为准则的区分,"parastêmata"就是如其所是的那样呈现给人们,让人们记住并且能够践行它。所以马可·奥勒留的这些话语就是起到"parastêmata"作用的话语。
② [古罗马]马可·奥勒留:《沉思录》,何怀宏译,中央编译局出版社 2008 年版,第30—31页。
③④ [古罗马]马可·奥勒留:《沉思录》,何怀宏译,中央编译局出版社 2008 年版,第31页。
⑤ LdF82, p.293.《主体解释学》,第308页。

这种"表象流"及其运动的轨迹自动地呈现出来,福柯认为这种训练与理智的方法极为不同,即笛卡尔开创的那种理智认知方法,理智方法在于有意识和系统地排列在思想中出现的表象流。定义和描述的训练通过两个步骤实现:一是本质沉思【la méditation eidétique/eidetic meditation】,就是说让对象的各个部分和细节不被隐藏地暴露在思想之中,马可·奥勒留也把这个过程称为"ble-pein",就是仔细地观察、关注对象,不让对象的任何一个细节逃脱人的目光;二是专名沉思【la méditation onomastique/onomastic meditation】,意味着在本质沉思的基础上,还要记住事物的各个组成部分要素的称谓,这是一种对自己叙述的过程,[legein par' heautô/saying to ourselves],在自身之中不停地将事物的各个细节对自己讲述,目的是让自己记住这些已经经过"本质沉思"的各要素。按福柯的理解,专名沉思与本质沉思是密切相关的,通过本质沉思,对事物的各个要素进行凝视,我们知道了事物的各个组合部分,继而通过专名沉思能够将事物在精神中进行把握,而后知晓它的未来走向,福柯把这看成是马可·奥勒留对事物的实在性(reality)的分析。

第二阶段与第一阶段不同的是,不是在事物的实在性中去分析,而是力图测定事物对人的价值。第二阶段训练的目的在于让人的灵魂变得伟大,这是通过"看清、辨别"[elegkhein]来实现的,通过辨别人们所看到的对象对每个公民的益处,之后人决定用哪种德性来对待它们。我们看到,马可·奥勒留的精神训练关心的是宇宙的秩序对人的价值,而不同于后来基督教卡西安的做法。奥勒留是想研究表象的客观内容,卡西安关注的是作为表象本身来自何处,卡西安不是为了弄清楚表象的本性是什么,而是希望了解作为思想中的观念的表象是否纯洁;奥勒留则是为了分析表象的内涵而无关乎思想的起源和性质,这种精神训练总是关于外部世界的,而不是关于思想的,是对世界认知的追求,是通过世界来关注人。

按照福柯的描述,马可·奥勒留是通过三种训练来具体展开关于世界表象的精神训练的:首先,"把对象在时间中分解的训练",例如音乐和舞蹈,就要把它们分解成一个个单纯的音符和动作,而不是连贯的乐章和舞蹈,这样就不会让人醉心于其中,要"轻视"[kataphronein]它们,这是人对自我的一种控制,免受外物的诱惑,这是保持人的心灵宁静、自由的一种方法。因为一旦将对象分解开来,人们就会发现在其中没有什么好处值得留恋,也就不会受制于这些事物,不要从总体上看待外部世界,而要从断裂和多样性中去分析每个对象以便保持人的独立和自制。其次,"把对象拆解为各组成要素的训练",马可·奥勒留举例说人们为何会痴迷美食,美食不过是死去的动物尸体加上一些调味料;一件精美的长袍也不过是皮毛和染色用的贝壳的血。这样看来,将事物分割成要素,就会让人看清事物的本来面貌而不至于痴迷于物质追求,因此也就能够保持人独立于物质的自由。最后,"简化以及贬低性描述的训练",例如,一个十分有权势和傲慢的人,当他仗势欺人的时候,人们就可以想象他在吃饭、睡觉、如厕等时候的样子,这与常人无异,因此人们可以排除事物周围的修饰来真实地呈现事物本身,减弱事物带来的诱惑和恐惧。

通过上文的讨论,我们能够看到马可·奥勒留对待外部世界的精神训练与塞涅卡的进路完全是相反的。首先,塞涅卡要求的是一种居高临下、宏观地把握世界,而马可·奥勒留则是要求人们立足于人当下所处的点以便展开对世界内部(他物)的探索。其次,对塞涅卡来说,他的目的在于去观察这个世界如何展开的,而马可·奥勒留是要通过对世界内部的仔细观察来蔑视外部世界、防止人对世界过分依赖。最后,在塞涅卡那里是对自身的确认,通过站在世界的顶端俯视世界为的是能够在掌握了关于外部世界的知识之后"转向自己"、能够关心自己;而马可·奥勒留的精神训练一方面深入事物的内部观察以便明确人相对于事物的自由性,另一方面在不断地分解中,人也被化约成不连续的要素,只能够用理性来维持人的统一性。

由此,我们看到福柯通过对犬儒主义、伊壁鸠鲁学派以及斯多葛学派的文本解读,发现"转向自我"与"学习"[mathêsis]之间的联系:"转向自我"并没有导致对自然研究、他物知识的贬低,相反,他物知识作为"关心自己"的前提是希腊化—罗马时期的哲学家们所具有的共识；同时，"转向自我"的实践和训练也没有导致人完全陷入"自我"的框架，即一味地追求类似于基督教的自省、解读自我的自我技艺。"转向自我"与关于"他物的知识"是通过"精神训练"来平衡的，就是把关于"世界的知识"通过一系列的"自我实践"以及修养训练转化为一种"精神性的知识"【le savoir spirituel/spiritual knowledge】，即对世界的认识"精神化"，这种他物知识恰恰促进了"关心自己"的实现。然而，这与后期笛卡尔关于他物的知识存在巨大差别，①福柯将笛卡尔的方式称为理智的方法（intellectual method），②希腊化"精神性的知识"在 16—17 世纪被认知性知识完全抹杀、覆盖。根据福柯的理解，在西方的文化框架中，提到"主体"与"知识、真理"的关系，人们的思维会十分自然地形成"求知意志"下的思维定式，即我们能不能像认识其他外物一样认识人类自身，这就是笛卡尔开辟的主体的对象化路径。然而"精神性的知识"则说明了在古希腊—罗马时期人们的"主体的客体化和对象化"程度非常低，人们更倾向于采用自由实践给予"他物知识"以精神化价值，践行"关心自己"的主题，古人的目标不在于对自己和世界的"认知"，知识的意义在于促进人的举止得当、成为其愿所是，生活幸福、内心安宁，将自己塑造为一个主动、积极的、美的存在。而理智的方法则要求知识尽量保持客观、科学、严肃、与人无涉，知识的存在意义在于战胜无知和愚昧、穷尽理智未征服的大陆、无限地扫除人类"知"的盲区，即实现自文艺复兴以来呼吁的"启蒙"，而这带来的严重后果就是西方文化忘却了知识本来服务于人的宗旨，而被知识反控和异化，人成为知识的奴隶，失去了知识对生活的指导意义，哲学也因此失去了其生存美学向度。我们看到，福柯对古希腊—罗马的"精神性的知识"的历史谱系学描述所思考的问题，与胡塞尔对"生活世界"的

---

① 在第一章中，对主体解释学的讨论就可以概括地称为认知性的知识，即不通过任何实践和训练，人不需要付出任何代价、不需要改变其行为和生活方式，就只通过人的理性思考直接获取真理和知识，这种他物知识与古希腊—罗马的他物知识相去甚远。

② LdF82, p.294.《主体解释学》，第 308 页。

回归、后期海德格尔对"技术"与"艺术"的区分、法兰克福学派对启蒙理性的批判等涉及的问题遥相呼应,但是福柯切入问题的方式和解决问题的方式与他们完全不同,福柯依循的是谱系学历史学方法去思考问题,他的解决问题的方式也是独具匠心的,创造了属于自己的"批判态度"以及"体验式修养实践"(详见本书第五章)。

"他物知识"经过训练和实践转化为"精神性的知识",它要求:一方面,人不能通过保持现状来认识,也就是说人必须改变同自我的关系,才能到达真理,而改变生存状态的方式就是通过"关心自己"的自我实践,即指向自身的修养艺术,例如,塞涅卡那样攀登到世界的顶峰,或者像马可·奥勒留那样向下投入到事物之中。这不同于笛卡尔舍弃"精神性的知识",仅通过"沉思"来获取真理的方式。笛卡尔通过内省式的思维逻辑推导而获得的认知性真理,在古希腊—罗马时期的哲人看来,这些真理仅停留在"知识"层面,这些知识只是为了能够更好地实现"关心自己"这一目标的手段,而不是哲学的真正目的的指向。另一方面,我们可以看到,人对于当下自我的改变能够获取事物的实在性和价值。也就是说,"求真意志"下的真理知识在古希腊—罗马虽然存在,但是它对"自我"的治理在一个很低的层面上,几乎可以视作不存在,人能够对事物的实在性作出判断继而不会对事物产生依赖感,不会被事物诱惑,不会对"知"产生狂热,能够始终保持对自我的关注,保持自身的独立和完善,人们更关注于"转向自我"的自我实践和训练,形成良好的人格,实现生活的宁静与美好,而不是在求真意志的操控下,无休止地挖掘自我内部的真相,以此为基点形成逻辑结构严密的主体哲学大厦。同时,人能够在这种对世界认知的精神化之中反观自身,把握自己的真实处境,福柯称为"反身—透视"①【héauto-scopie/self-viewing】,也就是说,人对世界有所认知后则产生了"关心自己"的可能性,为"转向自我"提供了条件。

简言之,人们普遍相信,通过改变自己的存在方式来实现获取真善美统一

---

① LdF82, p.308.《主体解释学》,第 322 页。

的生存样态,而不是通过获取真相,从而用这种理性真理来改变自己的生存方式。"精神知识"不仅赋予人与自我关系之间的自由与和谐,还赋予人在世的具体生活以幸福和完善,让人脱离之前的生存状态,追求更好的生存方式。

第三节 "关心自己"与"教化自我"

在上一小节中,我们对"黄金时期"的"关心自己"将"自我"当成对象和目标这一"转向自我"的实践倾向做出了讨论,并得出"他人""他物"并没有因为"转向自我"而成为被抛弃的内容,反而经过条件筛选后被整合在"关心自己"的主题之下,条件则是对"关心自己"有促进作用。然而"转向自我"只是强调了"关心自己"的对象和目标的同一,并没有说明将精力从"他人""他物"转移回来、放在"自我"之上以后人们应该怎样去做,而这些"怎样去做"指涉的实践、训练、锻造、技艺则是"教化自我"【culture de soi/culture of the self】的内容。

一、"修养"

福柯也将"教化自我"具象化为"修养"①[askêsis/ascesis as exercise of self on self]。在公元1—2世纪这种主体"修养"观念十分盛行。②然而,这种通过"修养"才能够获得实践智慧的观念并不是在这一时期才形成,早在毕达哥拉

---

① 在第一章中,笔者将基督教针对自我进行的技术锻造翻译为"修行",旨在突出其宗教性和舍弃自我的特征。在这里将希腊化—罗马针对自我进行的习练翻译为"修养",旨在突出其与生活艺术的关系、塑造自我的特征。以下"修养"就特指与古代"关心自己"主题相关的一系列实践,不再说明。

② LdF82, pp.315—316.《主体解释学》,第330—331页。穆索尼乌斯·鲁弗斯(Musonius Rufus)在《论修养》(Peri askêseōs)中就提到过,人的德性必须通过两个方面习得,一是必须具有理论的知识[epistemê theôrêtikê],二是必须掌握实践知识[epistemê praktikê]。换句话说,"学习"对应的是"理论知识",而"修养"则对应"实践知识",并且,希腊化—罗马时期的哲学家认为这种实践知识必须通过"训练"、"修养"才能习得,例如穆索尼乌斯·鲁弗斯就用了"做体操"[gumnazesthai]这个动词来指这个过程。

斯学派那里就有这种观点。①事实上,无论是对外部世界的认知,还是对人自我的了解,在希腊化—罗马时期,人们都不认为是以一种对象化的方式实现的,我们看到那是一种主体的精神模式化(the spiritual modalization of the subject),因此,在这一时期我们也不能够找到一种对主体的对象化的认知方式,相反,人们拥有的是一种以"修养"为媒介去"关心自己"的实践智慧,这是一种旨在给予人们以恰当的方式去生存的实践真理、一种让人们能够举止得当,并且能够成为自己所愿和应当所是的修养体验,"通过真理实践把主体塑造为他自己的最终目的"。②福柯相信,这一做法区别于现代人们对人和真理之间、人和自我之间关系的处理,希腊化—罗马时期的这种"修养"模式对于重新理解主体性的历史以及主体与真理之间的关系是十分重要的,并不仅存在现代人们通过"认知"方式构建起来的自我关系、真理关系,还存在另一种"知识的精神化""真理的习练与实践"③的方式。

简言之,"修养"不是主体服从主体对象化认知规则、道德律令或者法律规范的指南,而是服从"真理"的自我实践,是通过自由实践将自我与真理连接起来的"自我技艺",更是"艺术",虽然它会在伦理层面形成一定严苛的道德规范和律令,但是这是自我主动选择自由实践后产生的后果,而不是相反。因此,对"修养"的理解会存在一定误区。

第一,在福柯看来,人们对"修养"这一术语存在误解,总将其与基督教那种舍弃自我的苦行、修行联系在一起,然而,在古希腊—罗马时期,"修养"有着完全不同的样态,这种实践目的不在于舍弃自身,而是确立自我、塑造自我,旨在形成一种完满、自足、积极的自我关系,以期获得幸福。

第二,"修养"不是减少的过程,而是增加的过程。不是对自我的某个要素的舍弃,而是赋予自己所没有的东西,即要保护自我、要达到自我、要赋予自我,要给自身增加"装备"[paraskeuê/equipment],这种"装备"是人本身所不具有的,要

---

① LdF82, p.316.《主体解释学》,第 331 页。
②③ LdF82, p.319.《主体解释学》,第 334 页。

通过"修养"来培养。那么，什么是这种"装备"呢？福柯认为，"'paraskeuê'可以被称作人为了生活的所有事情而做的开放的、有目的性的准备"。①这个术语在伊壁鸠鲁、犬儒主义的文本中都反复出现过，无论是对老年状态的讨论还是对自然问题的研究都出现过，在自我的关系中，这个术语具有同样的意义，即对未来生活中不可预见的困难和灾难做好充分的准备，以便能够在任何时候面对突发困苦，我们都能够适应它、承受它。

第三，"修养"不是为了让人屈从于法律，其核心是建立个人和真理之间的紧密联系，真理是由"知识【savoir】精神化"形成的，并不是现代主体哲学当中的、认识论范畴内的真理知识【connaissance】。

二、"装备"

因此，"关心自己"就要"转向自我"，要通过"修养"来获取"装备"。福柯从三个层面对"装备"展开了界定：

首先，"'paraskeuê'只是一系列使我们比生活中可能发生的任何事情都更强大的必要和充分的运动、练习。"②福柯援引马可·奥勒留《沉思录》第7卷的内容来说明这种"装备"的作用，文中列举了想要在生活中成为有智慧的人应该选择哪种形象来指导自己的人生，角斗士还是舞蹈者？奥勒留认为应该选择前者，这是因为角斗士能够适应所有的突发状况，一旦发生紧急事件，他们能够第一时间调动自己的"装备"来对付，这种"装备"是通过平时的不断训练获取的；这种能够在任何情况下都比发生的事情更强大的"装备"不像舞蹈艺术，因为舞蹈者的作用是不确定的，而角斗士的作用是能够让人勇敢地面对生活对人们的突然袭击，不被生活"掀翻在地"。③福柯认为，这里能够区分古

---

① LdF82, p.320.《主体解释学》，第335页。
② LdF82, pp.321—322.《主体解释学》，第336页。
③ ［古罗马］马可·奥勒留：《沉思录》，何怀宏译，中央编译局出版社2008年版，第112页。

代的"角斗士、竞技者"(athlete)同基督教禁欲的"竞技者"的不同:古希腊—罗马时期的"竞技者"的对手是外部生活,对抗的是生活中出现的各种苦难、对抗的是事件本身;而基督教禁欲的"竞技者"事实上对抗的是属于自己内心深处的欲望和罪恶,对抗的是人本身,这是古代"关心自己"的自我技艺与基督教"破译自身"的自我技艺之间的不同。

其次,这种装备[paraskeuê]"是由'话语'[logoi/discourses]组成的"。①根据现代认识论的观点,人们把"logoi"与真实的命题、公理等联系在一起,但是在古希腊—罗马时期,"话语"[logoi]应该被理解为一种与实质性存在(material existence)相关的真实陈述,也就是说,人不仅要掌握"话语"具有的真理内容,还要能够按照真理内容的指导做出对应的合理实践,真理话语不仅仅是教条的句子,而是应该被人记在脑中、深嵌其身的行动性格言。按福柯的理解,在古希腊—罗马时期"logoi"是有特指的,这种话语包含了理性的格言,并不是所有的话语都适合成为"装备",只有那些既是真实的、对于行为来讲又是合理的"话语",才能够成为"关心自己"的"装备"。另外,这些"话语"都是具有说服力的(persuasive),仅仅表达了真实性以及对行为作出指导还不够,如若"话语"成为一种好的"装备",它就能够与人的理性、意志和品性融合在一起,也就是说,人一旦获取了这些"话语",这些"话语"就会自发地运行在人的身上,与现实性要素相联系的理性逻各斯会刻在人的骨子里,成为人们遭遇生活险境时能立即发挥作用的本能。福柯也将构成这种"装备"的"话语"称为"说真话"[parrêsia],它是一种"胜利之力",一种"作为力量的真理"。

最后,这种"装备"改善了人的生存方式。正是这种"装备"具有现实性的部分,因此它看起来更像是人处于困境中的一种"救助"[boêthos/aid],其实,"救助"这个词汇几乎流行于当时的所有文本,指的是当某人身陷危难发出呼喊[boê/appeal],营救他的人就会大喊地回应受难者,营救者跑来营救他了。

---

① LdF82, p.322.《主体解释学》,第337页。

"装备"也具有同样的作用,当某人身陷生活中的困境,"装备"就如同营救者,会给予人以救助,因此,在当时有将"logoi"隐喻为"药"[pharmakôn/remedy]的观念。这种"装备"是处于一种"在手"的状态,一旦苦难激活了它,它就像一座城堡一样将人的灵魂保护起来,防止它被灾难侵扰吞噬,也就是说,"装备"作为"关心自己"的训练能够始终让人保持心灵的宁静,以求得生活的幸福和善。

因此,福柯认为,在希腊化—罗马时期,"修养"作为"关心自己"这一自我技艺(生活艺术)的具体实行方式,旨在形成一种独立和完满的自我关系,通过增加"装备"为人提供合理行为的原则和动力,这种"装备""为了成为理性行为的矩阵(matrix),真理话语(true discourse)必须采取的形式",①修养是逻各斯的话语向伦理话语转化的关键条件。由此,我们能够看到这样一个序列:"关心自己"需要掌握自然知识(他物)的基础上对自我进行"教化","教化"具象化为"修养",而这种"修养"通过一整套有规则的锻炼来为人自身形成一种"装备",这种"装备"是通过真实的"logoi"构成的、以逻各斯真理为衡量标准,通过将具有真理性的话语嵌入自我,成为在手的力量性真理指导行为,继而改变人的生存方式。福柯认为,"修养让说真话(truth-telling)被当成一种主体的生存方式",②从而实现"关心自己"。这区别于基督教的说真话的自我技艺,那是对灵魂深处真相的窥探,基督教"自白"(confession)的技艺下形成的苦行、修行,那是对自我的彻底否定和放弃;这也区别于现代主体哲学在心理学层面对基督教自我技艺的改造、形成的认识论独白,人被肢解为认知主体、伦理主体,人的生活、行为、道德等实践面向以主体范畴为界限而画地为牢,它们与希腊化—罗马时期"修养"要实现的"说真话"完全不同。"修养"能够让获得真实话语(真理)与人成为讲真话的主体这两个步骤同时实现,福柯称这个过程为"真话主体化"③(subjectivation of true),它是自我的创造过程,自我同真理连

---

① LdF82, p.326.《主体解释学》,第341页。
② LdF82, p.327.《主体解释学》,第341页。
③ LdF82, p.333.《主体解释学》,第346页。

接起来的原因不再是认识和法律范畴,而是自我的伦理学(真理主体化过程)构架。这一整套的"真话主体化"体现在两个方面:一是真理的传递和转化,二是如何主动成为真话的主体。

第一个方面:"真理的传递和转化"其实还可以拆解为两个步骤——一是逻各斯的传递(接收真理"reception of truth"),二是严格意义上和狭义上的"修养"(将接收到的真理进行伦理转化),被福柯称为"工夫"①【ascétique/ascetics】。"工夫"区别于"苦行、禁欲主义"(asceticism)——基督教所具有的"修行"方式,"工夫"最终指向的是自我的创建、品行的改造、生活方式的转变,而不是舍弃。"修养"[askêsis]包含的"工夫"实践确立起非认知式、非解释学的自我关系、自我与真理之间的关系,这些实践(自我技艺)使自我达成了既定的"精神目标"(spiritual objective)。这两个步骤也被福柯称为"真理伦理化"的"净化路径",在下一章第四小节中笔者将对此详细展开,这主要涉及的是教化时期(希腊化—罗马时期)处理自我与真理之间关系的内容。第二个方面"主动成为说真话的主体"关涉的是处理自我与真理之间关系最典型的实践——"说真话",福柯也将它称为"真理伦理化"的勇气模式,时段主要为教化时期以前,这一实践进入哲学的视野经历了漫长而复杂的历史,在下一章的前三个小节会集中对此进行讨论。事实上,自我(主体)——修养(自我技艺)——真理,这是古希腊—罗马人默认的生活艺术序列,即自我必须经过一系列的实践改变自己的生存方式来获取真理,也就是前文提到的"精神性"原则,但是这一诉求仍旧处于"关心自己"这一背景下,也就是说,自我进行"修养"的目的并不是占有真理本身,而是通过获得"力量性真理",对抗生活中的不幸,让自己获得理想的生活。那么,"自我"与"真理"之间的关系就是研究"关心自己"这一主题绕不开的内容,"说真话"就是这一内容中的重中之重。

---

① LdF82, p.416.《主体解释学》,第 433 页。

第四章

"说真话":古人处理自我与真理之间关系的核心技艺

　　"说真话"①[parrêsia]一词最早出现在欧里庇得斯的作品中。福柯通过对《伊翁》(Ion)、《腓尼基妇女》(Phoenician Women)、《希波吕托斯》(Hippolytus)等篇章的分析,得出这样的结论:在这一时期,"说真话"属于政治领域,表现为对城邦事务具有表达自我观点的身份特权,是政治生活自由的表现。

　　但是伴随着民主制的发展,由于其缺乏伦理区分【différenciation éthique/ethical differentiation】,导致"说真话"出现了危机,这是制度本身的一种结构性的失败(structural failure):一方面,"说真话"将城邦置于危险的境地,民主制让"说真话"变得鱼龙混杂,不再是有能力之人为城邦的利益献计献策,而是掺有私利的有害言论;另一方面,"说真话"也将正确使用"说真话"的人置于危险中,这是因为民主制度并不尊重"说真话"的人的勇气,"说真话"甚至会激怒愚昧的民众,惹来杀身之祸,相反,那些迎合民众、阿谀奉承的人受到了追捧。然而,在民主制的对立面——君主专制制度中,福柯认为,它尚能给"说真话"留有一席之地。虽然君主在古希腊思想中一直以负面的形象——昏君——出现,但是,正是因为有些君主具备了能够被教育和引导的内心、灵魂[psukhê/

---

① "说真话"[parrêsia]——παρρησια,也被翻译为直言(truth-telling)、诚言(frank-speaking)、无畏之言(fearless speech)、自由言说(free speech)。词源学上来讲,它由两部分构成 pan[πᾶν](每件事)和 rhêma[ρημα](那被说出来的),合起来的意思就是"什么都说",Parrhêsiastes 是使用 parrêsia 的人,"说真话"的人不隐瞒任何事情,向人们敞开心扉,表达自己想法。参见[法]傅柯:《傅柯说真话》,郑义恺译,台湾:群学出版社2005年版,第46—48页。

soul],通过"说真话"能够改变他们的品行[êthos],他们能够根据真话来采取适当的行为,"品行"成为贤明统治和"说真话"之间的重要纽带。

至此,"说真话"不再是欧里庇得斯作品中展现的那样,它开始发生转型:首先,"说真话"不再是公民持有的一项特权,它旨在作用于城邦,现在它的作用点是人的内心、灵魂[psukhê/soul]。其次,"说真话"不再是特殊情境下拯救城邦的有益建议,它的目标在于培养个人品行,引导正确生活方式和行为方式。最后,作用于个人内心、旨在转变人的品行的"说真话"是由一套完备的真理话语实践形成的,即通过一系列自我实践将真理引入内心、灵魂,将真理转化为力量性真理,产生塑造品行的伦理效果。至此,"说真话"被引渡到伦理领域,并逐渐与"关心自己"合流。

福柯认为,真理的伦理①【l'éthique de la vérité/the ethics of truth】在西方哲学中以两个面向展开:一是以毕达哥拉斯为代表的真理的净化【cathartique de la vérité/cathartics of truth】路径,②即人想要达至真理,必须进行一系列修养实践以此达到净化、改变自我的存在,而后才能够成为获得真理和能够讲出真话的伦理之人。二是以苏格拉底为代表的真理的勇气【le courage de la vérité/the courage of the truth】路径,③即人想要达至真理,必须有决心和意志来进行牺牲和战斗,而后才能达至真相、成为说真话的人。本章的第一、二小节重点讨论苏格拉底勇气式的真理主体化途径,第三小节则阐述犬儒主义如何将"说真话"勇气模式推向极限,成为一种"真的生活"。第四节重点讨论希腊化—罗马时期以净化方式为特征的真理主体化方式。

---

① 在《说真话的勇气:治理自我与治理他者 II》中,译者将"l'éthique de la vérité/the ethics of truth"翻译为"真话道德",参见《说真话的勇气:治理自我与治理他者 II》,第 104 页。福柯在其晚期思想中恰恰是反对道德概念的,他倡导以自由实践为核心的伦理。笔者认为翻译为"真理的伦理",更能凸显福柯所要强调的真理与主体之间的关系,也就是前文我们提到的"真理主体化"(subjectivation of true)过程。

②③ LdF84, p.125.《说真话的勇气:治理自我与治理他者 II》,第 105 页。

第一节　《申辩篇》《克里托篇》《斐多篇》:"说真话"被引入哲学

一、 福柯对《申辩篇》的解读

根据福柯的考证,苏格拉底是开启伦理领域"说真话"的重要人物,是他将区别于政治直言的哲学"说真话"与"关心自己"的伦理要求联系在一起。对此,福柯进行了两个角度的论证:一是在《申辩篇》(*Apology*)的开篇,福柯分析了并不引起学者注意的一句话,"说谎的是我的对手们,他们是熟练的演说家,他们是如此熟练的演说家,以至于他们几乎成功地让我'忘记我是谁'。通过他们,我几乎失去了对自己的记忆[emautou epelathomên/lost my memory of myself]"。①我们能够从这句话中推出相反的命题,"如果善于言辞使人忘记自己,那么朴素的言语,没有矫揉造作或修饰的言辞,直截了当的真话,'说真话'的言论,会引导我们达至我们自身的真理"。②福柯认为,从这里能够看出"关心自己"的主题已经和"说真话"开始紧密地结合在一起,在围绕着苏格拉底之死的三篇文章《申辩篇》《克里托篇》《斐多篇》之中,"epimeleia & epimeleisthai & amalein & melei moi"这些表述俯拾皆是,这也是两者合流、真理主体化的最好例证。二是福柯还找到了三篇文章围绕"关心自己"主题展开的证据——一种文章结构上的呼应,即《申辩篇》作为苏格拉底之死的序幕,率先抛出了"忘记自我的风险"的说法,《斐多篇》(*Phaedo*)作为苏格拉底之死的落幕,文章以"别忘了我"③[mê

---

① LdF84, pp.74—75.《说真话的勇气:治理自我与治理他者II》,第60页。在中文版的《申辩篇》17a—b中,对于福柯所说的"忘了自己"的翻译方式体现得不是十分明确,因此笔者选用福柯在演讲中对《申辩篇》开头部分的翻译内容,这样更能体现福柯对原著的理解,而没有直接引用中文版本的《申辩篇》的译文。其他章节笔者直接使用中文版本《柏拉图全集》的译文内容是因为与福柯的翻译和理解基本一致,并且比福柯在演讲中使用的段落更完整,在此说明,下文同。

② LdF84, p.75.《说真话的勇气:治理自我与治理他者II》,第60页。

③ "克里托,我们必须向阿斯克勒庇俄斯祭献一只公鸡。注意,千万别忘了。"参见《斐多篇》,118a,《柏拉图全集》第1卷,王晓朝译,人民出版社2002年版,第132页。福柯将最后一句话翻译为"别忘了我"。参见LdF84, p.75.《说真话的勇气:治理自我与治理他者II》,第61页。

amelêsête/don't be neglectful]而告终。

　　福柯对《申辩篇》的解读试图说明深知"说真话"会带来危险却不惧死亡的苏格拉底为何不愿在政治公开场合"说真话"的原因,这一看似矛盾的情况恰恰说明了苏格拉底为何将"说真话"从城邦[polis/city]引渡到内心、灵魂[psukhê/soul]。苏格拉底践行的是真理主体化路径的第二个面向,即他有勇气并且愿意为真理的主体化牺牲和战斗,他的途径是"在反讽的盘问游戏中实践对内心的考验(test)"。①

　　在《申辩篇》31d 的部分,苏格拉底回答了他为何不从政、不敢公开地对民众发表言论和给城邦提建议,这是因为,"如果我很久以前就去搞政治,那我一定老早就送命了"。②从这句话表面看,苏格拉底不想为政治而死。但这并不表明他畏惧死亡、出于个人利益的原因拒绝从政。事实上,苏格拉底曾尝试过从政:公元前 406 年,在民主制度中,人们赞成对阿尔吉努萨伊(Arginusae)战役的将军们进行处决,只有苏格拉底对此投了反对票。由于苏格拉底出于法律和正义的举动激怒了民众,所以民众要逮捕、起诉他。公元前 5 世纪末,寡头制度中,苏格拉底拒绝逮捕被冤枉的萨拉米斯(Salamis)的莱昂(Leon),因此苏格拉底得罪了专制者们。因此,我们看到无论是民主制还是寡头制,苏格拉底都曾冒着生命的危险"说真话",但是这两种政治都极力打击为伸张正义而说真话的人。这两个例证说明了苏格拉底在政治上说真话的失败,他并不怕死,只是为了规避政治上说真话的风险,他要放弃参政,这是因为他有更重要的任务要去完成,即听从神的安排,为雅典人效力,敦促他们"关心自己"。神的干预,要苏格拉底实现的是哲学上的"说真话"。

　　这种哲学上的"说真话"是怎样的呢? 福柯认为,它包含了"寻找[Zêtêsis/search],考察[Exetasis/test],照管[Epimeleia/care]"三个部分的内容。③

---

① LdF84, p.73.《说真话的勇气:治理自我与治理他者 II》,第 59 页。
② 《申辩篇》,31d,《柏拉图全集》第 1 卷,王晓朝译,人民出版社 2002 年版,第 20 页。
③ LdF84, p.86.《说真话的勇气:治理自我与治理他者 II》,第 70 页。

　　首先，是"寻找"，指苏格拉底对待神谕的态度。苏格拉底的朋友凯勒丰（Chaerephon）去问德尔菲的神，有谁比苏格拉底更加智慧？神回答说没有。①苏格拉底自己也不明白这个神谕的意思，但是他并不是以一种阐释性的方法试图破译、解读神的旨意，就像《伊翁》那样——最大程度上去正确解读（interpretat）神谕，然后被动等待验证神谕是否会变为现实，如果在神谕中解读出了危险，人们就极力避免这种坏的结果。而苏格拉底则是努力去"寻找"，即通过争论（dispute）方式去弄清楚神谕到底是不是真话。这种争议的方式以讨论、反驳、验证的方式展开，不同于对待神谕的常规态度，苏格拉底并不是将神谕带入会付诸事实的现实场域，被动地等待神谕的实现，或者对神谕进行解读，面对神谕，苏格拉底并没有拭目以待，而是想要用实践验证神谕的真伪，这是苏格拉底对待神交代给自己"说真话"任务的第一个阶段。

　　其次，是"考察"，指苏格拉底核实神谕的方法。他采取调查［planê］的方式，即他在城邦里四处游走，跟不同阶层的人对话，来验证到底自己是不是最智慧的人。从政治家到诗人再到手工业者，苏格拉底从上至下走访了整个城邦，他发现了神谕的含义，也得到了越发可靠的真理，那就是自己和人们的无知。然而，城邦中的其他人，那些自认为很有智慧的人，却不知道自己的无知，他们所谓的知识不过是一些意见，坐拥这些意见的人却认为自己无所不知，单就这一点上，苏格拉底知道自己无知，就要比他们智慧。因此神谕是真实的。我们能够看到，"考察"一方面是苏格拉底对神谕的真假的核实，另一方面这种"考察"的展开方式通过苏格拉底对人们施行的"精神助产术"来实现的，即苏格拉底要追问人们自以为十分了解的外物、从事的职业以及他们自身，从而考察与他对话的人的内心（test soul），将他们的内心放在苏格拉底的内心上，苏格拉底的内心成为检验他人内心的试金石［basanos/touchstone］。通过对比苏格拉底与他人的内心，这条神谕被证实为真话，这是苏格拉底对待神交代给自

---

① 《申辩篇》，20e—21a，《柏拉图全集》第 1 卷，王晓朝译，人民出版社 2002 年版，第 6 页。

己"说真话"任务的第二个阶段。

最后，是"照管"，指苏格拉底视神谕为一项任务。虽然在"考察"神谕是否为真话的过程中，苏格拉底得罪了很多自以为十分聪明的人，招致敌意、惹来杀身之祸，但是苏格拉底仍坚持自己对神的虔诚，将"苏格拉底是最智慧的人"这条神谕以"考察"的方式讲出来，苏格拉底并不是为了炫耀自己的智慧，他认为智慧是神的财产，人基本没有智慧，这条神谕无非为了能够让人们知晓自己的无知，从而将自己的注意力不再放在金钱、声誉上，而是放在思考理智[phronêsis/reason]、真理[alêtheia/truth]和内心、灵魂[psukhê/soul]的完善上。①苏格拉底将这一"说真话"的过程看作是神交给他的任务，他一生坚守此任务，而不是像梭伦一样，只是在城邦出现偶尔"说真话"而大部分是在智慧中保持沉默，"只要我还有生命和能力，我将永不停止实践哲学，对你们进行规劝，向我遇到的每一个人阐明真理"。②因此，苏格拉底拒绝成为梭伦（Solon），他要规避政治直言给他带来的无用风险，来执行上帝交代给他更具正面价值和有益的任务——哲学上的"说真话"——像父亲或者长兄那样来"照管、关心"人们，劝导人们来"关心自己"。福柯认为，这一界定十分重要并且特殊，因为在自我同自身的关心当中，"说真话"想要"照管、关心"的"自己"首先被定义为理智、理性，这是一种实践理性，能够帮助人们做出正确的决定，规避错误。同时，"自我"也被定义为真理，因为人的实践理性就来自真理，这种真理在人的身上体现为灵魂中存在的神圣要素，也就是说，人和真理之间存有建立在灵魂本质上的本体论关系。

我们能够看出，这与我们在《阿尔喀比亚德篇》中提到的"关心自己"就是"认识自己"十分类似，但是两者仍有不同之处。

相同点在于：所有的雅典人，包括阿尔喀比亚德在内，他们都被苏格拉底劝以"关心自己"这句来自神谕的真理。作为被指导者与真理的关系，是通过

---

① 《申辩篇》，29d、29e、30a、30b，《柏拉图全集》第1卷，王晓朝译，人民出版社2002年版，第18页。
② 《申辩篇》，29d，《柏拉图全集》第1卷，王晓朝译，人民出版社2002年版，第18页。

"认识你自己"实现的,即"寻找到不朽的灵魂和先验的真理之间的最原初的纽带关系"。①不同于后期的"教化自我"实行的一系列切实的"工夫"才能将自我转化为说真话的主体,这里采用回忆的路线,是通过"认识自己""灵魂"的方式实现的,这是人对自己"灵魂"的反观,认识到自己本身拥有的"神圣性要素",即"努斯"[noûs]。也就是说,"关心自己"就是"认识自己,认识灵魂的本质,确保你的灵魂在努斯中沉思它自己,在其最本质的神圣性中认识到它自己"。②然后从这种回忆中得出人具有相似于神的智慧,分有理念世界的真理,继而获得了真理,用这种真理来指导自己的实践。应该注意的是:虽然"关心自己"最终导向了"认识你自己",但是这仍是一种自我实践,而不是一种态度或者思维形式,它只是以灵魂反观的途径,使灵魂回归本体世界,区别于后期的实在"工夫"。

这也就能够解释为什么在哲学中会存在两种真理体系,即"认识、知识【connaissance/knowledge】范围的真理"和"对主体本身下工夫的真理",③在真理史上企图利用"认识你自己"建立起形而上学的连续性的做法属于前者,而福柯想要追溯的古希腊—罗马的"精神性真理"属于后者。其实,通过"认识自己"建立起来的连续性是对苏格拉底的"说真话"以便"关心自己"的误读,苏格拉底的"认识"并不是认识论上的抽象逻辑思考,而是一种品行的衡量与考察,敦促每一个想要成为伦理自我的人好好打量自己一番,看看有没有将注意力放在自我身上,自己有没有根据灵魂具有的神圣要素(真理)去合理地行动,这是一种实践智慧。

不同点在于:第一,在《阿尔喀比亚德篇》中,苏格拉底是出于对阿尔喀比亚德的"爱"[erôs/love]才说真话的,他抓住了时机[kairos/opportunity],即在阿尔喀比亚德处于人生的转折阶段,想要实现他的政治抱负,苏格拉底才真言

---

① LdF84, p.350.《说真话的勇气:治理自我与治理他者II》,第286页。
② LdF82, p.419.《主体解释学》,第435页。
③ LdF82, p.191.《主体解释学》,第206页。

相劝。而在《申辩篇》中,苏格拉底"说真话"并不是出于"爱",而是出于对神的虔诚,这是神托付给他的使命,他必须一生去践行哲学上的"说真话"。第二,同样作为真理的接收者,阿尔喀比亚德听从真话的目的不在于关心自己,而是为了城邦统治;而《申辩篇》中苏格拉底通过哲学上的"说真话"是为了让人们进行有关伦理的思考,即"使你们首要的、第一位的关注不是你们的身体或职业,而是你们灵魂的最高幸福"。①也就是说,这种"说真话"以塑造品行[êthos]为目标。第三,在《阿尔喀比亚德篇》中,苏格拉底作为"说真话"的主动言说者,他在这里对话的人是年轻且不具尊贵身份的阿尔喀比亚德,因此这里不存在两人之间的身份不对等产生的风险因素,也就是说,苏格拉底无需"勇气"对阿尔喀比亚德展开"说真话"的程序。而在《申辩篇》中,苏格拉底已经因为伦理的"说真话"被控诉,但是他仍旧坚持服从于神,不会因为害怕死亡而放弃自己的使命,这里凸显了真理主体化的"勇气"路径的特征。

二、 福柯对《斐多篇》的解读

在《斐多篇》的末尾,苏格拉底嘱托他的学生克里托:"克里托,我们必须向阿斯克勒庇俄斯祭献一只公鸡。注意,千万别忘了。"②福柯认为来自西方哲学奠基人的最后一句话,却被当成平庸之语,没有引起足够的重视和解读,他认为,如何理解哲学上的"说真话"给苏格拉底带来的死亡结局以及如何理解"关心自己"的主题,重新审视苏格拉底这句临终遗言是十分必要的。

1. 对还给阿斯克勒庇俄斯一只公鸡的多种解释

在古希腊文化中,阿斯克勒庇俄斯(Asclepius)是治愈之神,人们会在他治愈了自己的疾病后,为了感谢他而为他献祭。按照这种理解,学者认为治愈之神医治好了苏格拉底的病。那么这种病是什么呢?

---

① 《申辩篇》,30b,《柏拉图全集》第 1 卷,王晓朝译,人民出版社 2002 年版,第 18 页。
② 《斐多篇》,118a,《柏拉图全集》第 1 卷,王晓朝译,人民出版社 2002 年版,第 132 页。

（1）一些学者认为,活着是这种疾病。①例如,诗人拉马丁（Lamartine）写道:"'给解放（我们）的神献祭吧! 他们治愈了我!'——克贝（Cebes）问:'治愈了什么?'——'活着'（这种病）。"因此,他认为苏格拉底的死是一种解脱,治愈了自己"活着"的病。另外,罗宾（Robin）也有同样的观点,他认为苏格拉底的"与身体相连"的灵魂被治愈了。同样,布尔奈（Burnet）在《柏拉图的〈斐多篇〉》（*Plato's Phaedo*）中将苏格拉底的死比作沉睡,他认为请求阿斯克勒庇俄斯治病的人都会奉行入睡法,希望神能够在梦中告诉自己如何治病,醒来病就痊愈了,同理,苏格拉底的病就需要死亡这种长久的睡眠来医治好,等他醒来,苏格拉底就痊愈了。此外,奥林匹克多罗（Olympiodorus）也有十分相似的解读,作为新柏拉图主义者,他认为苏格拉底的死能够为其灵魂带来永恒,死亡治愈了灵魂在生命中的腐化变质（corruption）。

（2）还有一些学者持有其他的观点。②例如,维拉莫维茨（Wiliamowitz）则对生命是一种疾病的观点持有否定态度,他认为如果非要从治愈之神来解读苏格拉底的话,那只能将这句临终遗言看成是苏格拉底突然想起了原来生过某种病而已。③此外,弗兰茨·屈蒙（Frantz Cumont）在《法兰西文学院报告》（*Compte rendu de l'Académie des Inscriptions et Belles Lettres*）中给出了另一种解释,他肯定了献祭的功能,即是对疾病治愈的感谢。然而,他发现古希腊思想中没有可能为"公鸡"寻找到合理的解读,所以他求助于波斯神话,因为公鸡是来自波斯的一种动物,在波斯神话中,公鸡负责保护通往冥府路上的亡灵,因此苏格拉底想要一只公鸡。

（3）此处要把尼采对苏格拉底的分析单独拿出来讨论,这是因为尼采看到了存在于这句临终遗言中的某种矛盾。事实上,尼采倾向于第一种解读路径,他在《快乐的科学》第四卷中写道:"然而,不知是死神、毒药,还是好心或恶

---

① LdF84, pp.97—98.《说真话的勇气:治理自我与治理他者 II》,第 80—81 页。
②③ LdF84, p.102.《说真话的勇气:治理自我与治理他者 II》,第 84 页。

意,总之有某个东西使他临死终于开口说话了'噢,克力同,我还欠阿斯格雷彪一只公鸡呢。'听见这句既可笑又可怕的遗言,有人明白了他的含义:'噢,克力同,生活是一场疾病啊!'"①尼采已经觉察到了这种分析与对话录中记载的苏格拉底的形象相悖,"我十分心仪苏格拉底,他的言行,甚至他的沉默所表现出来的勇气和智慧都使我倾慕不已。雅典城里这位语含讥讽的'歹徒'、'蛊惑民心者',能把恃才傲物的青年感动得浑身颤抖、啜泣,成为有史以来谈锋最健的绝顶智者,他即使沉默也会表现出他的伟大。我真希望他在生命的最后一刻也是保持沉默的,果真如此,他在天才人物队伍里的身价会更高"②。也就是说,尼采认为苏格拉底一直以正面积极态度面对生活,但这只是苏格拉底的伪装,他把对生活磨难带来的痛苦——这种悲观情绪藏于心底,只是在临死前终于忍不住爆发了自己的最真实的想法。

2. 杜梅齐尔的解释与福柯的辩护:听从真理,治疗错误意见这种疾病

杜梅齐尔(G. Dumézil)反对以上学者对苏格拉底的最后一句话的解读,他认为将"活着是一种疾病"无论如何都与苏格拉底倡导的哲学宗旨不符,福柯对此表示赞同,并且为了支持杜梅齐尔的反驳,福柯给出了几条证据来佐证杜梅齐尔的看法:

首先,在《斐多篇》62b 处,苏格拉底说:"我们处于 Phroura 中",③对"Phroura"的翻译不尽相同,L.罗宾将其翻译为"garderie"(day center/托儿所),E. 尚布里(Chambry)翻译为"poste"(post/哨所,岗位),P. 韦凯尔(P. Vicaire)翻译为"en tini phroura"(place where an eye is kept on us,被人看守的地方)。④福柯认为,要联系后文将"Phroura"翻译为具有正面色彩的看护、托管的意思。因

---

① ② [德]尼采:《快乐的科学》第 340 小节,黄明嘉译,华东师范大学出版社 2007 年版,第 316 页。

③ 《斐多篇》中文译本将这句话翻译为:我们人类就像是被关押的囚犯,不能解放自己,也不能自行逃跑,这在我看来是一种高级的教义,其含义很难弄清。不过,贝克,我相信这样说是对的,诸神是我们的看护,我们人类是他们的一种财产。参见《斐多篇》,62b,《柏拉图全集》第 1 卷,王晓朝译,人民出版社 2002 年版,第 58 页。

④ LdF84, p.115, note 11-12.《说真话的勇气:治理自我与治理他者 II》,第 95 页,注释 11、12。

为苏格拉底紧接着说："诸神是我们的看护,我们人类是他们的一种财产。"①也就是说,我们是神惦念、操心的对象,因此,无论如何也不能将"Phroura"翻译为监狱、人们企图逃离的地方,如果按负面意思翻译,就与 epimeleia 相矛盾,它是指父亲对孩子的呵护,牧民对羊群的看管,君主对国家的操心,因此,在此处,就要将"epimeleia"看成是神对人的善意和爱。所以,在神的照管中的人,不可能认为"活着是疾病"、拼命逃脱神为人建好的避风港"Phroura"。

其次,《斐多篇》69d—e 中,苏格拉底表达了自己离开尘世并没有任何悲伤或痛苦："我离开你们和我的尘世统治者是很自然的,没有任何悲伤和痛苦,因为我相信在那边我将找到好的统治者,我的好朋友不会比这里少。"②神被称作统治者,好的主人。在那边会照管好他,那边还有要好的朋友,因此有理由相信两边是同样的,苏格拉底没有理由把活着看成是痛苦的、需要死亡来解脱自己。

第三,纵观整篇《斐多篇》,苏格拉底都被人描述为生活纯粹,过着安宁、节制的哲学生活的人,在 67a 处,苏格拉底说："只要我们还活着,我们就要继续接近知识,我们要尽可能避免与身体的接触和联系,除非这种接触是绝对必要的,而不要允许自己身体的性质的感染,我们要洗涤自己受到的身体的玷污,直至神本身来拯救我们。"③这是一种纯洁无瑕的生活,能够获得真理和知识的生活,所以怎么能被苏格拉底看成是要赶紧摆脱的疾病呢?

最后,在《申辩篇》41d 处,苏格拉底说："法官先生,你们也必须充满自信地看待死亡,并确立这样一种坚定的信念:任何事情都不能伤害一个好人,无论是生前还是死后,诸神不会对他的命运无动于衷。"④福柯认为这里最直接而

---

① Epimeleisthai 是指看护,照顾,惦记,关心,ktêmata 是指财产,或者更像是羊群。参见《斐多篇》,62b,《柏拉图全集》第 1 卷,王晓朝译,人民出版社 2002 年版,第 58 页。

② [despotai/masters] 是指主人,统治者。参见《斐多篇》,69e,《柏拉图全集》第 1 卷,王晓朝译,人民出版社 2002 年版,第 67—68 页。

③ 《斐多篇》,67a,《柏拉图全集》第 1 卷,王晓朝译,人民出版社 2002 年版,第 64 页。

④ 《申辩篇》,41d,《柏拉图全集》第 1 卷,王晓朝译,人民出版社 2002 年版,第 31 页。

明确地反驳了"活着是一种疾病"的观点,"诸神不会对他的命运无动于衷"这句话的原文是"oude ameleitai hupo theôn ta toutou pragmata",①"ameleitai"一词是指"忽视、忽略",也就是说神不会忽略好人的事情、会照管好人。因此,对于好人来讲,无论是生还是死都是一样被神照管、关心着,此岸彼岸都没有差别,因此,不需要将"活着"看成是一种需要摒弃的疾病。

以上是福柯为杜梅齐尔提出的辩护,那么福柯所支持的杜梅齐尔对苏格拉底这句临终遗言是如何理解的呢?

杜梅齐尔引入《克里托篇》(Crito)中的内容来说明为何苏格拉底要向阿斯克勒庇俄斯献祭一只公鸡。杜梅齐尔认为苏格拉底最后献祭的要求是对克里托提的,因此,就要考虑哪件事情是苏格拉底和克里托共同参与的,那么就是克里托曾试图劝说苏格拉底逃狱的这件事,而在苏格拉底看来这是极不正义的行为。②

对于"应该逃走"克里托曾提出了好几条理由:苏格拉底选择去死是对自己的伤害;也是对其儿子不负责;也让作为朋友的克里托这些人蒙羞,因为他们没有千方百计地帮助苏格拉底逃跑,他们会陷入公众的谴责。③但是苏格拉底则认为,不应该听从多数人的意见,他举例体操训练和保养身体来说明应该听从内行的建议,而不应该听从大众的意见,否则身体就会衰弱、变坏。同理逃狱这件事,不应该盲从所有人的意见,而应该听从能够帮助我们分清正义和非正义的"内行"建议,那么苏格拉底认为"alêtheia/rational logos"——真理——有这样的作用,因此,如果我们想要关爱自己的灵魂,④使它免受堕落、

---

① LdF84, p.101.《说真话的勇气:治理自我与治理他者Ⅱ》,第84页。

② Georges Dumezil, *The Riddle of Nostradamus: A Critical Dialogue*, trans. Betsy Wing, Baltimore and London: The John Hopkins University Press, 1999, p.102.

③ 《克里托篇》,45b—e,《柏拉图全集》第1卷,王晓朝译,人民出版社2002年版,第37—38页。

④ 灵魂不朽的说法在《斐多篇》才开始存在,在《克里托篇》中,并没有提及灵魂,而是说"我们自身与正义和非正义相关的部分",福柯认为这显然是在指灵魂,但是在《克里托篇》中,灵魂就成了自身的一部分,也可以理解为,自我和自身之间的关系。参见LdF84, p.104.《说真话的勇气:治理自我与治理他者Ⅱ》,第86页。

腐烂、被毁等疾病①之苦，那么就要听从真理。②这里就涉及福柯认为十分重要的"说真话"内容，联系《克里托篇》的内容，能够看出《斐多篇》苏格拉底的最后一句话应该是整篇文章的核心，而不是随意之言。通过献祭给阿斯克勒庇俄斯一只公鸡，说明苏格拉底的疾病（听从错误意见——逃狱）已经被真理治愈了，因为他选择听从真理，按照真理行事，凛然赴死，而没有听从多数人的错误意见；同时，苏格拉底还选择将"真理"讲述给克里托听，教导克里托要遵从"真理、真话"，放弃帮助自己逃走的错误念头，因此克里托也被真理治愈了。

然而，有人指出杜梅齐尔的阐述过于简略和牵强：不能通过身体和灵魂的类比，就得出受错误意见影响的灵魂就成为需要被治愈的对象。③杜梅齐尔认为自己能够做出这样的判断，是有文本依据的，在他看来，在苏格拉底的对话录中，每一个好的类比都是经过苏格拉底精心安排的，此处就是将错误意见看成需要被医治的疾病。同时，他还援引了索福克勒斯的《安提戈涅》（*Antigone*）和欧里庇得斯的《阿伽门农》（*Agamemnon*）来说明在这些文本中"疾病"确实是指代非正确的观点，虽然在柏拉图的文中找不到，"灵魂腐烂如同疾病"的这种表述，但是，通过对比其他文本中的同样情境，可以类推出错误意见导致灵魂受损就是"nosos/disease"。④为了支持杜梅齐尔解读的合理性，福柯给予了以下辩护：

福柯认为《克里托篇》与《斐多篇》是有着呼应的，在《斐多篇》中重温了《克里托篇》中的两大观点：一是坏的意见就像疾病一样会破坏灵魂的健康，需

---

① 苏格拉底用的是 diephtarmenon 这个词，指被毁，处于衰弱状态，变坏。参见 LdF84, p.104.《说真话的勇气：治理自我与治理他者 II》，第 86 页。

② 《克里托篇》，44b—c，45b，45e—46a，48a—d，《柏拉图全集》第 1 卷，王晓朝译，人民出版社 2002 年版，第 36，37，38，41 页。

③ 在讲稿中，福柯并没有透露表达反驳意见的学者的名字，只是说这个人是他十分看重的人。参见 LdF84, pp.105—106.《说真话的勇气：治理自我与治理他者 II》，第 87—88 页。

④ Georges Dumezil, *The Riddle of Nostradamus*：*A Critical Dialogue*, trans. Betsy Wing, Baltimore and London：The John Hopkins University Press, 1999, pp.113—115.

要治疗这种坏意见;二是能够治疗这种坏意见的是包含真理的话语[logos]。①因此,福柯从《斐多篇》内容入手,展开佐证。

第一,《斐多篇》记录了苏格拉底和徒弟有关灵魂不朽的争论。针对苏格拉底的观点,西米亚斯(Simmias)认为,灵魂就像竖琴的和声,当竖琴摔坏的时候,和声就不在了,因此人的肉体死亡,灵魂也会跟着消失。克贝则认为,即便灵魂在人死后还存在,它还会被不同的躯体所用,那么灵魂就像衣服一样,会被用旧、用坏,总有一天会死掉。②在89a处,苏格拉底对这两种错误的观点进行了回应,斐多进行了转述,"他愉快、温和、赞赏地接受了两位青年的反对意见,然后马上承认讨论的这种转折对我们会产生的影响,最后他又用娴熟的技艺治疗我们的伤口"。③对最后一个分句的翻译,福柯是这样理解的,他将 iasato 翻译为"他治愈了我们"(he cured us),他将"伤口"理解为"疾病"(ills),也就是两个学生的错误意见。④因此,福柯认为从这里能够看出《斐多篇》中包含了错误意见被当成疾病"治愈"的说法。西米亚斯和克贝关于灵魂会死的错误观点与克里托跟随多数人的错误意见劝说苏格拉底逃狱具有相同的结构,是同一个问题和需要相同的治愈方式。

第二,《斐多篇》90e处关于 logos 及其危险的讨论中,存在 logos 应该成为错误意见的治疗方法的表述。苏格拉底认为:"我们一定不可在心中认为不存在有效的论证。正好相反,我们应当承认自己在理智上仍然是残缺的,但我们必须打起精神来,尽力成为健全的。"⑤也就是说,虽然论证[logos]会导致错误的观点,但是这不是 logos 本身的问题,是因为人的"健康不佳"——"理智上是残缺的"这句话,福柯将之理解为我们的健康状况不佳⑥[oupô hugiôs ekhomen/we

---

① LdF84, pp.107—108.《说真话的勇气:治理自我与治理他者 II》,第 89 页。
② 《斐多篇》,85b—86e、86e—88b,《柏拉图全集》第 1 卷,王晓朝译,人民出版社 2002 年版,第 90—93 页。
③ 《斐多篇》,89a,《柏拉图全集》第 1 卷,王晓朝译,人民出版社 2002 年版,第 94 页。
④ LdF84, p.116, note 34.《说真话的勇气:治理自我与治理他者 II》,第 96 页,注释 34。
⑤ 《斐多篇》,90e,《柏拉图全集》第 1 卷,王晓朝译,人民出版社 2002 年版,第 97 页。
⑥ LdF84, p.116, note 35.《说真话的勇气:治理自我与治理他者 II》,第 96—97 页,注释 35。

lack health]——才导致在运用逻各斯时错误地进行了使用,产生了无效的论证。人们应该恢复健康,让心智健全起来,正确地使用 logos,这样才能消除错误观点。

以上就是福柯对杜梅齐尔解读的辩护。此外,福柯还认为这种治愈是对所有人的治愈,治愈之神敦促所有人应该听从真理,防止坏意见的侵袭,因此福柯也就赞同杜梅齐尔认为翻译不应该是"帮我还债",而应该是"帮我们还债"的看法,欠债的人不仅仅是苏格拉底,因为他没死就等于没有按照正义的真理行事,所以苏格拉底没死之前都是"病了";这其中起码包括了克里托,他企图让苏格拉底逃狱。①福柯对此进行了补充,"我们"不仅仅涉及苏格拉底和克里托,结合《斐多篇》内容,这还包括了西米亚斯和克贝,因为他们也受到了错误观点的侵扰。同时,福柯还认为"我们"象征了苏格拉底与徒弟们的友谊,并且符合柏拉图对话艺术的特点,即在对话过程中所有人都是联系在一起的,如果好的意见获胜,所有人就都是赢家,反之亦然,所以苏格拉底要与这些人一起给治愈之神献祭。

为什么福柯大费周章地讲述对阿斯克勒庇俄斯献祭公鸡的解读呢? 这是因为通过将献祭治愈之神理解为听从真理、治愈了错误意见,可以将"说真话"通过治愈过程与"关心自己"的主题紧密联系在一起。围绕着苏格拉底之死的三篇文章,都贯穿了 epimeleia 的问题。也就是说《申辩篇》中,苏格拉底接受神的安排,拒绝政治上的直言,践行哲学上的"说真话"来敦促他人"关心自己",以至于苏格拉底对审判官说的最后一句话是:"先生们,我的儿子长大成人以后,如果他们把金钱或其他任何东西放在良善之前,那么请用我对付你们的办法对付我的儿子;如果他们毫无理由地狂妄自大,那么就像我责备你们一样责备他们。"②也就是说,他也要他的孩子们惦记自己的良善、德行[epimeleisthai aretês]。同样《克

---

① Georges Dumezil, *The Riddle of Nostradamus*: *A Critical Dialogue*, trans. Betsy Wing, Baltimore and London: The John Hopkins University Press, 1999, p.116.

② 《斐多篇》,41e,《柏拉图全集》第1卷,王晓朝译,人民出版社 2002 年版,第 32 页。

里托篇》中也萦绕着 epimeleia 基调,不应该逃狱,因为对苏格拉底的判决是根据法律裁定,而法律代表着正义和真理,是神对人的爱护和看管的化身,逃狱就是对真理的违背,是对自身的不关心和放任。《斐多篇》中,不仅仅是最后的临终遗言,在苏格拉底对孩子的嘱托中,他仍旧只是说:"没有什么新的事情要说,克里托,只有我一直在跟你说的那些事。只要你照顾好你自己⋯⋯"①"只要你照顾好你自己"[humôn autôn epimeloumenoi],福柯认为这就是照顾、操心、关注自我,无论是对自己,还是对学生,或者是自己的后人。因此能够看出,《申辩篇》以十分明朗的方式表达出苏格拉底希望人们"关心自己"的愿望,到《斐多篇》中以献祭给阿斯克勒庇俄斯一只公鸡的遗言这种象征的方式间接表达出神对人的照管和关心、继而提醒人们关心自己,苏格拉底都是根据真理的原则来"关心自己",敦促他人"关心自己",他有勇气将"关心自己"的真话讲出来,也有勇气接受"说真话"和按照真话行事带来的死亡结局。

通过以上的讨论,我们能够看出这种哲学上的"说真话"始终与"关心自己"的主题缠绕在一起,自我与真理之间的关系是通过"说真话"这一按照真理行事的方式来维系的,"说真话"的目的就在于能够实现"关心自己",两者共存于古希腊—罗马的实践哲学智慧中,不可拆解。真理,并不是客观、纯粹的知识,而是具有指导人类行为的实践价值的伦理真理,人们与真理的联结方式也不是认识逻辑,而是通过自我实践——"说真话"——即将真理"说出来"、"做出来"的方式勾连在一起,并且人对真理的追求,并不是孜孜不倦的"求真意志"、试图为人类的认识领域划界,穷尽和征服未知之物,而是为了能够实现"关心自己"。同时,应该注意的是,以上三篇文章中的"说真话"实现"关心自己",是真理与灵魂在本体论上的牢固关系,也就是说,"说真话"始终针对人的内心和灵魂展开,使灵魂不受错误意见影响。

---

① 《斐多篇》,115b,《柏拉图全集》第 1 卷,王晓朝译,人民出版社 2002 年版,第 129 页。

第二节 《拉凯斯篇》:"说真话"与"生活""勇气"紧密相连

福柯选择《拉凯斯篇》(*Laches*)进行解读的原因有以下几点:一是这篇文章是对话录中"说真话"这一词汇出现的频率最高的文章,也就是说,"说真话"的主题十分明显。二是这篇文章延续了《申辩篇》就已经存在的、对"说真话"程序的界定,即"检查、考察"方式。三是"照管、关心"反复不断地出现在文章中,并作为对话的目的存在。四是这篇文章仍旧与"政治直言"保有关系,表现了从"政治直言"向"哲学说真话"的过渡、转换。五是这篇文章不但将"勇气"作为对话的对象,而且凸显了"勇气"作为"说真话"程序必不可少的重要地位。

最后一点原因,我们要单独列出,这是福柯选择这篇文本进行解读的最重要的原因:《拉凯斯篇》真正确立了将"生活"[bios/life]当成是"照管、关心"的对象这一哲学思考和实践走向,①不同于《阿尔喀比亚德篇》《申辩篇》《斐多篇》将"内心、灵魂"看成是"关心"对象——这一"灵魂实在"的形而上学路径。

事实上,《拉凯斯篇》同《阿尔喀比亚德篇》的内容十分相似,都是关于年轻人的教育问题,由此建立起"关心自己"的主题,但是两者实现这一目标的路径完全不同,最终旨归也不尽相同。《阿尔喀比亚德篇》围绕着对年轻人的培养、展开了"关心自己"的话题,在上文中,我们已经总结过这一目标很快就与对"灵魂"的神圣性要素进行回忆的自我技艺连接起来,将自己沉浸在对灵魂的认识的形而上学氛围中。而《拉凯斯篇》同样围绕"照管、关心"的主题却没有与灵魂不朽、灵魂应该作为"关心自己"的终极目标相联系,而是转向了对"生活"[bios/life]的关注,也就是说,"生活方式"和"生存实践"成了关注对象,将"自我"放置在对生活进行检验、建立一定的生活模式的考验生活的哲学主题之中。总之,《拉凯斯篇》是作为"真理主体化""勇气"路径最为典型的文章,并且真正确立起"考验生活"而不是"认识灵魂"的哲学"生活"向度。这里我

① LdF84, pp.126—127.《说真话的勇气:治理自我与治理他者II》,第106页。

们需要提及的一点是,苏格拉底在此处形成的仅是通过"说真话"对生活的考验,也就是说通过一套较为完整的哲学活动和实践来形成一种高尚的生活,但是还没有彻底将生活贯彻以真理原则,后面我们讨论的犬儒主义则是将真理贯彻到生活中、将生活看成是真理的表达。

因此"勇气"成为"说真话"作为"考验生活"(test of life)的关键因素,并最终与"真理"问题合流于"对自己的关心"。针对这条结论,福柯做的是一种文本考据的工作。

一、"说真话"契约

文章开头围绕吕西玛库(Lysimaque)、美勒西亚(Melesias)、尼西亚斯(Nicias)和拉凯斯(Laches)之间的对话展开,福柯认为仅仅在开头就已经显示出了"说真话"和"关心"之间的紧密关系:

> 吕西玛库:你们已经看过那位武士穿盔甲的作战表演了,尼西亚斯和拉凯斯,但是我们还没有来得及告诉你们,为什么我的朋友美勒西亚和我要请你们一起去见他。我想我可以坦白地把原因告诉你们,因为我们对你们一定不能有什么隐瞒。向别人请教常会引来嗤笑,而在别人向自己请教的时候,人们也经常不肯说出心中的想法。他们只是胡乱猜测请教者的想法,迎合他们的心理作出回答,而且不说真心话。但是我们知道你们有很强的判断力,肯说实话,所以我们想要听取你们的建议。使我说出这么一长篇开场白的事情是这样的。美勒西亚和我各有一个儿子。……我们现在都决心要尽最大可能照顾这些青年,大多数做父亲的到了孩子成年的时候就放任不管,随他们去做他们愿意做的事,而我们要尽力而为,能为他们做什么就做什么。我知道你们也有孩子,我们想你们全都注意对他们进行管教,使他们学好,即使万一你对这个问题没有什么考

虑,我们也可以提醒你们应当这样做,也会请你们来与我们一道商议如何尽做父亲的责任。①

我们看到,吕西玛库和美勒西亚邀请尼西亚斯和拉凯斯观看一场格斗表演,为的是后两者能够亲眼看见表演过程、能够有现实作为判断依据,而不是依赖修辞来判断。因为在这一时期,很多诡辩家喜欢吹嘘自己的才能,即便自己做不到也要通过具有迷惑性的修辞方法来说服对方相信自己的能力。四人观看的这场表演则将表演人置于"考验"之下,来获取关于表演人能力的真相,因此我们看到,为了保证"说真话"的实现,在对话开始之前就已经将其出发点放置在了一个由事实构成的真相环境中,以确保"说真话"不受修辞影响。另外,吕西玛库和美勒西亚对尼西亚斯和拉凯斯保留了邀请他们观看表演的原因,这是因为前两者为了确保后两者在观看格斗表演的过程中不要带有顾虑和偏见,而是单纯凭借亲眼看到的事实和自己的想法来推进"说真话"的程序,这保证了考验过程的纯粹。此外,尼西亚斯和拉凯斯都是作战领袖,是格斗领域的专家,并且他们性格耿直、不善于隐藏自己的想法,因此这两者身份和性格保证了"说真话"的可靠性,他们既不会耻笑吕西玛库和美勒西亚,也不会为了迎合他们说奉承的话。

以上三点保证了"真话"出现的环境不含有任何虚假的因素,而施行这些极为谨慎的措施就是为了使"真话"出现的场所绝对的纯净、受到保护。这却与另一主题连接起来,即要给予对话者的孩子以"关心、照管",从这里看出"关心"的主题如此重要以至于要施行这么多措施来保证这一目的的实现。此处,"说真话"与"关心自己"建立起明确而稳固的关系。围绕着年轻人的教育问题,出于做父亲的责任对儿子们的"关心",吕西玛库和美勒西亚希望尼西亚斯和拉凯斯能够对是否聘用表演人作为儿子的老师给出真实的回答,而这一求

---

① 《拉凯斯篇》,178a—179b,《柏拉图全集》第 1 卷,王晓朝译,人民出版社 2002 年版,第 169 页。

教过程是需要"勇气"的,在稍后一点的部分(179c、179d),两人说出了需要"勇气"的原因:这是因为两人虽然出身于名声显赫的家族,但却由于父母只关心别人的事[ta tôn allôn pragmata/the affairs of others]而疏于对孩子的关心,导致两人平庸一生,不善于"关心自己",没有任何辉煌成就能够成为儿子的榜样。他们既无能力帮助儿子正确"关心自己"、以形成健全的品行和塑造自己的人生,又无法对聘请专人给儿子当导师这件事给予正确的判断,因此他们感到极大的羞愧。但是,出于对儿子的"关心、照管",他们则要直面这种让人不安和难堪的情绪,以极大的勇气去"说出"自己的不足,来获取尼西亚斯和拉凯斯的"真话"帮助。因此,仅仅在开篇,"真话""关心自己"以及"勇气"就由"说真话契约"(the pact of frankness)联系在一起。

二、 以"检查"为特征的哲学"说真话"转变

在接受吕西玛库和美勒西亚的"说真话"邀请后,拉凯斯建议也邀请"老是在青年们进行高尚的学习或训练的那些地方消磨时光"①的苏格拉底一起参与讨论(说真话),以便对"关心自己"这一问题有更准确的结论。而后,尼西亚斯和拉凯斯根据自己的想法真诚地进行了回答:一方面尼西亚斯认为可以聘用斯特西劳(Stesilaus)——表演者、待定导师,他的课程能够给孩子们身体上的训练,从而培养他们的品行,今后为国家效力;②另一方面拉凯斯则认为斯特西劳是个骗子、没多大本事,在战争中没有出色表现,因此他教授的知识也是没用的。两人采用的则是政治—司法(political-judicial)讨论的方式,就像议会发言那样,一方支持,另一方驳斥,两人不分上下,没办法再将对话进行下去,此时,四人则将问题抛给苏格拉底,要求他投出关键的一票:他会支持谁的观点?③苏格拉

① 《拉凯斯篇》,180c,《柏拉图全集》第1卷,王晓朝译,人民出版社2002年版,第170页。
② 《拉凯斯篇》,181e—182d,《柏拉图全集》第1卷,王晓朝译,人民出版社2002年版,第172页。
③ 《拉凯斯篇》,184c—d,《柏拉图全集》第1卷,王晓朝译,人民出版社2002年版,第174—175页。

底认为，一个观点被多数人支持并不能代表它是正确的，因此他反对投票（政治—司法模式）讨论问题的方式，他认为应该听从"技术"［tekhnê/technique］，也就是说，要听取具有相关领域专业知识的内行意见，这里指的就是对"关心自己"这一内容有着内行观点的人，即"一个照管灵魂、治疗灵魂的技术人员"①［teknikos peri psukhês therapeian］。因此，苏格拉底转变了政治模式，将其推向了有关能力的技艺模式，至此，苏格拉底完成了向哲学"说真话"转向的第一步。

如何证明所谓的技师、内行有这一领域的"技艺"呢？苏格拉底认为要对两方面进行考察：一是师傅的问题，就是说他拜师了哪些人，他们是不是优秀的老师；二是作品（work）的问题，就是说如果他没有拜师，那么有没有作品能够证明他具有内行的能力。在此处，则是对"关心、照管"孩子这件事能够给出正确看法的人，就必须对自己具有这样的"技艺"给出证明，证实自己是一个"内行"。苏格拉底自认为没拜过师，自己也没有才能，所以不能对"关心、照管"孩子的问题给出"真话"。因此，苏格拉底将问题抛回给尼西亚斯和拉凯斯，②他认为尼西亚斯和拉凯斯具备这样的能力和条件，因为他们富有，能够请得起老师，并且他们年长有经验，也被吕西玛库和美勒西亚邀请来对"关心、照管"孩子的事情给出自己的看法（真话）。如果两人想要对关心孩子的教育问题发表看法，就要接受苏格拉底的游戏规则，也就是说不但要发表观点（真话），还要为自己能够给出关于"关心自己"这一技艺问题的正确观点（真话）做出证明（通过检验、考核的方式）——是什么让他们有能力给出关于"关心自己"这一问题自认为正确的回答。至此，苏格拉底彻底将对话者从"技艺"模式进一步推向了"检查、考验"的模式，也就是尼西亚斯和拉凯斯能够对"关心自

---

① 英文版本的翻译中认为这里并不存在转折的意思，"The French editor has inserted［plutôt que］so that the phrase in brackets reads（a technician of the care,［rather than］of the therapy, of the soul）, but there do not appear to be any grounds for the addition of these words."笔者赞同英文版的理解。参见LdF84, p.134。中文版译文依照法文原文，因此也有转折之意。参见《说真话的勇气：治理自我与治理他者Ⅱ》，第113页。

② 《拉凯斯篇》，186c—e，《柏拉图全集》第1卷，王晓朝译，人民出版社2002年版，第177—178页。

己"讲出"真话"的能力做出辩护，这是第二步。

　　第三步也是最为关键的一步，即苏格拉底式的哲学"说真话"模式出现：这看似在延续第二步——验证尼西亚斯和拉凯斯是否具备作为"内行"的能力的过程，但其实是在第三步中苏格拉底正在设计另一种既非政治，也非技术的、面向伦理（ethics），抑或品行[êthos]问题的说真话游戏。如何开启第二步向第三步的转换呢？福柯认为主要是通过熟知苏格拉底对话路数的尼西亚斯开启转换的。尼西亚斯说，他最清楚游戏进展的规律，也就是说无论苏格拉底与人开始讨论的主题是什么，最后他都会将对话引向对自我的解释（give an account of oneself）上来。[1]他出于对苏格拉底的友谊愿意接受苏格拉底对话的第三个转换，而不熟悉苏格拉底的拉凯斯处于后文提到的原因（他认为苏格拉底能够做到言行一致，即说真话并过一种德性的生活）也同样自愿参与到了第三个转换中。由此，两人恳请苏格拉底带领他们一起参与到转换后的游戏之中，"苏格拉底，请你开导我，按你过去喜欢的方式驳斥我，同时也听听我知道的事情。……所以，你想怎么说就怎么说，不要顾及我们之间的年龄差距。"[2]这里又有了一个"说真话契约"：两人希望苏格拉底接下来能够无所顾忌（勇敢）、畅所欲言（坦诚）地表达自己的想法；而他们两人也会坚持以同样的方式去回应苏格拉底提出的问题。至此，通过尼西亚斯的推动、拉凯斯的共同参与，对话已经开启第三次转换，正式进入了苏格拉底的"说真话"模式之中，此处的"说真话"模式在福柯看来是一种幸福的模式（不存在生气、发火、惩罚和报复对方）。它不像以往政治的"说真话"一样充满着危险，但我们必须明确的是，哲学的"说真话"也常常伴随着危险，所以才需要持有者拥有"勇气"的品质。

　　他们是如何完成这第三次转换的呢？也就是说，苏格拉底"说真话"的游戏的具体内容是什么呢？在尼西亚斯完成转换的回答中已经有所提及，那就

---

① 尼西亚斯："我确实早就知道，只要苏格拉底在这里，讨论的主题很快就会转为我们自己而不是我们的儿子。"参见《拉凯斯篇》，188b，《柏拉图全集》第 1 卷，王晓朝译，人民出版社 2002 年版，第 179 页。
② 《拉凯斯篇》，189b，《柏拉图全集》第 1 卷，王晓朝译，人民出版社 2002 年版，第 181 页。

是"对自我的解释"。需要注意的是，"对自我的解释"已经不是第二步的内容了，也就是说，这已经不是为了证实自己能否有能力对如何"关心、照管"孩子这一问题给出专业、内行的观点而作出的自我证明，质言之，不再是对"拜谁为师、有没有作品"这些检验问题的自我交代，而是展示出自我同逻各斯、理性之间的关系，逻各斯运行的场域则是生活[bios/life]。①"对自身的解释"就是对"自己的生活与逻各斯之间关系的解释"，然而这种"解释"并不是证明、论述，而是"考验、检查"[basanizesthai & exetazesthai/test & examine]②。将生活放在"试金石"上进行检查、考验，来区分哪些是好的所做(what is good in what one does)、所是(what one is)以及生活方式。这种"考验"是持续一生的、不断加以更新的，而不是在进行了"考验"后就可以一劳永逸。那么在对话中则体现为：在189e—190b处，苏格拉底指出，如果想要对"关心、照管"孩子的问题发表正确的观点，指出谁是我们的老师，或者我们使谁变好过，这确实会帮助我们回答这一问题，但是苏格拉底认为如果我们换一种方式考察问题可能会更加贴近答案，他举了这样一个例子，"假定我们知道给拥有视力的眼睛增加视力能使眼睛得到改良，也知道如何给眼睛增添视力，那么很显然，我们知道视力的性质，也能够就此提出建议，怎样才能增进视力，怎样才能容易做到这一点。……我们的两位朋友此刻不正在请我们考虑用什么样的方法才能把美德灌输给他们的儿子，改善他们的心灵吗？……那么我们是否必须首先知道美德的性质？如果我们对某个事物的性质完全无知，我们又怎么能够就如何获

---

① 《拉凯斯篇》当中其实并没有确切、正面地讨论过需要关心和照管的"自我"是什么的问题，但是结合179c和179d的部分吕西玛库和美勒西亚的回答，他们自己一生平庸，与祖先拥有的光辉业绩形成反差，所以不知道如何让孩子"学好"，那么这种"学好"就是"努力向上"、"拥有荣耀"，希望孩子能够像先辈一样拥有光辉的业绩，也就是健全的品行和塑造自己的人生。全篇对话虽然都围绕着如何关心、照管孩子们的问题展开，但是，不知道如何让孩子关心自己、拥有好的生活，那么作为回答问题的人们也就同样不知道如何关心自己、如何能够获得这种好的生活。因此，"说真话"与"关心自己"的交叉点是"生活"[bios/life]。参见《拉凯斯篇》，179c, 179d,《柏拉图全集》第1卷，王晓朝译，人民出版社2002年版，第169—170页。
② LdF84, p.143, p.147.《说真话的勇气：治理自我与治理他者II》，第120, 123页。

得该事物而向他人提出建议呢?"①也就是说,苏格拉底已经将"两人能否对如何'关心、照管'孩子的问题给出正确观点"转向了对"两人是否知道美德的性质"这一"自我的解释"上。经过后文一系列的对话,苏格拉底得出最后结论,苏格拉底、拉凯斯、尼西亚斯他们三人都没能对什么是勇气(美德)给出定义。虽然尼西亚斯和拉凯斯具有美德行为,但是他们不知道什么是美德本身,这是由于他们与"逻各斯"没有保持持续的关系,所以他们只是偶尔展现出来美德行为,要想一直拥有美德(拥有高尚的品质和美好的生活),就必须求助另外好的老师——"逻各斯"、在"真理"的帮助下,让他们知道什么是美德、拥有高尚和伦理的生活,从而能够解答"照管、关心"孩子的问题。因此"真理"就成了"试金石"。他们三人为自己寻找了一位老师,"首先是为自己找";也是为孩子找到了好的老师,"然后是为年轻人找",也就是"让我们把我们自己的教育和年轻人的教育放在一起考虑"。②至此,苏格拉底的"说真话"引导拉凯斯和尼西亚斯开始"对自我的解释",进而使得他们知道自己对美德的无知、自己与真理还没有保持持久稳固的关系,由此引发自己对自己的关心,决心过一种高尚且美好的生活,所以他们求助真理(他们听从苏格拉底的"真话",也对自己保持"真"的态度,将听来的"真理"内化),才能去告诉别人如何"照管、关心"孩子。我们看到,福柯对《拉凯斯篇》的解读是紧密围绕着"真理主体化"展开的,并试图说明对话的终极目的在于"关心自己",其展开路径为"对生活方式的检验",这不同于以往对这篇文章的理解,以往对《拉凯斯篇》的理解是:此文的主题是对一种美德——"勇气"的讨论。而福柯则将"勇气"理解为"说真话"的要素、服务于"说真话"程序、并指向"关心自己"这一哲学实践旨归。

至此,福柯认为苏格拉底经过巧妙的三个转换,才将对话引向关键:生活、生活方式(mode of life)、生存风格作为苏格拉底对话、"说真话"的对象出现了。

---

① 《拉凯斯篇》,190a—b,《柏拉图全集》第 1 卷,王晓朝译,人民出版社 2002 年版,第 181—182 页。
② 《拉凯斯篇》,201b,《柏拉图全集》第 1 卷,王晓朝译,人民出版社 2002 年版,第 197 页。

三、《拉凯斯篇》与《阿尔喀比亚德篇》之别

福柯认为"说真话""关心自己""勇气"与"生活"相互连接带来的是"生存美学"【esthétique de l'existence/aesthetics of existence】的产生，这是西方哲学史上"说真话"两大走向的重要一支。与《阿尔喀比亚德篇》对比，会给我们更为清晰的理解，它们分别代表着灵魂的形而上学和生存美学。在前文中，我们针对福柯为何选用《拉凯斯篇》来讨论"说真话的主体化"的原因做出了说明，其中就提到两者开启了西方哲学"说真话"走向的两大趋势。在同样"关心、照管"的主题下、在同样是苏格拉底"说真话"的实践下，两篇文章却存在诸多不同，最终旨归也不相同：

一方面，在《拉凯斯篇》中，苏格拉底的"说真话"实践面向的是德高望重的成年人（拉凯斯、尼西亚斯），而在《阿尔喀比亚德篇》中，他面对的则是年轻人（阿尔喀比亚德），因此，《拉凯斯篇》的苏格拉底的"说真话"更具备"真理主体化"勇气路径的典型特征。

另一方面，在第二章中我们分析过在《阿尔喀比亚德篇》之中，"关心自己"的要求如何经过三次转折、最终通过苏格拉底的"说真话"引导转向了对自己"灵魂"的静观（contemplation），如何发现存在于灵魂中的神圣要素来获得智慧，以便更好地治理城邦。对话中，"灵魂"是与肉体分离的现实（reality），这就勾画出了西方哲学上，人之存在的本体论的形而上学维度。而《拉凯斯篇》则是通过同样的主题——"关心自己"与"说真话"——走向了对"生活""生活方式"的考验和检查，苏格拉底通过"说真话"敦促自己和他人追逐"关心自己"这一目标，同时也引导人们将自己的"生活"塑造为高尚、美德的生活，使得生活被赋予了某种风格，这就打开了哲学的生存美学空间。

福柯认为"生存美学"在哲学史上已经变得模糊不清了。①灵魂的形而上

———————————

① LdF84, p.162.《说真话的勇气：治理自我与治理他者 II》，第 135 页。

学的历史和艺术美学研究(赋予事物——比如颜色、空间、光、声音等以美学形式的研究)都令人遗忘了哲学的"生存美学"向度。人的行为、人的生活这些曾经也是美学考虑的对象,美的生活也是哲学追求的目标,说真话与高尚的生活之间的和谐一致更是伦理学关注的核心,这与现代人仅仅将事物看成是美的,仅仅将哲学看成是理论体系的建构,仅仅将对道德规则和法律的恪守看成有道德的做法是极为不同的。福柯通过对苏格拉底将"真理"引向了哲学、引向了生活的解读,来试图说明当下人们处理真理的方式的极端单一化。如若真理只是知识,而失去了伦理向度,那么人的生存境遇也就只能被这种求真欲望裹挟,不断地制造关于自我真相的话语,反过来这种真理话语与治理权力共谋去形成对人的治理,追求真理的绝对客观和知识化并不能实现人的自由解放、走向了自由的反面。因此,福柯通过对《拉凯斯篇》的谱系学探究,发现了破解当下人的自由困境的新思路,向他自己的体验式的修养实践哲学和批判态度的形成更迈进了一步。

第三节　生活作为真理的表达:犬儒主义之"真的生活"

犬儒主义在哲学史上一直处于边缘地带,不仅是因为其言论粗俗,还由于其偶像是苏格拉底,因此他们并不注重文本的记载,他们的学说只能通过一些传记、逸闻以及箴言等碎片化的文本记载保存下来。福柯认为如果说苏格拉底开创了"说真话"和"美的生活"紧密联系的传统,那么犬儒主义则是将说真话实践推向极端并在这种实践中寻找美的生存的典范。"我们应该特别注意福柯描述犬儒主义者生活形式的方式,因为它揭示了我们自身的历史本体论与福柯作为哲学家的自我实现之间的核心张力。"①换句话说,对犬儒主义"真的生活"的探究催生了福柯的"自我"思想、使其有了明确的学理上的反思,使

---

① Edward F. McGushin, *Foucault's askêsis: An introduction to the Philosophical Life*, Evanston: Northwestern University Press, 2007, p.150.

得一直潜藏于福柯思想中的、对于治理的反抗的内容成为一种明确的批判态度，使得对于主体哲学的不满转化为以修养实践为内容的生存美学。如果说对于古希腊—罗马思想中包含的"说真话"与"关心自己"内容的谱系学考察，是为了展现古代和现代哲学对于"真理"和"自我关系"的不同理解，给予重新理解两者的可能性，那么对于犬儒主义的考察则是作为这诸多可能性当中的一种理解，是当下处于治理境遇的我们可能借鉴的一种思路，用以摆脱我们所处的禁锢。

一、 犬儒主义的概况

在《拉凯斯篇》中，苏格拉底通过"关心自己"把"说真话"与"生活风格化"联系起来，但是在文本中，苏格拉底也仅仅是将"说真话"与某些具有美德的实践相联系，也就是说用"说真话"的言语行为来框范、支持一种具有节制、勇气、智慧等美德的生活，保持言语和实践之间的一致，形成美好的"品行"，从而实现生活风格化——高尚、平静、纯洁和幸福。而犬儒主义则是将"说真话"贯彻到了整个生活之中，他们不满足于只是言语和行为的一致，更极端地追求生活贯彻"说真话"的实践，生活就是真理的表达，"说真话"与生活的协调一致，将生活的方式看成是说真话的基本条件。①

将生活看成是真理呈现的直接在场，由此犬儒主义施行一种怎样的生活方式呢？福柯将其总结为"棍子、褡裢、贫穷、游荡、乞讨"这些特质，而这样的生活方式具有三方面的功能。②一是工具的功能，也就是说，生活方式给"说真话"的实践提供可能的条件。犬儒主义者要完全投入直言者的角色，就必须无所牵挂、不能分心，正是一无所有的生活方式提供了让其勇敢地讲述真理和警示众人的条件。二是缩减的功能，这种生活方式消除了生活中不必要的规矩

---

① LdF84, p.172.《说真话的勇气：治理自我与治理他者Ⅱ》，第143页。
② LdF84, pp.170—171.《说真话的勇气：治理自我与治理他者Ⅱ》，第142—143页。

习俗、传统观念,让其免于承担生活中不必要的责任。三是检验功能,也就是说一无所有的处境更能够凸显什么是人必不可少的,被缩减过的生活为真理留下了空间,凸显了生活在其独立性上应当是怎样的。福柯将犬儒主义的核心特征概括为"真理的见证"①[marturôn tês alêtheias/being witness to the truth],也就是说,在生活的最具体和现实的意义上,即通过肉体、着装、举止行为、品行等方面来显现出真理,真理就是苦行、戒律以及生活的一无所有,犬儒主义者就是这样在其一生中实践骇人听闻(scandal)的真理。

　　犬儒主义作为哲学的穷亲戚,一直以来是哲学的边缘意象,相对于核心学说,如柏拉图、亚里士多德等,关于犬儒主义的文本格外少,并且普遍存在误解。福柯反对以往学者对于犬儒主义的既定看法,他们将犬儒主义看成是强化的个人主义(Individualism),在福柯看来,这种看法会掩盖犬儒主义思想中存在的生存形式(forms of existence)和真理显现(manifestation of the truth)之间的关系,如果将犬儒主义的要义理解为把生活看成是真理显现的地方,那么事实上存在着犬儒主义的继承人。例如,在宗教上,基督教的禁欲主义继承了犬儒主义的贫穷、缩减物质欲求等方面的生活原则;在政治上,革命则继承了犬儒主义的战斗、批判精神;现代艺术则发扬了犬儒主义生活是真理显现场域的观念和哲学家应该成为一种异类生活的人的做法,因此现代艺术呈现出反柏拉图和亚里士多德的倾向,并且追求艺术家的特殊生活。

二、 传统的"真的生活"

　　根据福柯的研究,犬儒主义扮演了"说真话"这一主题中的重要角色,是其典型形象,但是犬儒主义"说真话"出现的领域却是其生活,也就是以其生活方式凸显真理、生产真理,福柯认为可以将之看成"真的生活"②[alêthês bios/true

---

① LdF84, p.173.《说真话的勇气:治理自我与治理他者 II》,第 144 页。
② LdF84, p.218.《说真话的勇气:治理自我与治理他者 II》,第 180 页。

life]，这一主题在古代哲学、基督教精神和 19 世纪后的政治伦理中非常重要，但是在当代哲学中影响力极为有限。这是因为人们受制于认识论框架，这种框架引导人们思考这一问题时是无效的，也就是说人们能够判断一个陈述、命题的真和假，思考如何赋予一个陈述真值，但是无法赋予"真的生活"这个表述以意义，也就是说，当我们谈论真实感情、真爱、真的生活，这种涉及感觉、行为等领域，而非"真"与言语、命题相连接的时候，我们如何理解、定义"真"呢？

福柯认为这一"真"[Alêthês]的内涵可以从四个方面界定：

首先，"真"就是没有隐藏（is not hidden/concealed）。在希腊文中，a-lêthei 或者 a-lêthês 这样否定结构非常普遍，例如 a-trekês 的意思就是"直"（straight），词源学精确地对应了"不弯"，Ne-mertês 的意思就是真诚（sincere），词源学表示为"不欺骗"。那么在"A-lêthês"上，"a-"为否定前缀，"lêthês"为隐匿、掩盖，那么合起来"Alêthês"则表达了不隐藏、不掩盖、全部暴露出来、没有哪一部分是被遮挡起来的意思。同时，"真"还包括不添加（is not added to or supplemented）之意，也就是说除了自己之外，不和别的事情混杂。其次，福柯在手稿中提及了"真"的第二个含义。"真"是一种本质，与映像、影子、模仿、表象的东西相对立。第三，"真"就是直、直接[euthus/direct]。这承接第一点内容，即不隐藏，与繁多、混杂相对，要求不转弯抹角。最后，"真"就是自我保持不变。也就是说，因为"真"不隐藏、不弯、没混杂，它就可以保持自身的一致性、同一性、不腐坏。

因此，我们能够看到"真"可以与除了命题之外的其他事物结合，例如行为、品行等方面，当"真"运用在逻各斯[logos]上面，我们就得到了"说真话"，这里的"逻各斯"不指命题或陈述，而是指一种说话方式（way of speaking），那么就概括出了前面我们所讨论的"说真话"的主要内容。也就是说，"说真话"是不隐藏自己的观点，直截了当地表达自己的想法，并且不含错误和意见的内容在其中，"说真话"能够始终保持自身的一致、不变，不会变质堕落，更不会被征服、推翻、反驳。

　　对"真"的探究能够使我们一方面对除犬儒主义之外的"说真话"行为概括，另一方面也能够对除犬儒主义之外的"真的生活"把握。因为犬儒主义是"说真话"的典型，也是例外，它既包含了"说真话"指涉的将生活看成真理的实验场域的基本精神，又将之推向极端、翻转了"真的生活"的本意，所以犬儒主义与传统的"真的生活"拉开了距离。我们首先来看一下传统的"真的生活"，接下来考察犬儒主义如何将"真的生活"推向了极端。

　　传统"真的生活"对应于"真"的四个方面的界定，也表现为四个方面的内容：

　　首先，"真的生活"是无所隐匿的生活，没有任何阴影的生活。这种生活能够处在光天化日之下，不怕众目睽睽。如果一种生活不隐藏其目的和意图，它就属于"真的生活"的范畴。福柯举例《小希庇亚斯篇》(*Hippias Minor*)364e—365a 段落，其中就有对于"真的生活"的描述，通过对于奥德修斯(Odysseus)和阿喀琉斯(Achilles)品性之间的对比，凸显"真的生活"的特征："阿喀琉斯对奥德修斯说：'拉埃尔特之子、天神的后裔、足智多谋的奥德修斯，我会把心里想要做的事明明白白地说出来，我相信我一定会这样做。有些人心里想的是一回事，嘴上说的是另一回事，这种人就像冥王的大门那样可恨。而我心里怎么想，嘴上就怎么说。'"①在中文的译本中，将苏格拉底的回答翻译为"当你说奥德修斯狡猾时，显然是指他的虚伪"。②这显然没有将两者之间的差异翻译出来，福柯认为要将"polutropôtatos"这个词翻译为有城府的、弯弯绕的，奥德修斯就是一个对其他人隐瞒自己想法的、不表明心思、深藏不露的人。③而阿喀琉斯是一个最简单、直接、真诚的人，即"haploustatos kai alêthestatos"(the simplest, most direct, and truest)，而"haplous"和"alêthês"这种组合在古代是非常常见的。

① 荷马：《伊利亚特》第9卷，第308行。转引自《小希庇亚斯篇》，365a—b，《柏拉图全集》第1卷，王晓朝译，人民出版社2002年版，第279页。
② 《小希庇亚斯篇》，365b，《柏拉图全集》第1卷，王晓朝译，人民出版社2002年版，第279页。
③ LdF84，p.222.《说真话的勇气：治理自我与治理他者II》，第184页。

福柯还举例《国家篇》(*Republic*)的 382e 的部分来说明这种组合，"神是单一的，在言行方面是真实的，他不会改变自己，也不会用幻觉、言辞、征兆、托梦来欺骗世人"。①这里指出了神的生活是最简单和最真实的生活，即"haploun kai alêthês"。在古代，"真的生活"就指涉了这种无所隐瞒、简单而最直接的生活，人的所想即所说，所想即所做，这之间没有丝毫的差距和曲折。

其次，"真的生活"是没有混杂的生活，没有任何分裂的生活。柏拉图对"真的生活"的理解也包含在传统的"真的生活"之中，例如在柏拉图那里，没有善与恶、快乐与痛苦、美德与邪恶的混杂的生活就是"真的生活"，而这些分裂正是人们通向"真的生活"的绊脚石，要予以克服。福柯援引《国家篇》第 8 卷第 561b—561d 的部分来说明信奉"平等"(equality)的人就让其生活中充满了这种混杂，而这种做法是不能给予"真的生活"以空间的："那么这个人会在心中重建欲望的看守所，保持所有快乐，平等地对待它们，机会均等地让各种快乐都得到满足，就好像轮流执政一样……他的生活方式是这样的：……今天酗酒，听下流音乐，明天又只喝清水，节食；有时候热衷于锻炼身体，有时候游手好闲，无所事事，有时候又会研究起哲学来。他经常想去从政，但又心血来潮，想干什么就干什么。"②在 561c 的部分对这个人评价为"他没有把真理的言词接纳到这个看守所里来"。③"真理的言词"就是"logos alêthês"，因此我们能够从这段话中看到这个人由于没有保持生活的单纯、一致、统一，也就不可能为"真"留下空间，也就不能获得一种"真的生活"。

第三，"真的生活"是"直"[euthus/straight]的生活，是正直的生活(life of rectitude)。承接"真"的内涵的第三条，因此"真的生活"是直接而正直的，符合逻各斯，遵守原则、准则以及规范[nomos]。在《第七封信》(*Letter VII*)和《高尔

---

① 《国家篇》，382e，《柏拉图全集》第 2 卷，王晓朝译，人民出版社 2003 年版，第 346 页。

② 《国家篇》，561b，561d，《柏拉图全集》第 2 卷，王晓朝译，人民出版社 2003 年版，第 568—569 页。

③ 《国家篇》，561c，《柏拉图全集》第 2 卷，王晓朝译，人民出版社 2003 年版，第 568 页。

基亚篇》(*Gorgias*)中,对于正直的生活都有所论述。在《第七封信》中,柏拉图认为当前的城邦治理已经不遵照传统的原则和法律行事了,法律和习俗正以惊人的速度腐坏着,而治理这种混乱的状况只能依靠正确的哲学,要么哲学家拥有政治权力,要么政治家成为真正的哲学家。①而对于政治满腔热忱的柏拉图却十分失望于当时的城邦治理者,直到他遇到了狄翁(Dion)。狄翁接纳了柏拉图的哲学原则,对自己的行为和生活方式做出了改变,并将美德看成至高无上,②狄翁则认为通过正确的哲学,使城邦在最正直的法律下被指引,那么叙拉古(Syracuse)人就能过上自由的生活。因此,柏拉图认为如果狄翁能够使狄奥尼修拥有同样的愿望,那么整个国家就能产生幸福和真的生活[bion eudaimona kai alêthinon/a happy and true life]方式,而不需要流血和屠杀。③此外,在《高尔基亚篇》524e—525a 的部分也存在对于"真的生活"的讨论:苏格拉底认为每一个人的灵魂都会在死后接受审判,但是审判官会轻而易举地辨识出哪些是国王、君主的灵魂,这是因为他们犯下的罪恶在其灵魂上留下了伤痕,"因为虚伪和欺骗而被扭曲了的东西,这样的灵魂中没有什么是正直的"。④正直则对应"euthus",他们灵魂不直的原因在于"对真理完全是陌生的",⑤也就是他们的生活中没有真理[aneu alêtheias/without truth]引导,被送往塔塔洛斯接受惩罚。与之相对的是哲学家的灵魂,这些灵魂"从前生活在虔诚和真理中"。⑥与真理生活在一起[met' alêtheias/with truth]的灵魂最后被安置在了福岛(Isles of the Blessed)居住。因此,我们看到通过生前与真理为伍,依赖以真理为准的法律,人们得到了正直的生活,也因此得到真之永福。

---

① 《第7封信》,325d—325e,《柏拉图全集》第4卷,王晓朝译,人民出版社 2003 年版,第80页。
② 《第7封信》,327b,《柏拉图全集》第4卷,王晓朝译,人民出版社 2003 年版,第81页。
③ 《第7封信》,327d,《柏拉图全集》第4卷,王晓朝译,人民出版社 2003 年版,第81页。
④ 《高尔基亚篇》,524e—525a,《柏拉图全集》第1卷,王晓朝译,人民出版社 2002 年版,第423页。
⑤ 《高尔基亚篇》,525a,《柏拉图全集》第1卷,王晓朝译,人民出版社 2002 年版,第423页。
⑥ 《高尔基亚篇》,526c,《柏拉图全集》第1卷,王晓朝译,人民出版社 2002 年版,第424页。

最后,"真的生活"是保持一致、不变、完美幸福的生活。与"真"最后一点含义相对应,"真的生活"能够抵制干扰、改变、堕落等诸多因素,正是"真的生活"保持了自我的不变和自始至终的一致,一方面形成了它的独立性,因为它不依赖于他物,就保证了它不会屈服于任何统治;另一方面为了实现一致和不变,它必须通过自我管控(self-mastery)和自我愉悦(self-enjoyment)的方式来保证这种不变、一致,而这同时保证了幸福[eudaimonia/happiness]。在《克里底亚篇》(*Critias*)121a—b 的部分,表达了保持一致的生活的意义。阿特兰蒂斯(Atlantis)的人们作为神的姻亲所以拥有一些神性,因此他们能够服从法律、崇尚美德、放弃骄奢淫逸的生活,保持很好的自制力,因此国家繁荣富强。但是后来他们的神性由于掺杂了过多的凡俗成分就变得弱化了,因此人性占了上风。由于前后的生活没有保持一致、不变,因此他们堕落、变质了,结果是他们无法获得幸福。①另外《泰阿泰德篇》(*Theaetetus*)174c—176a 的部分通过苏格拉底将忙于日常琐事的人的生活与哲学家的生活相对照,也表达了"真的生活"是一种幸福的生活。②不同于那些没有闲暇、整天忙于解决生活中的实际问题的那些人,哲学家是自由闲暇的,他们不会将自己的光阴消耗在铺床、烹饪、说奉承的话等这样的伺候人的事情上,他们在这些事情上显得迟钝、蠢笨,但是,他们却能有时间来思考公正、王权的意义和人类的幸福这样的问题,因此他们可以"颂扬诸神和人的真正的幸福生活"。③

以上就是传统"真的生活"的基本形态,我们能够看到这是一种磊落、纯洁、正直、如一的生活,这种生活依据真理、律法,遵循习俗、美德,力求成为一种向上的、正面的、幸福的生活。前文提到的苏格拉底通过"勇气"而"说真话"方式实现对于自己的关心的主题,基本上属于追求这种传统的"真的生活",在

① 《克里底亚篇》,121a—b,《柏拉图全集》第 3 卷,王晓朝译,人民出版社 2003 年版,第 362 页。
② 《泰阿泰德篇》,174c—176a,《柏拉图全集》第 2 卷,王晓朝译,人民出版社 2003 年版,第 697—698 页。
③ 《泰阿泰德篇》,176a,《柏拉图全集》第 2 卷,王晓朝译,人民出版社 2003 年版,第 698 页。

古代属于主流形态。

三、 犬儒主义的"真的生活"

犬儒主义的生活也是"真的生活",同样遵照"真"的四个方面内涵,但是,却与传统"真的生活"呈现的样态截然不同,福柯则认为这并不是与传统发生断裂,而是一种极端的推进。犬儒主义向来是哲学中被诟病的学派,在前文中已经简要地概述了其基本哲学形态及其后世发展,但恰恰是在这种逆向、贫瘠的发展中,福柯看到了为其"自我"思想带来启发的内容。福柯认为丑闻和不堪只是犬儒主义的表面,实质上他们的生活才是将"真"贯彻到底的生活,将生活看成是"真"的表达,他们继承了苏格拉底将"说真话"与生活相联系的做法,并推向了极点,却走向了一种反面的不堪生活,福柯认为这是我们需要努力理解的一点。福柯认为这是有别于以上两种"说真话"的第三种方式,如果说苏格拉底倡导的"真的生活"的模式会因为其"说真话"行为承担一定的危险,需要其勇气的美德来支撑这种行为,那么在福柯看来犬儒主义的生活方式本身就是危险的,[1]这是一种"危险的生活"。

犬儒主义除了拥有传统哲学思想中将哲学看成是生活的准备、对自我的关心、学习对生活有用的知识、推崇知行合一的观点外,独自拥有的观点是"parakharattein to nomisma"(alter, change the value of the currency),含义为"改变货币价值",在记载犬儒主义的大部分文本中,他们都与这条原则相关,而这条原则造就了犬儒主义"真的生活"的与众不同。在第欧根尼·拉尔修(Diogenes Laertius, AD200—AD250)的《名哲言行录》中,对于犬儒主义代表人物第欧根尼(Diogenes, BC412—BC323)的记述,就详尽地记载了有关"改变货币价值"的含义不同版本。[2]而"nomisma"在希腊语中不仅有货币的意思,还有

---

① LdF84, p.234.《说真话的勇气:治理自我与治理他者 II》,第 193 页。
② [古希腊]第欧根尼·拉尔修:《名哲言行录》,徐开来、溥林译,广西师范大学出版社 2010 年版,第263 页。

习惯所承认的东西,即与"nomos"的含义相近,特指习俗、规则以及法律等。①福柯认为不应当将这条原则看成是具有负面价值的,应当将"parakharattein"理解为重新铸造、重新锻造,而不是损害货币的价值、改变货币的金属本身、让其变成假币,而是将原来货币上的头像抹去,换成更符合货币金属价值的头像,使货币恢复应有价值。也就是说,福柯认为第欧根尼从德尔菲神庙接受的这条神谕被犬儒主义者移植到了生活中,犬儒主义者认同上文提到的"真的生活"的基本内容,也就是他们保持了"真的生活"这个货币原有的金属,而代之以新的"头像"、犬儒的头像,以犬儒主义的方式铸造"真的生活"这个货币的新形象,即以一种带有丑闻的(scandalous)危险生活代替传统的"真的生活"。

首先,将没有阴影、光明磊落的生活推向极限成为"没有羞耻的生活"。根据传统"真的生活"的第一条内容是没有隐藏、没有阴影的生活,那么我们可以说这种生活没有犯罪、没有做不正当的事情,因此不需要藏匿自己,也没有可以被人指摘、羞辱的地方,坦坦荡荡,无需羞愧脸红。犬儒主义则通过生活本身将其戏剧化,不仅仅是理想的行为准则,而是通过日常生活表现出来,生活没有可隐藏的,其自身、物质、身体都要在公众的目光之下,没有什么私生活可言。比如第欧根尼·拉尔修对第欧根尼的记述就展示了他将生活的每一帧画面都呈现出公共性:第欧根尼居无定所,以桶为屋,会选择任何地方来做任何事情,没有一个隐蔽独处的地方来躲避他人的目光。②这种做法却走向了一种在常人看来低俗、无廉耻的生活。犬儒主义的逻辑是这样的:"真的生活"不隐藏任何不好的东西,不会做任何苟且的事情。依据此原则传统的"真的生活"采取一种符合习俗、规范、基本道德价值的生活形式,作恶会觉得差耻,这是一种高尚、道德的生活。而犬儒主义则认为,传统"真的生活"的高尚和道德是受

---

① [古希腊]第欧根尼·拉尔修:《名哲言行录》,徐开来、溥林译,广西师范大学出版社2010年版,第263页。

② [古希腊]第欧根尼·拉尔修:《名哲言行录》,徐开来、溥林译,广西师范大学出版社2010年版,第264页。

制于世俗成见的,是不好的东西、扭曲了人的自然本性。没有掩饰的生活应该是自然而然的生活,自然赋予人最纯善、至美、本真的生活,而不会赋予人不好的东西,如果有不好的地方,就是违背了自然,按照人的自然性来生活就能够实现无掩饰的生活:第欧根尼在集市上吃东西,当众手淫。①克拉特斯(Crates)与妻子公开做爱。②犬儒主义者认为这些事是自然的,食欲、性欲等都是源自人的自然本性,不可能是恶的,因此也没有必要进行掩饰,犬儒主义将无所掩饰的生活进行了戏剧化、简单化、粗俗化、狭隘化的运用,这些粗鄙的做法在传统"真的生活"看来是没有廉耻的、低俗生活,犬儒主义则认为它们却在最根本上体现了无所隐藏的含义,犬儒主义者能够在公众的目光下恬然自得地释放自然天性。由此,我们看到犬儒主义事实上翻转了"真的生活"的传统形象,那些看起来守规矩、知进退、有修养的生活恰恰是对自然的违背,其中包含的廉耻心是对人规定的律法、习俗的遵守,而不是自然。因此,犬儒主义者跳过廉耻,将"真的生活"从世俗中释放出来,成为一种"无廉耻"[anaideia/brazen]的生活。③

其次,将没有混杂的、自足的生活推向极限成为"贫穷的、丑的生活"。我们在传统的"真的生活"中指出这种没有混杂的生活是纯然独立、没有依赖性的,也就是说,除了自身之外,要与所有事物保持距离、不去依赖它们。犬儒主义则将这条原则继承下来,并戏剧化地体现在身体、物质以及现实生活中,这就体现为一种衣不蔽体、物资匮乏、贫困潦倒的形象。福柯认为"真的生活"是一种贫困的生活这种主题在古代的西方以及其他的文明中都有所体现,但是在早期西方思想中,"真的生活"是一种贫苦的生活这个思想呈现出某种矛盾的情况:一方面依据古希腊早期的观点,例如苏格拉底,就认为"真的生活"不

---

① [古希腊]第欧根尼·拉尔修:《名哲言行录》,徐开来、溥林译,广西师范大学出版社2010年版,第279、284页。

② [古希腊]第欧根尼·拉尔修:《名哲言行录》,徐开来、溥林译,广西师范大学出版社2010年版,第301—302页。

③ LdF84, p.255.《说真话的勇气:治理自我与治理他者Ⅱ》,第211页。

能是富足的生活;另一方面在希腊化—罗马文化中又提倡一种对立,即身份上的高低之分会存在伦理上的差距,即高贵的人具有优良的教育就会拥有好的品质,而身份低贱的人则反之,所以生活的优越是品行高尚的前提。因此,"真的生活"在古代西方思想中呈现杂糅的形态,即重要的是对待财富的态度——失之不为所恼,得之不为所动。①而犬儒主义则将这种态度看成贫困的生活,它是真实的(real)、主动的(active)、无限的(indefinite)。第一,犬儒主义者的生活是真实的贫苦是指将自己拥有的东西削减到最少,例如上文提到的衣不蔽体、住在木桶里等,这与上文提到的塞涅卡在第18封信中指出的偶尔进行困苦的生活来实现节制是不同的,这是通过间断性的节制使得真理转化为品格,从而形成对人的保护、对抗一种可能的贫穷,而不是现实的贫困,犬儒主义是真的一无所有。第二,犬儒主义者追求一种主动的贫困生活,不同于苏格拉底那种简单平凡的生活,苏格拉底对财富采取的是一种顺其自然的态度,追求宁静淡泊的生活,而犬儒主义者则是通过主动追求贫困来实现生活的单纯、独立,也就是说犬儒主义者倾向于主动放弃财富。第三,犬儒主义者贫困的生活是无限的、没有边界。他们可以无下限地放弃自己觉得赘余的东西,例如第欧根尼有一次看见一个孩子用手来捧着水喝,他羞愧地说:"一个小孩在简朴方面打败了我",②然后他就丢掉了自己的杯子。也就是说,他们总是在进一步寻求一无所有的路上前进。

此外,这种绝对的贫困生活虽然在内核上遵守了无混杂、纯粹、独立的生活原则,但是却走向了反面,是常人看起来无法接受的,由于贫穷则造成犬儒主义者过着肮脏、低贱、屈辱、丑陋的生活,与传统追求的名誉至上、行为美好、生活美感不同,犬儒主义确立了这种"丑"(ugliness)的正面价值。这种"丑"具体体现在奴役(slavery)、乞讨(begging)和恶名[adoxia/bad reputation]三个方

① LdF84, pp.256—257.《说真话的勇气:治理自我与治理他者 II》,第211—212页。
② [古希腊]第欧根尼·拉尔修:《名哲言行录》,徐开来、溥林译,广西师范大学出版社2010年版,第269页。

面。在传统中,奴役的生活是不可被接受的,作为城邦成员,自由是其基本条件,而犬儒主义者则积极地接受了被奴役的状态。光是奴役还不够,犬儒主义的贫穷使他们依赖于他人生活,也就是乞讨为生,这比奴役更加悲惨和无法让人接受。更进一步,犬儒主义者寻求一套系统的坏名声行为,这与古代追求荣誉、荣耀的品行做法格格不入,是异类、被排挤的对象。通过"恶名"行为得到屈辱的生活,这种生活在犬儒主义者看来是具有正面价值和意义的,是一种考验,并且能够颠覆旧有人为的习俗、传统、信仰,看似屈辱、丑陋,实则是实现了在"不混杂"的内涵上最极致的操作——让生活完全只剩下自身,不与他物相混合,实现了生活的自治,体现了犬儒的骄傲和高贵。

第三,将正直的、遵守规则的生活推向极限成为"自然的、动物生活"。上文中我们提到正直的生活遵照逻各斯、依照真理规则,而在古代逻各斯总是与自然相联系,换句话说,正直的生活是符合自然的。按照这种理解,正直的生活就是一种含混的,中间充满矛盾的:因为如果是对于人为建立的法规、制度、习俗等这一类规则的遵守,那么与自然就必然相悖,因此不同哲学学派对于正直的生活的理解是存在差异的。犬儒主义者则认为正直的生活应理解为符合自然法的生活,自然法才是最终所谓的原则、规则,所以任何人为的规定都被他们否认了:犬儒主义者反对婚姻、拒绝建立家庭;①对于饮食上的禁忌置之不理,例如,第欧根尼就觉得吃生肉,甚至是人肉都可以被接受;②对于乱伦,他们也是百无禁忌,如果按照犬儒主义者的自然生活去重新理解著名的俄狄浦斯寓言,就不会存在乱伦后导致的悲剧,这就跟动物界一样,动物会杀死它们的父亲,然后再与母亲交配。③因此,犬儒主义对自然性的理解是一种动

---

① [古希腊]第欧根尼·拉尔修:《名哲言行录》,徐开来、溥林译,广西师范大学出版社 2010 年版,第 285 页。

② [古希腊]第欧根尼·拉尔修:《名哲言行录》,徐开来、溥林译,广西师范大学出版社 2010 年版,第 268、286 页。

③ Dio Chrysostom, "The Tenth Discourse, On Servants" in *Dio Chrysostom I. Discourses I—XI*, trans. J. W. Cohoon, Cambridge, Massachusetts: Harvard University Press, 1932, p.437, p.441.

物性的理解,也就是说,人和动物一样,动物都不需要的东西,人也同样不需要,否则人就低于动物,人不能比动物要求的更多,否则就是对人为的东西进行了过度的欲求,这种欲求会成为人的弱点,使人脱离"真的生活"具有的自然本性。

最后,将不变的、非堕落、自主的生活推向极限,犬儒主义者成为"反国王的国王"。在传统"真的生活"最后一点内涵中,我们知道为了保持生活的不变质和不堕落,就要通过"自我的控制"和"自我愉悦"来保持生活的不变和自主。也就是说,一方面实现对生活的完全控制,生活的每一部分都在自己的掌控、占有之下,逃不过自己的主权;另一方面实现对自我的愉悦,这不是依赖于外在事物,让人产生快乐,而是一种来自自我的、不能被剥夺的快乐。此外,福柯认为在这种不变、自主的生活中,除了这种对自我的管控和愉悦外,始终牵绊着自主的另一个面向,就是与他人的关系问题,这是自主生活的一体两面。①事实上,作为一种有益的自主生活,间接地对他人产生益处只能够算作自主生活的"溢出"价值。对自我有着近乎完美的管控、拥有快乐的永福生活,能够形成一种榜样力量,当他人陷入不幸之事,拥有自主生活的人能够给予他们帮助,这种帮助以两种方式实现:一是在私人关系(personal relationship)中——可以是师徒关系、可以是朋友关系——给予他人实践指导和精神上的支持,形成一种关爱、支持、援助的关系;二是在公共关系中——准确地说是面向全人类的关系——圣人通过他的生活方式给予众人以普遍的教训(lesson)和教育,主要的方式是通过圣人的美好光明的自主生活和写作来产生对众人的正面影响,这种形象在传统哲学思想中就展现为"哲学王"的形象,在柏拉图的哲学中有典型的论述。

而犬儒主义则将这种自主的生活翻转为自认为是"反国王的国王"(anti-king king),不同于柏拉图代表的那种典型的哲学王,那种哲学王是戴着王冠、

---

① LdF84, p.271.《说真话的勇气:治理自我与治理他者Ⅱ》,第223页。

坐在宝座上、统治疆土的具有统治王权的国王,犬儒主义认为哲学家不应该追求这种国王身份,这种身份只是暂时的、虚假的。福柯认为这种政治的国王和犬儒的国王的对立,可以在亚历山大和第欧根尼的故事中有很好的体现,他援引迪昂·克里索斯多姆(Dio Chrysostom)的《论王权》(On Kingship)对此的评述来分析了犬儒主义者的"反国王的国王"形象。亚历山大和第欧根尼的会面是人所熟知的,亚历山大对第欧根尼说:"向我请求任何你想要的东西。"第欧根尼回答说:"请不要遮住我的阳光。"①根据迪昂·克里索斯多姆的论述,福柯概括出两种国王之间的四点不同:第一,有无依赖。亚历山大作为传统哲学王的形象,事实上并没有达到"真的生活"所要求的完全自主、独立,因为他为了实现统治(对世人的影响),必须依赖军队、武器、盟友、财富以及宫殿等等,他还是要依赖他物,因此他的权力是不稳固的,自主是不完全的。而作为"反对国王的国王"的第欧根尼却实现了真正无所依傍,他寸丝不挂、一无所有,但是实现了对自我最严格的自主,第欧根尼不需要任何外在的依赖、仅凭自身对世人产生影响。②第二,教育源自何处。政治的国王具有王的资格是通过教育和继承的方式,接手整个国家是通过系统的培训使其具有统治的能力;而第欧根尼这样的犬儒主义者则是宇宙之子,自身就具有完美的自主性而不需要外在的教育才能够拥有统治能力,这是一种灵魂的伟大〔megalophrosunê/greatness of soul〕。③第三,敌人是谁。亚历山大作为政治的国王,他的权力是通过打败敌人来确立自己的权威,他认为通过征服最终会成为一个完美的国王。而第欧根尼则认为人的真正敌人是自己的内心,是人的陋习和罪恶,而"反国王的国王"没有来自内心的缺点和罪恶,所以他是不用使用战争手段的。而政

---

① 〔古希腊〕第欧根尼·拉尔修:《名哲言行录》,徐开来、溥林译,广西师范大学出版社 2010 年版,第 270 页。

② Dio Chrysostom, "*The Fourth Discourse, On Kingship*" in *Dio Chrysostom I. Discourses I—XI*, trans. J. W. Cohoon, Cambridge, Massachusetts: Harvard University Press, 1932, p.171.

③ Dio Chrysostom, "*The Fourth Discourse, On Kingship*" in *Dio Chrysostom I. Discourses I—XI*, trans. J. W. Cohoon, Cambridge, Massachusetts: Harvard University Press, 1932, pp.181—183.

治的国王通过不停歇的征服、战争来实现权力。①第四，王的身份是否永恒。上一点提到政治的国王是通过战争实现统治的，那么他的身份就处于动荡和危险之中，也就是说他有可能失去他的国家。而犬儒主义者则是永远的王，无需外在的东西来证明，他自身就是自主的王。②

通过对比，我们能够看出传统的哲学王并不拥有完全自主的生活，他的身份也只是暂时的、不稳固的，也就是说，拥有看似"真的生活"的政治的哲学王有可能伴随着他的国家的倾覆，失去王的身份。而犬儒主义者的国王身份是永恒、坚固的，这是因为他们做到了真正的自主，没有任何事情能够剥夺他们的"国王"身份。可以说，福柯认为迪昂·克里索斯多姆的讨论确认了犬儒主义者彻底"自主"的真的生活，这种完全的、绝对的自主必然为犬儒者带来"反国王的国王"身份和资质，两者是同步且不可分割的，至此，犬儒主义者实现了"内圣"。但是不同于传统哲学王的"外王"方式，也就是说传统那种通过言行和榜样力量来感化、激励他人，来使他人、整个城邦、国家、世界变好的方式，上文我们提到这是一种"外溢"的方式，属于操心自我、拥有"真的生活"的附属品。而犬儒主义者，"内圣"之后，他们的"外王"是一种责任和义务，是一种使命。③这是"说真话"内容中使福柯最受启发的内容，后文中的"批判精神"多源于福柯对此的研究。

以上通过无羞耻的、受人侮辱、极度贫穷、背负恶名的生活，犬儒主义者事实上是在"真"的最极限层面进行了真话实践，用生活去践行真的内涵，这是对自我的考验和磨炼，是一种出于关心、照管自己的目的的修养，更多地指涉自

---

① Dio Chrysostom, "*The Fourth Discourse, On Kingship*" in *Dio Chrysostom I. Discourses I—XI*, trans. J. W. Cohoon, Cambridge, Massachusetts：Harvard University Press, 1932, p.195.

② Dio Chrysostom, "*The Fourth Discourse, On Kingship*" in *Dio Chrysostom I. Discourses I—XI*, trans. J. W. Cohoon, Cambridge, Massachusetts：Harvard University Press, 1932, p.199.

③ 对于犬儒主义的"真的生活"最终不仅仅是国王身份的确立，更是一种使命和义务的理解，爱比克泰德(Epictetus)在《对话录》第3卷第22章中有详细讨论，福柯援引其文本进行了论证。参见[古罗马]爱比克泰德：《哲学谈话录》，吴欲波、郝富强、黄聪聪译，中国社会科学出版社2004年版，第223—238页。

己这一方面。犬儒主义将"真的生活"推至更远:"说真话"不仅仅是内修(关心自己)的一个方式和途径,在犬儒主义这里,它已经上升到与"关心自己"同样重要的位置。也就是说,作为哲学家,出于"关心自己"的目标,来实现对整个社会、国家,乃至世界的帮衬是不够的,"说真话"同样是哲学家实践的重要组成部分,传统苏格拉底式的哲学家可能会形成自我为中心、抑或形成出世的哲学态度,虽然这能够扭转当前哲学的唯认识论发展模式,给予一种理解哲学的新视角,但是真正能对当下哲学发展做出修正的、做出实际改变的哲学,按照福柯的理解,应该是犬儒主义哲学,因为犬儒主义在实现自我关心的同时,更不忘与他人的关系,通过"真的生活"的方式与他人建立起密切联系,这与福柯"自我"思想具有同样的哲学追求。

"真的生活"与他人的关系,福柯用"奉献"(dedication)来概括。①这其中有三个方面的内容:

第一,这是一种牺牲。不同于传统哲学是自我充盈的外溢,犬儒主义者用自己过着危险的生活、随时付出生命的代价来切实看护、照管他人。"反国王的国王"的天性让犬儒主义者必须承担照顾他人的使命,这是他的任务和责任。按照福柯引用爱比克泰德的解读,犬儒主义这种天性和使命是神赋予的,是他们自己不能够选择的,他们唯一能做的事情就是对自我进行考察。②就是上文我们说的"真的生活",通过贫苦潦倒、屈辱卑微的生活来考验自己,这种生活是否能够打倒他们? 如果他们没有被打倒就证明他们接受了神的使命,成了哲学的传教士。普通人可以选择一种哲学的生活方式,对自我进行塑造,形成良好的品行、成为榜样,继而推动他人的行为和生活方式的转变,这是一种对自我的愉悦过程,对他人的帮扶是为了满足自己成为品行良好之人的目的。上文我们提到的塞涅卡就是用写作的方式,苏格拉底则是用劝谏的方式

---

① LdF84, p.278.《说真话的勇气:治理自我与治理他者 II》,第 228 页。

② [古罗马]爱比克泰德:《哲学谈话录》,吴欲波、郝富强、黄聪聪译,中国社会科学出版社 2004 年版,第 226、229—231 页。

来与他人形成互动,虽然苏格拉底选择牺牲,但是他是为了维护出于"关心自己"的目的。而犬儒主义者则是通过完全牺牲自己来尝试照管他人,这种牺牲指向他人,最终回归自我,正是在牺牲中犬儒主义者找到了关心自己的愉悦感和充实感,这其中有一个向外指向又重新回归的过程,而传统的思想中"真的生活"的哲学家总是指向"关心自己"这个目标。

第二,这是一种治疗。犬儒主义者与他人形成的关系是一种治疗关系(medical relationship),而不是像哲学王一样是一种统治关系和治理关系。爱比克泰德认为可以称他们为众人的"侦察兵"[kataskopos/scout]和"守望者"[episkopos/bishop]。①他们无所牵挂,唯一心系他人,要时刻侦查什么是对他人有好处的、什么是对他人有害的,然后现实地介入他人的生活,去推动他人进行改正、让他人做他们应该做的事情,这是一种看管和守望。犬儒主义者通过直接、现实地干预他人的生活,使他人的错误、成见等"疾病"得到治疗,犬儒主义者是他人通向幸福的中介和工具。

第三,这是一种战斗。这在福柯看来是犬儒主义者最为重要和宝贵的思想。也是福柯"批判态度"的直接思想来源。上文强调过传统"真的生活"的践行者是通过其言行、写作的间接方式去影响他人的,对他人是以榜样的方式去引导、教育他人。而犬儒主义者则是现实的战斗,通过谩骂和攻击来直接介入他人的缺点和恶习,使他人内心惴惴不安,从而改变其行为和生活方式。传统"真的生活"的践行者其实也拥有"战斗"的行为,但是他们针对的是个人内心的邪恶、欲求等负面因素,对它们进行克服,对自我实现控制,使自己成为一个品行高尚,拥有完满、幸福的生活的圣人,这种"战斗"只属于哲学团体的内部封闭世界的运作。而犬儒主义除了这些针对个人的负面因素的斗争外,还要进行针对整体人类的斗争,这种斗争的场域是开放的,对他人错误的观点、成见、习俗、体制、法律、惯例等提出挑战,这些被挑战的内容也许并不是错误的,但是可

---

① [古罗马]爱比克泰德:《哲学谈话录》,吴欲波、郝富强、黄聪聪译,中国社会科学出版社2004年版,第226页。

能是有悖于自然的、可能是值得去改变的东西。通过斗争,犬儒主义者争取更多的人加入"改变"(convert)的事业,不仅仅是向他人提供通向永福生活的道路,更是与他人一道改变这个现存世界。福柯认为这种公开的、普遍的战斗方式,即一种以"改变"为核心目的的战斗精神是犬儒主义最为特殊和重要的东西。①

　　通过将"真的生活"翻转成为一种无羞耻、贫穷潦倒、无尊严、动物性的"危险生活",犬儒主义者确证了"国王"的身份,并承担了对全人类负责的使命。这种生活与传统的"真的生活"追求的宁静、美好、完满、幸福拉开距离,形成一种"异质的"另类生活,福柯称为"另一种生活"②(other life),犬儒主义者通过战斗,让全体人类认识到自己接受的习俗、价值观、道德、法律、制度是何其虚伪,对当下进行反思,以便能够对它们进行抵制和反抗。"真的生活"在犬儒主义者这里得到了"真"的最为极端化的考验,与传统之间必然形成断裂,成为异类、与众不同,也就是说"真"的标志其实是"异",这是福柯"自我"思想中闪耀的批判精神具有的最核心的内容,预示着福柯"异的哲学"【philosophie de l'altérité/philosophy of otherness】的诞生,福柯在备课笔记中写道:"如果没有'异'(otherness)的基本位置,那么真理就无法确立;真理从来不是同一的(same),只有在另一个世界和另一种生活的形式中,真理才能存在。"③也就是说,福柯希望在同一、普遍和习以为常的意见中制造差异,通过犬儒主义对"真的生活"的极端化,福柯锚定了"真"的最为重要的作用,即制造差异。福柯的"自我"思想就是为了寻找摆脱人被治理的途径,让人与当前所处境遇形成距离的方法,将现实世界中的诸多习以为常的意象重新抛入怀疑的领域,考察它们是否真的合理,那么犬儒主义的"真的生活"则为福柯打开了异的空间,福柯就要通过汲取这种"异的生活"的精神,建立起自己的"自我"思想中的批判精神,使"异"的闪电划过哲学史长久以来被主体形而上学笼罩着的哑然天空。

---

① LdF84, p.285.《说真话的勇气:治理自我与治理他者 II》,第 234 页。
② LdF84, p.287.《说真话的勇气:治理自我与治理他者 II》,第 235—236 页。
③ LdF84, p.356.《说真话的勇气:治理自我与治理他者 II》,第 292 页。

第四节　教化时期的"说真话"

　　如果说苏格拉底时期的"说真话"是以勇气为特征展开的自我修养的实践，其"说真话"的受众是他人，主要折射自我和他人的关系，[①]这是一种"向外"的言说方式；那么就必然存在"说真话"的另一条道路，即对话的对象是自我，主要处理自我关系，一种"向内"的途径，福柯将之称为"净化路径"。自我与真理之间的关系，通过真理"外化"和"内化"方式构建起严谨且精细的修养图式。本节主要讨论"净化"这一"向内"的方式，这一方法集中于希腊化—罗马时期，细化为"真理传递"和"真理转化"两个维度，这不同于基督教"诉说自己"的那种将自我看成有待被解读的对象的自我技艺，而是通过实在的练习将真理内化为属于自己的东西。

一、"说真话"的真理传递技艺：听、说、读、写

1. 听

　　"听"作为"真理传递的自我技艺"的第一步是接收真实话语的阶段，这是真话（真理）演变为人的"êthos"的基础。按照福柯的理解，"听"具有的"两义性"是人"拥有真话"向"真话转化为自我品行"过渡的关键，"两义性"其一表现在"被动性"[pathêtikos/passive]上，其二表现在"逻各斯性"[logikos]上。

　　"听"这种"两义性"在希腊化—罗马时期是"修养"实践的基本主题，例如

---

① 　需要说明的是，"说真话"的勇气路径虽然以面向他人、向外为特征，但是其实质仍旧处理的是"自我关系"，遵照"转向自我"的原则，他人对自己的关心，只能算作"说真话"的外溢好处，而不能作为"说真话"的本来目标和对象，通过向他人诉说真理，一方面使得自己能够被真理占据，对自身的品行进行改造、美化生活方式，使得自己拥有"真的生活"，关心自己；另一方面敦促他人关心自己，成为榜样和典型，带动他人一起拥有美好品格和生活。这里的"内"、"外"仅就与他人关系而言，不涉及"说真话"的目的和对象。

普吕塔尔克在《论聆听》(*On Listening*)中就对"被动性"和"逻各斯性"作出了说明。之所以说"听"是最为被动的感觉在于,人们可以不去看、不去触摸某物,但是人却没有办法将暴露在外边的听觉隐藏起来,"听觉是与激情联系最为紧密的感觉,……没有任何感觉能像听觉撞击灵魂那样产生如此大的恐慌、混乱、动荡"。①因此,听觉是身体上最为被动的感觉,并且这种感觉对灵魂的迷惑性最大,比如人会沉迷在音乐或者花言巧语中。虽然"听觉"是最为被动的感觉,但是它另一方面却拥有"逻各斯性",因此,"听"不仅受限于激情和被动,同样拥有理性要素,正因为"听"的被动性,因此人也是最容易从"听"中获取逻各斯,普吕塔尔克认为"美德"只能从"听"这个途径获得,因为美德的基础是理性的语言、是逻各斯,逻各斯只有通过"听"才能被传达到灵魂内部。

又如,在塞涅卡的第108封信中,他对于"听"的被动性进行了重点讨论,他认为"听"的被动性具有优点,因为耳朵被动地接受一切声音,所以不管人是否接受,逻各斯都可以潜移默化地对灵魂产生正面影响,就像人长时间站在香水店里就会沾染香气或者站在太阳底下会被晒黑,逻各斯通过"听"的被动性给人有益的引导。②福柯在这里举了"有关灵魂种子"的例子,他认为,人身上带有的各类型的德性种子会被真理唤醒,而这是通过"听"来实现的,这就是"听"被动性的优点。虽然"听"的被动性有这种优点,但是前提是人的注意力不能被导向不好的对象和错误的目标,因此,必须恰当地使用聆听的技艺。

此外,爱比克泰德在《对谈录》II第23节中对"听"的"逻各斯性"进行了讨论,他认为"一个人必须通过像你在这儿所接受的那样的教育和言谈[dia logou kai paradoseôs]才能臻至完美",③因此,"听"就成了人获得逻各斯和教导的重要途径。然而,逻各斯和教导不能够自我呈现,它们必须被"说"出来。"说"会

---

① Plutarch, *On Listening*, 37f—38a. Quoted from LdF82, p.352, note 4.《主体解释学》,第365页,注释4.

② Seneca, *Selected Letters*, trans. Elaine Fantham, New York: Oxford University Press, 2010, p.230.

③ [古罗马]爱比克泰德:《哲学谈话录》,吴欲波、郝富强、黄聪聪译,中国社会科学出版社2004年版,第167页。

被两个因素影响:一是说话方式,二是术语的多样化和词汇的精巧化。也就是说,由于表述者的说话方式和词语表述,会使得聆听者不再关注表述者的内容,而只关注表述者的表达方式,这是所有聆听者可能面临的危险,让聆听者无心关注能够令自己完善的逻各斯。因此,就需要人拥有一种"听"的正确方式,也就是说能够区辨表述者是否采用了正确的说话方式和是否传达了真实逻各斯的内容:爱比克泰德将这种能够鉴别好坏的"听"的能力和经验称为"empeiria",另外还需要"勤奋的练习"[tribê],两者只是"修养"的初始阶段,刚刚与真理打交道,因此还算不上"技艺"[tekhnê]。

那么如何正确地聆听,继而形成对自我的呵护呢? 福柯认为,可以概括为三个要点:

首先,保持缄默。福柯认为这个手段早在毕达哥拉斯学派时期就已经开始流行,①在普吕塔尔克和塞涅卡的文本中均有关于"缄默"的记载。普吕塔尔克认为,缄默是促成优质教育的重要条件,在《论饶舌》(*On Talkativeness*)中,他认为饶舌是人在开始哲学学习前必须改正的坏习惯,并且他认为要想成为一个具有高尚品格的人必须在其一生中对自我实行一种严格的话语节制训练,但是这不是指人完全三缄其口,而是指人在听课之后,或获取了逻各斯之后,不要沾沾自喜,到处炫耀,立马将逻各斯转化成话语,而是要将其保存在心中、记住它,对比缄默的人,饶舌者像是一个空瓶子,耳朵和舌头直接交流,保留不了逻各斯,因此也无法治愈自己、关心自己。②

其次,具有积极的态度。管住嘴巴的同时,根据福柯的解读,古希腊—罗马时期"真理传递"的技艺还对身体的态度作出要求。这一时期的哲学家认为,端正的姿态能够更好地实现自我的安宁,使得自我更容易接收来自外部的逻各斯,具体则是要求人们不能动来动去、不可以插嘴,保持身体的静止,同

---

① LdF82, p.341.《主体解释学》,第 354 页。

② Plutarch, *On Talkativeness*, 502b §1, 502d §1, 504a §4. Quoted from LdF82, pp.341—342.《主体解释学》,第 354—356 页。

时，聆听者还要用一些不剧烈的动作示意来表达自己接收和理解了被传达的逻各斯，比如，聆听者做出点点头或者伸出食指等动作。①《论思辨生活》就记载了有关在宴会上说话者和聆听者应该具备的行为姿态，听者必须转向说者，"听众聚精会神地听着，眼睛盯着他[eis auton]，一动不动地站在同一位置上[epi mias kai tês autês skheseôs epimenontes/remain immobile in the same position]"。②身体的寂然不动是对获取德性的保证，在其他文本中，有很多关于身体躁动不安、失礼的行为"stultitia"的描述，它是指人的注意力总是不能够集中在自我之上，不能够保持持续的宁静，例如在塞涅卡的第 52 封信之中就有对"stultitia"的批评，文中塞涅卡用"impudicus"来指称那些道德堕落的人，③根据福柯的研究，这个术语与"stultitia"相联系，从人的动作之中就会流露出这个人的道德状况，如果一个人内心不够宁静，就会在身体上表现出来。由此，塞涅卡认为真正做哲学的人不应该像台上的戏子一样手舞足蹈，并且场面喧哗，而应该持有默默的赞美和欣赏的态度。④除了保持身体上的安静之外，积极态度的另一个方面在于聆听者要表现出具有听的能力来，即在聆听方面表现出具有经验和技巧，这个能力能够激发言说者的言说欲望。在《对谈录》当中，爱比克泰德就拒绝了两个浓妆艳抹、打扮精致的学生，这是因为在爱比克泰德看来，这两个学生完全将心思花在外在修饰上，根本不去"关心自己"，因此爱比克泰德就没有教授二人的意愿，所以他们不是好的聆听者，不适合哲学训练。⑤

最后，有关注意力的规则。一方面，聆听者必须将自己的注意力放在"to pragma"上，这个术语是指，在哲学和语法中，词的"指称"〈Bedeutung/reference〉，也就是说人不要去关心形式上的美、不要去关心语法或者词汇的修

---

① Philo, *On the Contemplative Life*, 483M, IX77. Quoted from LdF82, p.345.《主体解释学》，第 358 页。
② Philo, *On the Contemplative Life*, 483M, IX77. Quoted from LdF82, p.343.《主体解释学》，第 357 页。
③④ Seneca, *Letter* 52, LII.12. Quoted from LdF82, p344.《主体解释学》，第 358 页。
⑤ [古罗马]爱比克泰德：《哲学谈话录》，吴欲波、郝富强、黄聪聪译，中国社会科学出版社 2004 年版，第 169—173、175 页。

饰问题,而是要将自己的注意力放在哲学话语的真正"指称"上面,理解话语本真的意义,也就是说,将注意力放在那些能够成为行为指导原则的有效话语上。因为在福柯看来,对于"指称"的聆听能够把握真实的命题,并且它能够转化为行为的合理原则,继而对人的生存方式的转变产生正面影响。另外,还要将注意力放在记忆上,也就是说通过辨识所聆听到的话语中的有效的"指称"成分,然后将这些"指称"记在心中,牢记它们,并将它们与自身融合为一体,成为完善的自我。福柯举例普吕塔尔克的"照镜子"的观点来说明这个记忆过程,也就是说,当人们听到真理话语,要保持缄默,将具有指导意义的真理记在心中,尽快地审视一下自己,以便知晓自己是否掌握了它们,就像人在出门前照一下镜子来看看自己的状况一样。

2. 读/写

"真理传递"的自我技艺在处理真理关系时还体现在"读和写"上。阅读作为吸收逻各斯的另外一种方式被古希腊—罗马时期的哲学家所推崇,他们认为不应该进行广泛的阅读,而应该是阅读少数作者的少量作品,并且挑选文本中较为重要的文字进行记忆。例如塞涅卡在《论灵魂的安宁》中就谈道:"即便是就研究而言……唯有被控制在一定的限度内,这花费才是正当的。……拥有数都数不清的书籍与藏书室又有什么用呢?……专注于少数几位作者的作品,比只是匆匆浏览一下众多作者的作品,情形要好得多。"①也就是说,重要的是对阅读中有益的文字进行记忆,这是一种对文字上的逻各斯的占有过程,旨在有益于人的实践。福柯认为阅读的目标不在于理解作者的作品抑或深化作者的观点,而在于"阅读的主要目的是提供一个沉思的机会"②。那么什么是"沉思"呢?"沉思"[meletê/meditation]与现代认识论上的沉思不同,它指的并不是存在于人的思想中的一种逻辑的推导过程,而是带有实践倾向的术语,接近"训练自

---

① [古罗马]塞涅卡:《哲学的治疗:塞涅卡伦理文选2》,吴欲波译,中国社会科学出版社2007年版,第50页。

② LdF82,p.356.《主体解释学》,第371页。

己,锻炼自己"[gumnazein]的含义,但是两者仍存在不同,"gumnazein"指的是实际生活中的训练,而"meletê"指的是思想上的训练。福柯认为要从两个方面对"meletê"进行理解:一是它指的是"一种占有思想的训练"。①也就是说,不对文本进行表达意思的追问,而是要极力说服自己,让自己相信阅读的文本是真的,并且自己能够对阅读的字段进行记忆和复述,一旦人遇到危急状况,他能够求助于这些阅读过的逻各斯,这就是"占有"的训练。也就是说,能够将纸上的逻各斯转化为自我的一部分的实践真理,成为一个举止得体、具备德性的人。二是"在于形成一种认同的实验",②也就是说,让人通过思考的对象来磨炼自己的意志。例如,最著名的就是对"死亡"的冥想,这不是对"死亡"本身的思考,而是人通过对"死亡"的沉思,让人处于对死亡的沉浸式体验,假设自己濒死的状态,以求磨炼人的意志,这种对处境的虚构就是沉思的另一方面。

我们能够看出"阅读"并不在于理解作者想要表达的字面意思,而是通过阅读掌握作者在其文字中记载的真理,并把真理据为己有。也就是说,通过阅读,将作为"拯救"自我、"治疗"自我的真理话语"内化",从而对自身的行为进行优化。如果将"阅读"看成是这样一种对自我的"修养",那么这种"阅读"就与"写作"密不可分,因为在福柯看来,古希腊—罗马"关心自己"的人们正是通过"写作"这种方式将书面上的逻各斯反复强化给自身,福柯认为"写作"在希腊化—罗马时期是十分重要的处理自我同真理之间关系的自我技艺,它作为"阅读"的补充方式,得到广泛传播。例如,塞涅卡在第84封信中就指出"阅读"与"写作"这两种修行方式需要交替进行,互相补充;③另外爱比克泰德也认为"写作"[graphein/write]是从"思考"[meletan/meditate]到"实际训练"[gumnazein/train]的重要媒介,④也就是说,"阅读"文本就是进行"思考、沉

---

① ②　LdF82, p.357.《主体解释学》,第 372 页。

③　Seneca, *Selected Letters*, trans. Elaine Fantham, New York: Oxford University Press, 2010, p.155.

④　[古罗马]爱比克泰德:《哲学谈话录》,吴欲波、郝富强、黄聪聪译,中国社会科学出版社 2004 年版,第 4—5 页。

思",然后通过"写作"将"阅读"占有的内容纳入自身,将占有的内容训练成身体的一部分潜能,在自己经受现实考验的时候能够自如运用占有的逻各斯。这种反复将占有的逻各斯强化给自身的记忆过程在古代物化为一种希腊人称之为"hupomnêmata"的东西,即"笔记",它不仅为人自身服务,还对他人的修养起到很大的帮助,常常在"关心自己"的灵魂互助中出现,并成为一种文化和社会现象。人们将自己通过"阅读"掌握的逻各斯记录下来,并与其他人通过"笔记"这种写作过程进行交流,让对方了解自己对自我的关心程度。一方面给他人提供关于"关心自己"的合理建议;另一方面通过与他人的交流,自己不断地对掌握的逻各斯进行反复记忆。比如,塞涅卡给鲁西里乌斯的信,普吕塔尔克给帕西乌斯的信。①这与基督教时期十分盛行的忏悔录不同,这不是将自己罪行记录下来向上帝进行忏悔的写作,即便在希腊化—罗马时期存在着作者对自身的错误的记录,这也仅仅是提醒写作的人不要再犯此类错误,是警示作用,要向着更好的自我迈进,这是将外在真理内化的过程,而不是对内心的真相的挖掘和罪行的忏悔记录。

由此可见,阅读和写作的目的都在于建立自我与其占有的真理之间的牢固联系,通过"真理传递"的自由技艺将人打造成拥有真理、按真理行事、能够"讲真话"的自我,也就是说能够通过聆听、阅读以及写作的方式将占有的真理与自我融合,将真理变成自我的一部分,在今后的生活中一旦遭遇苦难时,这种已经内化为自我"装备"[paraskeuê]的真理能够被激发起来对抗危险、诱惑等因素,从而起到呵护、关心自己的作用。聆听—阅读—写作所代表的"真理传递"过程不同于认识论的在思想中进行的逻辑推理,"真理传递"是来自外部

---

① 塞涅卡的这封信有三个用途,一是重抄给失去儿子的马吕鲁斯,让他不要被悲伤压垮;二是提醒鲁西里乌斯,让他引以为鉴,要在遇到不幸的时候用自己掌握的真理来与之斗争;三是塞涅卡自己要时刻提醒自己对死亡的理解。普吕塔尔克在给帕西乌斯的回信中表示自己没有时间写一篇完整的文章给他建议,所以普吕塔尔克将自己平时记录的笔记寄给他进行阅读。因此,写作形成的"笔记"[hupomnêmata]在"关心自己"和"真理传递"的实践中发挥了重要作用。参见LdF82, pp.361—362.《主体解释学》,第 376 页。

真理内化的过程,而不是从自我的身上剥离出属于自我的真相,这是基于真切的实践进行的修养过程,排斥于在意识范围内划界的思维活动;它也不同于柏拉图的"认识你自己"的回忆方式,将对真理的追求置于灵魂本体论的形而上学氛围的做法被教化时期获取"装备"的自我技艺所替代,"真理传递"需要人对自我的存在状态进行改造,使人具有自我控制的能力、保持心灵的平和和身心的纯净以便对幸福做出追求。

3. 说

虽然真理主体化分"净化路径"与"勇气路径"两个内外维度,但是,按照它们都隶属于"关心自己"这一修养实践的范畴,它们之间是存在交叉的。在"勇气路径"下的"说真话"行为虽然主要是由言说者主导的,即导师、引导者、榜样等人对他人的言说,是一种面向他人的自我实践,但是,仍旧存在一个聆听者作为真理的接收对象,这本质上仍旧是一种"真理的传递"(transmission of a truth)。换句话说,这是"净化路径"能够实现真理内化的前提之一,也就是前文所讨论的"听"的过程。"勇气路径"的"说真话"的言说者将真理传递给他人,他人再通过"净化路径"的"说真话"方式,即自己对自己的言说——把听到的真理反复给自己念叨,让真理成为一种在手的"装备",时刻保护自己。通过"净化路径"实现真理主体化的人才能够有能力成为有"勇气"说真话的人(导师、领袖等),它们之间存在着互为循环。

事实上,勇气直言者在"说"的整个过程中的作用至关重要,因为通过上文我们知道,接收真理的人其主要动作和义务是"聆听""缄默不语"。通过勇气直言者这一媒介,被指导者聆听到了传递过来的真理,与其说被指导者是通过诉说来让真理实现主体化,不如说被指导者是通过诉说的行为来产生记忆的效果,让真理生长为身体的一部分,赋予人一种抵抗不幸的力量,根据真理来行事以便形成完善的品行,拥有真的生活、美的生活。而这种记忆不是回忆,它区别于柏拉图式样的寻求自身神圣性要素的做法,虽然这里的真理也来自外部——本体论这一彼岸世界,但是人的灵魂分有了真理,所以真理已然存在于自我之中，不需要向外求索。"净化路径"下的"说真话"通过"说"达到记忆真理的目的，可以看出真理始终来自外部，不存在于自我身上，要通过"说"的实践来实现自我将真理内化和主体化的过程。

此外，在这两个方面"说"的促使下，人们关心的是自己如何成为一个诚实的人，而不是怎样才能说出有关自己的真相。因此，存在于希腊化—罗马的基于"修养"的"说"与基督教的"自白"（confession）十分不同，虽然基督教的"说"也是来自两个方面，即对自己说和对他人说，但是，基督教的导师扮演的角色是次要的，只是起到引导作用，甚至有时候导师的位置可以被任何在场的他者所顶替，基督教导师的"说"是引导信徒重新回到对上帝信仰的正途上，"拯救"的主要途径则是我们在第一章中所讨论的"主体解释学"原则下信徒的"诉说自己"，即信徒通过对自我的真相的"自白"，将自己内心中所有欲望、邪念等思想波动事无巨细地讲述出来给导师听，这是为了审查、审判，而不是为了记忆。这种基于救赎说出藏于自我的真相的说真话方式，并不存在于古希腊—罗马时期。

在"说"（导师有勇气的说真话）——"听"——"说"（被指导者重复听到的真话）这一过程中，导师的"说"占据重要地位，因为被指导者只需要保持缄默，然后将导师传播的"真理"内化为自己的，这是占据真理的互动过程。那么如何保证在这一互动的过程中，真理的有效性呢？即如何保证导师"说"的是真理并且这种真理能够被听者主体化为内在于自身的力量性真理呢？这要依赖于上文提到的"说真话"［parrêsia］这一专有术语，是它保证了真理的可靠性和真理主体化过程的有效性。也就是说，导师必须遵守"说真话"的规则（principle）说话，导师的"说"不是随意的，而是依照真理来检验自己的话语，也就是上文提到的检验、审查程序，与此同时，导师也在这一"说真话"的过程中促进了高尚的品行，同时，导师的身份和品行又确保了他的"说"具有可靠性，这是个互为循环的过程。这并不是吊诡式的回答，而是存在于古希腊—罗马的文化中的理所当然，因为人们认定导师的言行一致，即"说真话的主体和按照真理要求行事的主体之间的一致",①所以导师说的一定是真话。比如在上文,拉凯斯愿意参加苏格拉底的对话游戏的原因就是苏格拉底是一个言行一致的人,苏格拉底的品行使得拉凯斯相信苏格拉底说的话都是真的,所以拉凯斯要开始照顾、呵护自己了。福柯并没有深入讨论过"说真话"这一实践中真理的溯源问题,也就是说品行和真理哪一个因素在先的问题,这并不是福柯关注的重点,他在意的是真理来自外部还是来自对自我的解析,他在意的是"说真话"与其他述真的行为有何不同。因此福柯区分了"说真话"与奉承(flattery)、修辞(rhetoric)三者:一方面,他认为"说真话"不同于"奉承"之处在于,"说真话"旨在让"真话"的接收者形成一种独立、完满的自我关系,而不是保持对所说的话的依赖性,在某一时刻,实现被指导者可以完全不再需要导师的"说真话"的指导,形成真话的主体化,去除与他人的依附关系。另一方面,"说真话"不同于"修辞"的地方是,"说真话"不是为了说服对象、通过运用不包含真理的语言技术来获取个人利益的自我实践,而是通过"说真话"来培养聆听者的自主的自我关系。

　　总之,勇气的"说真话"通过不受规则束缚的自由言说,不遵照修辞的规则,仅根据说话的时机[kairos/occasion]、说话的环境以及说话的对象来进行朴素的言说以便推动真理的传递。福柯认为,"说"——"听"——"说"的真话传递的过程,与"教学"(pedagogical)相似却略有不同,虽然"教学"也是真话传递的过程,但是"教学"是指"给予任何主体他以前不曾具备的、在教学关系结束时他应该拥有的才能、能力、知识等"。②为了"关心自己"而接受来自导师的"说真话",继而滔滔不绝地对自己"说",是指"改变我们向其说真话的主体的存在方式",③福柯将之称为"精神传递"④(psychagogical)。在这种"精神传递"的结构中,导师占据绝对优势的地位,因此,这与"教学"十分相像,因为"说真话"的责任、义务、承诺等都归属于说话的一方,导师是真话的掌握者,并且

---

① LdF82, p.406.《主体解释学》,第422页。
②③④ LdF82, p.407.《主体解释学》,第424页。

按照真理的内在要求进行"说真话",当然,在希腊化—罗马时期说话的一方可以是导师,也可能是德高望重的陌生人,也可能是挚友,也可能是生活顾问。相反,在后期的基督教中,导师作为真话传递者的角色逐渐被削弱,"说真话"的代价落在了被指导的人身上,"精神传递"的模式被"自白"所取代,被指导者(信徒)必须出现在真话之中,并成为真话的对象和参照物,被指导者必须说出关于自身的真相,这不同于希腊化—罗马时期的"关心自己"的修养,"关心自己"的黄金时期的"说真话"与自我的连接方式并不是解释学的,而是"我告诉你这个真理,你从我身上会看到它",①这是陈述主体和行为主体的和谐统一。

二、"说真话"的真理转化技艺:工夫

上文中,我们讨论了"真话传递"的技艺,这主要是在记忆和思想中把握真理,而如何激活这些已经接受的真理,如何让它们成为抵御现实生活中各种磨难的力量性真理呢? 这就转向了"说真话"的另一个方面,即主动说真话的方面,②在第三章第三小节中我们指出这是严格意义上的修养[askêsis],它是关于自我如何成为一个主动说真话的人的问题。福柯认为,在希腊化—罗马时期,人们普遍相信只有通过"工夫"③【ascétique/ascetics】才能将"真话传递"所掌握的逻各斯转化为自我所拥有的"品行"[êthos],也就是说,真理不再仅停留在话语层面,更重要的是成为一种实践原则。事实上,"工夫"盛行于斯多葛

---

① LdF82, p.409.《主体解释学》,第 425 页。
② 这种主动说真话的方式主要是指通过"真理传递"的方式接受真理之后,如何将接受的真理激活的实践,其形式不局限于"说",这区别于勇气路径下的"说真话"。
③ 《主体解释学》的中文版将之翻译为"生活严谨",笔者认为这并不能突出福柯想要表达这一词汇包含的实践、训练、修养内涵,所以并没有选用此翻译方式,而采用"工夫"的译法。因为这一词汇指涉的方式与我国宋明理学思想中的"工夫"极为相似,同样讲求知行合一,在参考国内学术界对这一词汇的翻译后,为突出这一词汇具有的自我实践、试图改变人的存在方式、牺牲掉自己原有的生活习惯等内容,笔者将其翻译为"工夫"。

派、犬儒学派,他们传承并改造了经典柏拉图思想中"哲学是一种修养"①的观点,不同于柏拉图主义和新柏拉图主义将修养和训练完全排除在外的做法,相反,他们认为"工夫"是实现真理主体化的重要途径,"认识"只处于次要位置,包含在"关心自己"这一主题之下。其实"工夫"对后期基督教的"告解仪式"和"禁欲修行"产生了深远的影响,但是,福柯拒绝使用"苦行"(ascetics)和"禁欲主义"(asceticism)来翻译"工夫",因为"工夫"的旨归是达成"精神目标"(spiritual objective),塑造自我,成为伦理主体,而不是抛弃自我。事实上,"工夫"十分清晰地规定了人们应该进行的具体训练内容,它是一套十分精巧的、对人的行为有所指令的艺术集合,福柯将之归纳为:实际训练[gumnazein]和沉思[meletan]。②这套技艺的集合确实包括了很多指导人每日行为的具体任务,但是这并不同于后来基督教完备的道德规则手册,"工夫"是供人自由选择的审慎建议,而不是规范和法则,与它相关的是生活艺术,人们通过这套"工夫"将生活雕琢为一件艺术品,赋予生活以风格和形式,与此同时成为品行卓越的人,而不是遵从已有的规则。"在罗马人或希腊人的心目中,服从规则不能构造出一件美的作品。美的作品是符合某种风格、生活方式的作品。"③

1. 实际训练

"实际训练"[gummazein]是指现实生活中的一种实际的实践和训练。它包含了相互交叠的两个方面的实践:一是节制养生法(the regimen of abstinence),二是考验的实践(practice of tests)。

第一,作为"工夫"的"实际训练"[gummazein]要求必须将身体(body)纳入实践的程序之中。根据斯托倍(Stobaeus)在其《诗集》(Florilegium)中记载的关于穆索尼乌斯·鲁弗斯(Musonius Rufus)论著的一个片段显示,德性(virtue)必须经过身体才能够成为现实的,因此人必须关心自己的身体,这一将

---

① LdF82, p.420.《主体解释学》,第436页。
② LdF82, p.425.《主体解释学》,第441页。
③ LdF82, p.424.《主体解释学》,第440页。

"身体"纳入自身的"修养"的目的在于养成两个方面的德性,一是增强勇气［andreia/courage］,承受来自外部世界的打击;二是培养节制［sôphrosunê/the ability to control oneself］,调节和控制内心的活动。①事实上,柏拉图在《法律篇》(The Laws)中在谈及如何培养勇气和节制的德性的时候认为应该采用"体操"(gymnastic exercise)的方法。严格的身体训练和田径竞技运动一方面能够使人保证在对抗中有充分的准备应战,另一方面也要求进行克制,比如要进行性的节制、过一种纯净的生活,否则没有办法以饱满的精神取得奥林匹克运动会的胜利。②但是,在塞涅卡那里,这两种德性的获得完全与"体操"训练脱钩,塞涅卡反对柏拉图的"体操"训练,在给鲁西里乌斯的第 15 封信中,他认为应该从事轻微的训练,而不应该给身体以竞技式的重负。③另外,在第 18 封信中,他提及了节制的问题,其他人在农神节大吃大喝的时候,他要过一种穷困的生活,睡不好、穿得差、吃得少、只喝水,这样能培养出像士兵一样具有勇猛性格的人。④从这里,我们能够看出,塞涅卡是把"节制养生"训练看成是经常重复的一种生活插曲,并不是生活的全部,这有别于前文讨论的犬儒主义的做法,后者将这种通过"节制"实现"关心自己"获取真理的做法贯穿于他们的整个生活。而塞涅卡只是希望通过这种经常性的训练,使自己能有恰当的态度来对待生活,时刻保持冷静和明智,能够有能力抵住磨难。

　　第二,作为"工夫"的"实际训练"还包含了与节制重叠的"考验实践"。"考验"不同于节制之处在于:

　　首先,它始终伴有自我对自身的追问,要求对自己的能力以及所做之事有正确的判断和衡量。在爱比克泰德和普吕塔尔克那里都有这方面的讨论,例如一个月内不要发怒、不要做不义之事,然后检测自己相对于过去所取得的进步。⑤而

---

① Stobaeus, *Florilegium*, III.29.78. Quoted from LdF82, pp.426—427.《主体解释学》,第 442—443 页。
② 《法律篇》,840a,《柏拉图全集》第 3 卷,王晓朝译,人民出版社 2003 年版,第 600 页。
③ Seneca, *Selected Letters*, trans. Elaine Fantham, New York：Oxford University Press, 2010, p.29.
④ Seneca, *Selected Letters*, trans. Elaine Fantham, New York：Oxford University Press, 2010, pp.33—34.
⑤ ［古罗马］爱比克泰德:《哲学谈话录》,吴欲波、郝富强、黄聪聪译,中国社会科学出版社 2004 年版,第 140 页。

这不同于基督教的心灵审查,不是对罪责的追讨,而是在拷问中实现自己的完善。

其次,它还包含反思活动,也就是说,既要施行行动上的克制,又要实现对内在思想的控制,让欲望、激情等在自省的过程中保持中立。例如,爱比克泰德举例在街上遇到美丽的姑娘的时候,不但要避开这个姑娘,还要在思想中不要想象和她在一起的景象,让思想完全不为她所动。另外,爱比克泰德还举例孩子和朋友,告诫人要在思想中直面自己对他们的感情,在思想中反复演习他们会离开自己的场景,让人不被关系所累,得到解脱。①

最后,它要成为生活的恒久旋律,而不是像节制一样,只是生活的插曲。这种观点在罗马帝国时代得到了极大的强化,也就是说,"生活必须被认作、思想、体验、实践为一种恒久的考验"。②塞涅卡在《论恩宠》(On Providence)中阐释了上帝为何总是考验好人的原因,这是因为上帝偏爱善人,要对他们进行不停的磨难来考验他们,将这种考验看成一种教育,通过教育让他们成为强健英勇的人,而对于恶人,上帝则无视对他们的教育。③福柯认为,这里包含了这一时期的人们对考验持有的两个重要的观点:第一,教育普遍化的观念。教育不再局限于师生关系,人生的苦难就是一所学校,用来考验和教育人们。人们希望能够"关心自己",才会接受来自生活中的种种苦难考验,让自己的品行与真理尽量重合。第二,考验的区分功能。考验包含了神的预先设定,它专属于善人,恶人不配拥有,爱比克泰德在《对谈录》中也谈过这种区分功能,经受得起考验的人将成为带领其他人走向取得考验胜利的领路人。④

总之,考验成了这一时期教育和区分的基本原则,它并不被当时的人看做恶的,相反,它作为培养品行的益事被人们广泛追求。但是,根据福柯的考察,

---

① 〔古罗马〕爱比克泰德:《哲学谈话录》,吴欲波、郝富强、黄聪聪译,中国社会科学出版社2004年版,第141、247页。
② LdF82, p.437.《主体解释学》,第455页。
③ Seneca, *On Providence*, II.5—6, I. 6. Quoted from LdF82, pp.438—439.《主体解释学》,第456—457页。
④ 〔古罗马〕爱比克泰德:《哲学谈话录》,吴欲波、郝富强、黄聪聪译,中国社会科学出版社2004年版,第60、226页。

这种历经人生苦难的考验区别于古希腊神话中的考验,例如普罗米修斯、埃拉克勒以及俄狄浦斯的考验都是以悲剧为基础的,存在着人与神之间的较量,而希腊化—罗马时期,尤其是斯多葛学派的考验却是以培养为目标的,是神对人的恩宠,而不是神对人的妒忌。另外,这种作为哲学修养的考验也区别于后来盛行于基督教的灵修(spirituality),因为在斯多葛学派那里,区分和教育未被理论化,而仅是一种理想的生活状态,但是在基督教那里却得到了以上帝为依据的理论化的极大发展。

2. 沉思

"沉思"[meletan-meletê/meditation]作为"工夫"是一种存在于思想中的锻炼,通过这样的锻炼将习得的真理进行内化,它的作用是让人对即将要做的事情做好充分的准备。这包含两个方面的训练:一是对所想之事是否为真的考察。在前文中提到的马可·奥勒留的"精神训练"就是这一类的"工夫",是指对思想中呈现的各种"表象"(representation)进行严格的监管,在思想中不断地分解它们,借以考察它们的真实性,以消除人对它们的依赖。①二是对作为直言者的自我考察。斯多葛学派通过"对恶的预想""死亡训练"以及"良心考察"来实现真理的转化。

"对恶的预想"[praemeditatio malorum/premeditation of evils]。事实上,根据福柯的研究,整个古希腊—罗马时期人们对未来都抱有贬低的态度,这是因为这一时期的人们更看重具有正面价值的"回忆过去",而人们对未来的思考总是伴有负面性的忧虑情绪,同时,未来对于人们来讲是一种无法把握的不存在的虚无、让人们产生无力感。斯多葛派的"工夫"却是对未来思考的特例,虽然它是预想,但是它的目的在于取消人对未来的恐惧。②前文中,我们提到过,

① 参见前文第三章第二节马可·奥勒留"精神训练"部分。
② 伊壁鸠鲁学派对斯多葛学派的这种对"恶的预想"持强烈的反对态度,他们提出"avocatio"和"revocatio"来对抗人可能遇到的恶,即通过设想未来即将得到的快乐和回忆过去得到的快乐来保护自己,用快乐对战不幸,化解恶的发生。参见 Cicero, *Tusculan Disputations*, Ⅲ.ⅩⅤ. 32—33. Quoted from LdF82, p.468.《主体解释学》,第 486—487 页。

"关心自己"在希腊化—罗马时期已经演化为以"修养"为主要特征的"教化自我",而这以自我本身作为目的的一套自我实践是以真理为导向的 。"修养"是将"关心自己"的自我关系同"说真话"的真理价值联系起来的关键,也就是说,正是通过具体的"工夫"修养训练——"对恶的预想"——将真理转化为自己的"装备"。例如,一个人因为某件事而受到巨大的惊吓,但是他没有可以求助的真理"装备"可用,他会受到影响,变得软弱,然而,如果能够对未来的恶有所准备,他就会恰当地行动、不被这件事惊扰。这种真理的"装备"就是通过"对恶的预想"来获得的:首先,这个人要在思想中进行一种最糟糕状况的预演,不仅是常见的灾厄,所有的一切恶的事情都会发生,即便没办法考虑全部的恶,也要对最糟糕的情况有所考虑。其次,这个人不仅要在思想中,还要在现实中对最糟糕的情况有所准备,不能将它看成是一种具有或然性的可能事件,要在现实中确确实实地为它做好准备。最后,这个人还要认为这种最糟糕的恶会立刻发生、丝毫不会耽搁。因此,我们看到通过"对恶的预想",事实上是消除了未来具有的无限可能性维度,将其封闭起来,让人看到所有可能性的恶都聚集在当下这一点上,这并不是让恶现实化,而实际是对恶的一种弱化和消除。通过预想,我们仔细思考恶带来的痛苦,"如果我能承受,那么痛苦就是轻微的,如果是不可承受的,那么痛苦就是短暂的"。①所以,无论痛苦能否被人所承受,通过预想,都会排除未来不确定性带来的内心恐惧。因此,"对恶的预想"通过在思想中进行的非现实的考验,得到任何恶都不能吓倒我们这样一条真理装备,并在此预想过程中转化为人所能够具有的、面对恶带来的痛苦的勇气,成为人自身的伦理品行。

　　"死亡沉思"[meletê thanatou/the meditation on death]。事实上,这一自我实践早在柏拉图和毕达哥拉斯主义中就存在,不是希腊化—罗马时期凸显的一种实践样态,而是在这一时期"死亡沉思"有了特殊的意义和结构。"死亡沉

---

① LdF82, p.472.《主体解释学》,第491页。

思"与"对恶的预想"有着相同的结构,即要将死亡看成必将和马上发生的事情,因此我们要为死亡做好"准备"。塞涅卡、马可·奥勒留以及爱比克泰德都曾对这种训练有过阐述:塞涅卡在第 12 封信中指出,人要把一生当成一天来度过,把当下的每一个阶段都看成是人生的最后阶段。①奥勒留则认为"道德品格的完善在于,把每一天都作为最后一天度过"。②爱比克泰德则认为如果人之将死,他则鼓励这个人去做比当下更有意义的事情。也就是说,现实化死亡,做最好的准备去死。③但是,"死亡沉思"有别于"对恶的预想"在于它还包含了对自身意识(self-awareness)或者说从死亡的角度凝视自我的实践。这包含了两个方面:一是瞬间化人生,也就是将人生流变冻结在当下这个瞬间,当死亡成为当下降临的事情,人会重新审视自己当下所想、所做的事情的价值,同时也会重新审视当下自我与自身的关系,因此,人通过"死亡沉思"把握当下,做有意义的事情,做更好的自己。二是回顾整个人生,当人即将死亡之时,整个人生的真相、价值就会被展现出来,人会清楚地看到自己取得的进步或者退步、总结一生的得与失,因此,人通过"死亡沉思"尊重、珍惜人生。

"良心考察"【examen de conscience/examination of conscience】。这一训练早在毕达哥拉斯主义中就出现过,是指人要对一天中做过的所有事进行检查,祛除我们身上存在的恶,净化思想(purification of thought),才能安然入眠。④在斯多葛学派这里,"良心考察"已经开始出现变化:他们将检查分为白天和晚上的检查。白天的检查是对将要做的事进行的检查,也就是说,对即将要做的事情有所规划,对要达成的目标有所明确,对要遇到的困难有所预见。而晚上的

---

① Seneca, *Selected Letters*, trans. Elaine Fantham, New York: Oxford University Press, 2010, p.24.

② [古罗马]马可·奥勒留:《沉思录》,何怀宏译,中央编译局出版社 2008 年版,第 114 页。

③ [古罗马]爱比克泰德:《哲学谈话录》,吴欲波、郝富强、黄聪聪译,中国社会科学出版社 2004 年版,第 189 页。

④ Pythagoras, *Les Vers d'or*, trans. M. Meunier, p.28. Quoted from LdF82, p.480.《主体解释学》,第 499 页。

检查是指对白天所作所为进行判决(judge),自己既充当法官又是被裁决的人,这与我们在第一章讨论的基督教的"心灵审查"十分相似,福柯认为斯多葛的"良心考察"是基督教"心灵审查"的基础。①但是两者仍有很大的区别:基督教的"心灵审查"是对真实的罪恶进行的审判,基于规章和制度,类似于司法(judicial)审判;而斯多葛学派的晚上的"良心检查"只是对白天做的事情的总结,可以看作是目的的达成和使用手段之间的不对等带来的小失误,而不是罪恶,这是一种基于管理的(administrative)检查,使人能够基于检查而不再犯错,它的作用是警示,而不是惩罚。斯多葛学派的夜晚"良心考察"本质上是一种记忆训练,让人们记住白天曾做过的错事,在考察中回忆每一天,从而记住正确的行为。

第五节   福柯与阿多对古代哲学理解之别

以上我们梳理了福柯对于古希腊—罗马思想中处理自我关系、自我与真理之间关系的技艺的诸多诠释,我们可以将之总结为两个关键性短语——"精神性"和"哲学的生活维度"。质言之,福柯影射和批判现代哲学在处理两者关系时表现出的"智识化"和发展过程中追求纯粹、抽象而极力摆脱哲学的生存向度的做法。其实,哲学史上一大批哲学家对此进行了反思,比如柏格森对"绵延"的生命哲学探究,胡塞尔对"生活世界"〈Lebenswelt〉的现象学讨论,海德格尔对"此在"〈Dasein〉的存在主义思考等等。而其中与福柯思想最为接近的要数皮埃尔·阿多,在对古代与现代的审视上,他们同声共气——他们均将哲学看成是与人生活休戚相关的、鲜活的经验,它是一种生活方式,而不是死板的教条和冰冷的知识堆砌的理论体系;哲学是实践的过程、是追求智慧的热忱,而并不是智慧本身;哲学家应该是践行自己哲学观点之人,而不是生产哲学理论的人。

———————————

①   LdF82, p.482.《主体解释学》,第 501 页。

一、 阿多的批评

然而,阿多却对福柯关于古代哲学的诠释颇有微词,他坚持认为福柯在处理古代文本材料时存在诸多欠妥的操作、存在过度解读和误读的问题,他在《关于"教化自我"观点的反思》中对福柯进行了两方面具体且集中的批驳:一是福柯改写了阿多的"精神习练"(spiritual exercises)为"自我技艺"(techniques of the self)的做法过分关注了"自我"(self)和自我的现实性。[1]二是福柯认为"书写"(writing)作为将占有的真理内化的精神性路径是塑造个体性"自我"的重要修养实践,这与阿多对古代"书写"的研究相左。[2]

针对第一方面他举例福柯在《性史》第三卷对斯多葛学派的讨论:

比如,阿多认为福柯混淆了斯多葛学派的"快乐"[voluptas/pleasure]和"喜悦"[gaudium & laetitia/joy]的概念。福柯认为古人达至自我的方式是以一种永恒且宁静的快乐(pleasure)取代强烈的、不确定以及短暂的快乐(pleasure),福柯认为塞涅卡用"gaudium & laetitia"来表示这种来自人自身之中、不依赖于任何外在事物、不被身心困扰的"快乐"(pleasure),而这种快乐(pleasure)不同于那种来自人之外、不确定对象中的"voluptas"(快乐)。[3]而阿多则认为塞涅卡在第23封信中清晰地将"eupatheia/joy"与"hedone/pleasure"区分开来,福柯将"gaudium & laetitia"(喜悦)看成是一种"pleasure"是不准确的。[4]福柯虽然根据来源——来自"自我"内部的、来自外部对象的,划分了"gaudium"和"volup-

[1][4] Pierre Hadot, "Reflections on the Idea of the 'Cultivation of the Self'", *Philosophy as a Way of Life*: *Spiritual Exercises from Socrates to Foucault*, trans. Michael Chase, Oxford & Malden: Blackwell Publishers Ltd, 1995, p.207.

[2] Pierre Hadot, "Reflections on the Idea of the 'Cultivation of the Self'", *Philosophy as a Way of Life*: *Spiritual Exercises from Socrates to Foucault*, trans. Michael Chase, Oxford & Malden: Blackwell Publishers Ltd, 1995, p.209.

[3] Michel Foucault, *The History of Sexuality*, *Volume 3*: *The Care of the Self*, trans. Robert Hurley, New York: Pantheon Books, 1986, p.66.

tas"，但不是根据道德原则，并且仍统称它们为"plaisir/pleasure"，阿多认为斯多葛学派强调"gaudium & laetitia/joy"，而排斥"voluptas/pleasure"，是因为斯多葛学派认为"voluptas"是追求道德生活的人需要极力抵制的情绪，其实，德性的生活的获得不在于"pleasure"，无论这种"pleasure"来自人内部还是外部，德性的生活只依赖于德性本身，斯多葛学派早在康德之前就在极力维护道德目的论的纯洁性，所以阿多认为福柯"达至、塑造自我"而获得德性生活需要依赖"pleasure"是不正确的，是扩大了"plaisir/pleasure"的使用范围。

又如，阿多认为福柯对古代"自我技艺"的理解过分地强调了"自我"的现实性，而忽视了自我的超越层面。①上文提到与德性相关的"gaudium & laetitia/joy"，按照阿多的理解则是斯多葛学派认为这是来自人的"自我的最佳部分"和"真正的善"，这指代的是一种完美的理性(perfect reason)、一种具有神圣性的理性，它就是"超越性的自我"(transcendent self)。质言之，阿多认为福柯将这种"喜悦"归于现实中的"自我"，而不是"超越性的自我"是不正确的。这种"超越性的自我"是宇宙理性的一部分，阿多认为斯多葛学派修养实践的目的在于形成超越性的自我，使思考和行动的方式与宇宙理性相契合。②

阿多不能接受福柯将斯多葛和柏拉图等学派的实践理解为针对"自我关系"进行的"自我技艺"的展开，亦即呈现出自我愉悦(pleasure)的"自我教化"过程。阿多认为这些实践是"精神习练"(spiritual exercise)，向"整体"敞开，塞涅卡将之称为"投身于世界的整体"，③也就是说，它们要与宇宙、普遍理性相

---

① Pierre Hadot, "Reflections on the Idea of the 'Cultivation of the Self'", *Philosophy as a Way of Life：Spiritual Exercises from Socrates to Foucault*, trans. Michael Chase, Oxford & Malden：Blackwell Publishers Ltd, 1995, p.211.

② Pierre Hadot, "Reflections on the Idea of the 'Cultivation of the Self'", *Philosophy as a Way of Life：Spiritual Exercises from Socrates to Foucault*, trans. Michael Chase, Oxford & Malden：Blackwell Publishers Ltd, 1995, p.207.

③ Pierre Hadot, "Reflections on the Idea of the 'Cultivation of the Self'", *Philosophy as a Way of Life：Spiritual Exercises from Socrates to Foucault*, trans. Michael Chase, Oxford & Malden：Blackwell Publishers Ltd, 1995, p.208.

一致,遵循普遍规范和秩序,这也就是他为何批评福柯过分强调"自我"的原因。简言之,阿多认为古代的哲学实践是按照普遍理性秩序要求进行的"自我"向"超越性的自我"的飞升过程,而不是福柯推崇的完全依照现实性自我意愿进行的自我选择。

针对第二方面他举例福柯在《自我书写》(1983)中对"书写"的思考:

"笔记"作为"写"的一种方式盛行于古代时期,这在上文已经有所提及和讨论。在关于"笔记"的作用讨论中,阿多认为福柯觉得"笔记"具有让人从对未来的恐惧中脱身而出,继而转向对过去的沉思的功能,并且认为福柯从古代(尤其是伊壁鸠鲁学派和斯多葛学派)思想中品读出对未来持贬低和拒斥的态度,对过去持赞扬和享受的态度是古代未曾有过的做法,是福柯的杜撰。因为在阿多看来伊壁鸠鲁学派和斯多葛学派对过去都未曾表达过赞许,他们只有对"当下"的积极价值的考量。此外,阿多认为福柯觉得"书写"暗示了"自我选择"的可能,能够起到"建构个体自我"的作用。但阿多反驳福柯道,个人选择不存在于"写"之中,个人选择只会在坚持特定的生活形式时出现,因此非但不是"写"建构、塑造个性化的"自我",而是"写"让个性化的自我达至普遍性的自我。①

二、 对福柯的辩护

笔者认为阿多对福柯的指责并不完全确切,哲学立场的不同,决定了阿多和福柯对古代思想的理解之间的差异。

第一,福柯与阿多对于古代哲学运用的方式不同,因此对古代哲学的解读存在差异。虽然表面上两人都进行了历史研究,都提出为当下提供一种作为

---

① Pierre Hadot, "Reflections on the Idea of the 'Cultivation of the Self'", *Philosophy as a Way of Life*: *Spiritual Exercises from Socrates to Foucault*, trans. Michael Chase, Oxford & Malden: Blackwell Publishers Ltd, 1995, pp.209—211.

生活方式的哲学,但是,阿多的做法是"回到古代,去彼岸",福柯的做法是"改造古代,立足此岸"。

阿多作为古典专家,基于形而上学传统,批判现代哲学专注于理论体系建构的同时,倡导人们应重归古代的"精神习练"、呼吁重获其中包含的实践伦理价值和生活向度。阿多认为这种"精神习练"暗含了等级、提升之意,也就是说,古人希望通过这些"精神习练"摆脱被情欲、非理性因素困扰的日常低等级生活,转变这种生活方式,而追求达到圣贤、彼岸完满世界的理想生活境界,这在古人看来才是真正的日常生活和当下,虽然它对于普通人来说是陌生的,阿多认为现代人的问题就是缺乏这种有知觉的、通过精神习练转化的超越的日常生活,而这样的生活的实现依赖于对普遍理性的使用、在自我中发觉超越性的自我的部分、排除"肉体"干扰。阿多严格地还原了古代原有的哲学思想,更侧重对"精神"进行灵魂的形而上学的解读,他在呼唤复兴古代、模仿古人。

而福柯作为后现代主义哲学家,他的方法是将对古代哲学的研究与现代生活美学相融合,剔除古代具有的灵魂形而上学氛围,立足人的现实生活。上文我们已经反复强调福柯认为不能从别的时代(古代)找到解决当代问题的方法,因此规规矩矩地重复古代哲学思想对福柯来讲是没有意义的,他需要做的是"挑拣"与"重新诠释",所以福柯并不在意文本的选择问题,也不在意其古代思想本来要传达的哲学内涵,而是依循自己的哲学任务来挑选、改写前人的思想。因此,福柯不重视区分斯多葛学派使用的是哪个术语("喜悦"与"快乐"),而是在意他们的思想中哪些观点契合了自己的哲学构想,换句话说,古代思想是福柯思想再造的材料箱,而不是福柯需要照本宣科的范本。而针对阿多对福柯关于"写"的指责——古人对于未来与过去的态度问题,笔者认为是中肯的,但是并不确切。其实福柯并没有着墨很多来探讨在古人看来未来、过去孰轻孰重,他在于强调"写"连接自我与真理关系的作用,强调消解未来的不确定性、做好当下对未来的"准备",我们在对"恶的预想"讨论中也提及了福柯的这种解读，所以这种为人提供"装备"的"写"在福柯看来也是立足于当下的、对人的现实起作用，并不是对过去的赞许，这与阿多得出的"古人更加重视当下的积极意义"的判断并无二致。但是这里要注意的是，两人对于"当下"的理解并不相同，也就导致为何阿多指责福柯的诠释太过现实化：因为福柯更侧重对"精神"进行生活美学化的解读，而非阿多的形而上学解读，福柯认为"当下"是人切实地对现有的生活方式和行为模式做出改善，立足于现有的生活，使其完善、幸福，自我关系的和谐、完满，人完全为了自己、忠于自己、实现自己，而不是将希望寄托于彼岸世界，因此这样的哲学生活不存在等级、飞升，它依赖的是养生法、性爱论、家政学，肉体被纳入实践考虑的范围中，这种哲学生活是真实的日常生活和当下，所以福柯才会挑选古代思想中更贴合生活美学的内容、并与现代生活美学相融合，再造、改写古代思想，适应现代。

　　第二，福柯与阿多回到古代哲学研究的目的不同，因此对古代哲学的解读存在差异。福柯通过重温古代哲学，期望创造"自我"思想，来对抗治理问题、消解"主体"概念；而阿多通过哲学怀古，期望恢复古代哲学丰富的修身内涵，重拾西方拥有的追求"贤哲"为伦理目标的哲学生活。因此，我们举例"基督教的修行"就能看出：阿多与福柯对基督教的"精神习练/自我技艺"解读存在不同，阿多更倾向于将基督教的"修行"【ascèse】与古代哲学的"精神习练"看成是一种接续关系，而福柯基于对主体谱系学的描述需要、基于对治理技术解构的思考，他从基督教的"自我技艺"中品读出了与古代"修养"［askêsis］实践之间存在的差异和断裂（比如在沉思中对"良心考察"的讨论，见上文），他看到了基督教对"自我"的舍弃，看到了基于新的治理要求、基督徒已然将"自我技艺"变更为"分析、解读、审查"的解释学的自我技艺，它成了"主体解释学的起源"。福柯研究古代哲学，就是要对比"主体"概念，形成新的"自我关系"，他亟须阐明古代存在一种不同于普遍、抽象、先验的"主体"概念的"自我"（self）关系的存在，所以他在阐述古代思想时才会更加突出"自我"关系具有的个性化、具体、经验、历史的现实层面，而这被阿多误读为过分地关注了"自我"的现实性、忽视了其"普遍性和超越性",而福柯认为这种普遍性和超越性正是自己需要克服的形而上学传统(阿多认为要通过"精神习练"形成"日常的自我"向"超越性的自我"等级升华)。

综上,基于阿多的视角,笔者能够理解阿多对福柯的指正是中肯且合理的,确实是福柯在诠释古代哲学时存在的一些问题。但是,笔者认为这些问题并不是福柯的错误解读,而是基于自己的哲学构思进行的有意为之,是对其"自我"思想进行建树的前期准备。正是对古代哲学进行了福柯式的理解和再解读,他才能摆脱主体哲学和形而上学传统,他才能回应一直以来困扰他的治理问题和人的生存境遇问题,他才能构想出一种适宜当下、现实的批判态度和体验式修养哲学,他才能成为生活艺术的哲学家,践行自己风格化、离经叛道的哲学观点,他才能为当下的我们提供某种现实性、可操作性的引导和建议。

第五章

批判态度与创造性修养实践：
福柯"自我"思想的内核

从福柯对古代哲学的研究中，我们能够看出，"关心自己"与"说真话"的自我技艺指涉了哲学的生存向度，那时的哲学处于未分化的状态、一种"召唤结构"之中，即真理、政制、品行三者相互参照，共为一体，互相不能还原和缩减地存在于福柯所谓的"哲学上的直言话语和态度"①中，这是一种哲学话语，区别于现代主体哲学的科学话语(scientific discourse)。哲学话语之所以区别于科学话语的原因在于：哲学在考虑真理问题时，思考的并不是真理是什么、为真理提供衡量标准，而总是以说真话的条件的方式展开，这就涉及个人说真话的伦理选择以及政治框架中个人享有说真话的权利、义务。哲学在考虑政制问题时，思考的并不是权力本身是什么、政治体制和组织结构的合法性来源，而总是以好的治理②(government)可能性的方式展开，这就涉及在真话的指导下形成好的政治制度、权力关系的合理分配，涉及为了拥有好的政治就要在说真话的指导下为伦理区分留下空间。哲学在考虑品行与伦理问题时，思考的并

① 福柯认为将真理、政制、品行联系起来讨论的方式分为四种哲学态度：哲学上的预言性态度许诺三者在未来和谐共生；哲学上的智慧态度寻求三者的基本统一框架；哲学上的技术性态度试图展现三者的异质性和分离性。只有哲学上的"说真话"的态度将三者紧密相连，谈及一者时就要重现其他两者，哲学上的这种态度始终认为不可能从根本上去分开思考真理[alêtheia]、政制[politeia]、品行[êthos]三者。参见 LdF84，p.68.《说真话的勇气：治理自我与治理他者II》，第55—56页。

② 好的治理并不是指权力关系全面地铺展，从而形成监禁社会，而是指权力的适度，人们虽然在权力关系中却仍旧能够拥有自由、美的生活。

不是道德规范(code)和基础是什么,或旨在成为一种道德的教育学,而总是围绕着主体塑造(the formation of the subject)问题展开,这就涉及如何获得真理、将真理主体化为人的高尚品行的问题,以及在政治框架中展开合理、善的治理方式。

　　然而,当前的哲学发展,是以科学话语置换了哲学话语,即以其中一个领域作为发展面向,这也是意识主体哲学屡屡出现危机的原因所在,这也造成人类当下的生存困境。因此,福柯回到古希腊—罗马哲学,就是要通过谱系学追溯,对比古代和现代哲学之间的自我技艺之差异,阐释哲学原初形态,借以反思人类当下的生存困境,这不是溯源的连续性的考察,而是试图揭示哲学发展存在的断裂和历史性。同时,从福柯的讨论中,我们可知哲学本身不仅仅是理论体系的建构,它还是塑造人的"品行"的美学艺术,具有指导生活的作用,现代主体哲学则抛弃了这一内容。福柯深谙于此,因此他做哲学的方式更贴近古代哲学的观念,这也是他的思想被广泛误解和诟病的地方,即一方面在福柯的哲学中,看不出真正的认识论哲学、政治哲学以及伦理哲学;另一方面批评福柯的思想只有解构,没有建构,是一条走向浪漫与虚无的死胡同。例如迈克尔·沃尔泽(Michael Walzer)就认为福柯仅"大骂铁笼的栅栏,但是,他并没有任何计划或者纲领欲将铁笼变成一个更像是人类家园的地方"[1];尤尔根·哈贝马斯(Jurgen Habermas)则认为福柯对于主体哲学的摆脱是失败的,并且既对反抗问题束手无策,又无法在解构之后为人类提供一个更好的未来愿景。[2]

　　回应学者对于福柯思想只有解构没有建构的指责,美国哲学家亚历山大·尼哈马斯(Alexander Nehamas)在《生活的艺术》(Art of Living)中对哲学形

---

[1]　Michael Walzer, *The Company of Critics*: *Social Criticism and Political Commitment in the Twentieth Century*, London: Peter Haben, 1989, p.239. 转引自欧阳谦:《福柯的新政治观:一种微观权力的谱系学构建》,《中国人民大学学报》2012 年第 2 期。

[2]　[德]哈贝马斯:《现代性的哲学话语》,曹卫东译,译林出版社 2004 年版,第 323、327 页。

态的理解在一定程度上能为福柯的思想辩护。①尼哈马斯认为哲学在早期存在着"理论体系"和"生活艺术"两个面向,基于此他对当下的哲学单一发展样态表达了质疑,他认为当前的哲学俨然已成为一门"理论学科"(theoretical discipline),而这种"理论学科"的哲学脱离生活太久,以至于形成了自身的"非变更的本质"(unchanging essence),现代西方哲学作为"思辨的哲学"以绝对压倒式的胜利战胜了作为"生活艺术的哲学"。他指出:"有些哲学家想找到普遍、重要问题的答案,这包含了关于伦理和美好生活的实质的问题,他们却不相信他们的答案与自己变成的那种人有很大的关系。"②也就是说,理论体系的哲学家们在解决问题时更加注重概念的思辨、语言的分析,逻辑的严密性、体系的完整性,例如,康德和黑格尔都属于这类的大家,但是他们并不认为自己的理论观点与个人的体验和生活经历有关,他们更倾向于将自己的理论体系与经验、历史划清界限,这说明,现代哲学家已经脱离了古希腊到异教晚期哲学家所拥有的哲学风骨。古代的哲学家普遍相信,理论是为了指导人过上哲学的生活、成为最优秀的人类类型,他们一生会身体力行地践行自己的哲学观点和理想、将哲学看成是一种生活方式,因此生活就是一场旷日持久的哲学实践和修行;而在笛卡尔开启了现代认识论转向后,这种哲学的生活实践和美学向度已经消失殆尽。与之相反的是"生活艺术哲学家"的做法,尼哈马斯认为蒙田、尼采、福柯、帕斯卡、叔本华、克尔凯郭尔、爱默生、梭罗等都是这一类哲学家,他们没有严格意义上的理论体系,而是试图将自己的哲学思想与行为体验、生活经历相融合,并且他们是重启哲学生活向度的哲学家,虽然很多人基于现代哲

---

① 台湾学者黄瑞祺在其论文《自我修养与自我创新:晚年福柯的主体/自我观》中表达了同样的观点,参见黄瑞祺主编:《再见福柯:福柯晚期思想研究》,浙江大学出版社 2008 年版,第 11 页。爱德华·麦格申也表示福柯并不是要建立一种哲学理论体系,而是要发挥哲学具有指导生活的作用。也参见 Edward F. McGushin, *Foucault's askêsis: An introduction to the Philosophical Life*, Evanston: Northwestern University Press, 2007, pp.xi—xii。

② Alexander Nehamas, *The Art of Living: Socratic Reflections from Plato to Foucault*, Berkeley: University of California Press, 1998, p.2.

学的框架来评判这些人,质疑他们的哲学家身份。同时,作为"生活艺术的哲学家"事实上还预判了现代西方哲学的走向,即回归"生活之道","Philosophy as Inquiry and Way of Life"(哲学:审问明辨与生活之道)——作为第 23 届世界哲学大会的主题则是最有力的证明:陷入认识论和主体哲学怪圈的现代西方哲学无疑将回归"生活"作为自己走出危机的方法,将高高在上的思辨拉回现实人间。同时"学以成人"作为第 24 届世界哲学大会的主题也呼吁学者将哲学"求真"的维度与"求善"的维度结合起来。

那么用这种理解方式去审视福柯的思想,我们毋宁说,福柯的思想是对人当前处境的一种警示和启发,对哲学生活的呼吁,试图用自我风格化的生存美学来对抗生活中的法西斯主义,这种法西斯主义不仅是被治理的不自由状态,还是难以撼动的世俗成见、对所处环境的习以为常等。福柯更多地将哲学的使命归结为批判和体验,而不是理论体系的建构,虽然他没有像黑格尔等人那样建立严密的哲学逻辑体系,也没有像马克思(革命)、哈贝马斯(交往理性)那样明确地告诉人们应该采取哪些具体措施来对抗权力,但是他一生的工作都在围绕着人的自由、以自我的生活体验为写照去示范应该如何去抵抗无处不在的"治理"、如何去审视当下的自我以便超越自我,他的人生就是一场实验、一场哲学的自我实践。福柯将哲学的意义和使命总结为:"哲学不仅是关于他物知识的学习[mathêsis],还应该是一种修养[askêsis]。如果哲学不仅是知识的学习,还是一种生活方式,一种存在样式,一种与自我的实际关系,在这种关系中,人们阐释(elaborate)自身、加工(work)自身,如果哲学成为一种修养[askêsis],那么当哲学家解决自己的问题和考虑城邦的问题时,他就不满足于哲学只是一种逻各斯[logos],不满足自己只是个说出真理的人,他还要成为参与的人,就是成为一个在 ergon 上亲自动手的人。"①也就是说,福柯晚期用历史谱系学考察古代哲学生活向度的同时,也重新将古代哲学的生活向度赋予

① Michel Foucault, *The Government of Self and Others*: *Lectures at the Collège de France 1982—1983*, trans. Graham Burchell, New York: Palgrave Macmillan, 2010, p.219.

了现代的新意涵，他崇拜苏格拉底，但是他更爱"发疯的苏格拉底"——第欧根尼，追求内心宁静、灵魂纯洁、生活幸福的修养训练，在福柯这里变成了危险的哲学实践，福柯将自己的哲学化为对"极限体验"（limit experiences）、性体验以及审美生活的追求，并且他相信人的塑造可以通过不同路径，他晚期的"自我"思想只是其中一种可能的尝试，自我本来就是具有非同一性的特点，自我塑造所呈现的结果完全取决于自我技艺的选择。因此，看似福柯的思想没有建构、看似他只是对古希腊—罗马的内容复述，其实福柯是将自己对自我的建构、真理的作用、哲学的任务等理解融入了对古希腊—罗马的解读中，借古人之口言说今日的问题。按照这种理解，福柯的确没有建构、没有明确地告诉他的读者应该去做什么，在福柯看来，给出标准答案的做法其实有悖于知识分子的使命，自我的塑造没有标准答案，这完全取决于自己的伦理美学选择，作为真正的知识分子，他应该是个哲学家，用自己的生命体验和生活经历去践行自己的思想，启迪人们，像犬儒者一样牺牲、战斗，肩负起神赋予的使命。哲学的理论体系维度和生活实践维度本就属于哲学的一体两面，不能以一方为基础去评价衡量另一方，这有失公允。在《何谓启蒙？》这篇文章中，福柯就十分明确地阐明了自己的哲学观点，他把自己和康德的理论批判哲学区分开来，认为批判精神是我们当前哲学所应该继承的态度，但是批判的对象却不是认识的有效范围，而是用这种哲学去"寻求改造主体、改造我们自身的条件以及无限可能"。[1]由此，福柯的哲学毋宁是一种批判精神和怀疑态度，试图唤醒哲学"人类学沉睡"、驳斥"逻各斯中心主义"等，终结现代性这一"灾难性的黑暗时代"，[2]刺激人们反思人类当下的境遇。

福柯对主体（自我）的谱系学考察，就是试图找到解决当下主体哲学、认识论困境的办法，试图为时刻处于"治理"枷锁中的人们释放可能的自由空

---

[1] BH80, p.24, note b.《自我解释学的起源》，第9页，注释b。

[2] 章国锋：《海德格尔、德里达、福柯：现代性的解构与"形而上学批判"》，《世界文学》2001年第1期。

间,试图去给予自我转化以无限可能性。解放"自我"不应该成为当下哲学的着力点,而是应该想方设法地探索"如何才能设想和我们关系的新类型、新种类。"①从对奠基于理性主体的现代哲学的不信任开始,福柯追问是什么把我们变成了今日我们所是之人,这就是本书第一部分讨论的内容,福柯追溯了基督教的自我技艺,找到了主体解释学的起源。按照他的解读,理性主体哲学不过是继承了这种解释学的自我技艺,而后运用在了自我同自身的关系上,炮制出一个主体概念,在通往真理的途径上又抛弃了"精神性"实践,改用以理性的明见性为基础的认识论方法,创造了所谓的"理性主体"幻相。无论是从知识的考古学出发,还是从本书讨论的主体谱系学出发,福柯都得到了一样的结论,那就是大写的"人""人将被抹去,如同大海边沙地上的一张脸"。②对普遍的、先验的、抽象的主体的拒斥,使得福柯转向了自我的历史、经验以及生活的面向,事实上这是对法国科学哲学和概念哲学传统的秉承和发展,即追随着卡瓦耶斯、巴什拉、康吉莱姆等人的脚步,福柯想要颠覆主体哲学和理性形而上学的传统。因此,福柯试图回到哲学的源头,揭示处理自我的关系不但有"解释学"的自我技艺,还存在着丰富的"关心和呵护"的生活美学的自我技艺,真理不仅存有认识价值,更具有伦理学、美学、政治价值。我们应该明确,回到古代,这不是福柯对现代文明失落的挽歌,而是福柯试图唤醒自我关系的新面向的努力。进一步讲,思想的任务或许并不在于提出标准化的答案,而是"问题化"某一历史事件,不是提出某一解决方案来应对当前情境,而是不断地创造、开辟新的可能性的方式来应对。③福柯不止一次说,我们当今社会的问题,绝不可能从其他时代找到直接挪用的解决方法。因此,福柯回到古希腊与阿多的目的不一样,阿多是为了"重温西

---

①　[法]福柯:《什么是批判? 自我的文化:福柯的两次演讲及问答录》,潘培庆译,重庆大学出版社2017年版,导言第 lxii 页。

②　[法]福柯:《词与物》,莫伟民译,上海三联书店2002年版,第506页。

③　Edward F. McGushin, *Foucault's askêsis: An introduction to the Philosophical Life*, Evanston: Northwestern University Press, 2007, p.xvii.

方失落已久的修养传统",①而福柯主张的自我修养观有很多非传统的成分,其目的不是建立一种和谐宁静的哲学生活,而是一种惊世骇俗的危险生活,他的偶像第欧根尼和波德莱尔对他的启发是要营造一种与自身相分离的自我修炼过程,要不断地冲破自我身份的束缚,福柯采用的方法是过危险的生活,这就是一种异的生活,打破约定俗成和传统,不断地进行自我创新和建构,自我没有固定的模式,它只是敞开的场域,并不是一个已然存在、具有固定本质等待人去发掘的实体,福柯的自我观是一种创造论,而不是主体哲学思想下的本质论。

第一节　自我与主体、主体性、主体化之间的区分和联系

在前文中,我们讨论了福柯对古希腊—罗马时期处理自我关系和真理关系的自我技艺的解读,事实上这已经是福柯将自己对自我关系、真理关系的理解融入其中,可以说是福柯基于反对主体哲学、现代性而对于古代思想的再次阐发,试图走出主体概念、知识真理概念,为哲学的生活和美学释放空间。通过前文的内容我们其实可以发现福柯对主体、自我、主体性等术语是没有加以严格区分就进行使用的,虽然他反对主体哲学,试图拆解主体概念,但是他仍旧在使用过程中高频地应用这个词汇,这就造成了读者理解上的困难和误区,不能很好地理解福柯"自我"思想的内容和旨归。并且对比法文和英文原文文献,发现中文译文中出现不同作品同一术语翻译不统一的情况。例如,在《哲学与权力的谈判》中,译者就将"subjectivité/subjectivity"翻译为"主观性",将"subjectification"翻译为主观化。因此,在澄清福柯的"自我"思想的内核之前,有必要对这一思想相关的术语进行澄清,我们才能更清楚地把握福柯"自我"思想的内核以及相关的内容。

---

① 黄瑞祺:《自我修养与自我创新:晚年福柯的主体/自我观》,黄瑞祺主编,《再见福柯:福柯晚期思想研究》,浙江大学出版社2008年版,第30页。

我们首先要列举一下相关的术语,这包括了自我【soi/self】,主体【sujet/subject】,主体性【subjectivité/subjectivity】以及主体化【subjectivation/subjectivation】四个术语。事实上,在试图走出主体哲学和挽救主体哲学的思想中,这几个词汇出现的频率非常高:例如,拉康就有关于"主体"和"自我"的区分;萨特的《什么是主体性》(*Qu'est-ce que la subjectivité*)还专门讨论了主体性这一术语的内容;叔本华在《作为意志和表象的世界》中提出了"纯粹主体"概念等。哲学家都出于自己的哲学视角来给予这三个术语以不同的理解,这一话题十分庞杂,我们在这里不一一展开讨论,我们单就福柯的视野来理解这几个词语是何种意涵。福柯在《道德的复归》(*Le retour de la morale*)这篇采访中,曾说:"既然任何一个希腊思想家都从未找到关于主体【sujet】的定义,也从未寻找主体的定义,我干脆就说那时候没有主体。"①但是矛盾的是,在《主体解释学》等后期作品中他实际上频频使用了"主体"一词来指代古希腊—罗马思想中的"自我"【soi/self】概念。因此,我们需要针对每个术语进行重新界定,以便澄清福柯因使用上的不严格造成的所谓"矛盾"。

一、"主体"概念

福柯并没有正面界定过"主体"【sujet/subject】概念,但是通过福柯对于主体哲学批判的文本,我们大体可以将福柯反对的"主体"概念等同于"主体客体化"(objectivizing of subject)过程形成的产物,这一过程也被称为"subjection",中文翻译为"屈从、服从",指的是个体通过各种强制技术和"解释学"的自我技艺形成主体的过程,这是一种消极的主体化(subjectivation)的过程。因此,我们可以得到一个等式:主体=主体客体化产物=消极的主体化产物=屈从过程

---

① Michel Foucault, *Dits et écrits 1954—1988: IV 1980—1988*, ed. Daniel Defert and François Edwald, Paris: Gallimard, 1994, p.706. 译文参见[法]福柯:《福柯集》,杜小真编选,上海远东出版社2002年版,第526页。

的产物。其实，这几个术语都与治理术①相关，在《主体与权力》当中，福柯认为西方文化通过三种模式将人塑造成各种"主体"（subjects）形象。

第一种是探寻（inquiry）模式，这种模式试图赋予自己科学地位。比如，在普遍语法、语言学、语文学中，将说话的主体客体化；再者，在第一种模式中，在财富和经济分析中，将生产主体，劳动主体客体化；又或者，第三个例子，在自然史或者生物学中，将活着这个绝对事实客体化。在我工作的第二部分，我将我研究的主体客体化称为"区分实践"（dividing practices）。主体或从他的内部进行自我区分，或从他人角度区分（自己）。这个过程使他客体化了。例子是：疯子和正常人，病人和健康者，罪犯和"乖孩子"等。最后，我试图研究——这是我当前的工作——人使自己变为一个主体的方式。②

第一、二种模式更多的是依据"知识—权力"模型，知识和权力之间的伴生、共谋关系从外部、强制、支配的角度去型塑主体：一方面基于求真意志，知识扮演了真理形象、为权力控制社会提供合理性和合法性；另一方面基于治理要求，权力催生出知识研究对象来左右知识的前进方向和涉及的领域，因此

---

① 在1982年美国佛蒙特大学的研讨班上做的讲座，福柯对于"治理术"进行了说明，他认为不能按照知识表面的价值来理解知识，知识是用来了解人类自身工具，并与一定的技术相结合，才形成了所谓的经济学、生物学、精神病学、医学等学科知识。他将技术分为四种，一是生产技术，二是符号系统技术，三是权力技术，也被称为支配技术或强制技术，四是自我技艺。福柯关注的是后两种技术，并且将治理术（governmentality）看成是支配他人的技术与支配自我技艺的相互接触。参见 Michel Foucault, "Technologies of the Self", *The Essential Works of Michel Foucault 1954—1985*, Volume 1, *Ethics*: *Subjectivity and Truth*, ed. Paul Rabinow, trans. Robert Hurley and Others, New York：The New Press, 1997, p.225. ［法］福柯：《自我技术》，吴蕾译，《自我技术：福柯文选 III》，汪民安编，北京大学出版社2015年版，第55页。

② Michel Foucault, "The Subject and Power" *The Essential Works of Foucault 1954—1984*, Volume 3, *Power*, ed. James D. Faubion, trans. Bobert Hurley and Others, New York：The New Press, 2001, pp.326—327. ［法］福柯：《主体和权力》，汪民安译，《福柯文选 III》，汪民安编，北京大学出版社2015年版，第107—108页。

"知识主体"和"作用于他人的主体"产生了。第三种模式则是人对自身的管理、控制,通过对于道德符码和规范的遵守,人成为道德主体。事实上,这三种模式概括了福柯早中期研究关注的内容,它们都可以统一于"解释学"的技艺之下。也就是说,用"解释学"的技艺来处理人与自我之间的关系,先将自我看成是一个有待被解读、解码、分析、剖析的客观对象,从自我中逼迫出关于自身的真理,以此作为普遍的、万能的、确定的原点和基础,继而以真理游戏的方式去管控自我和他人,形成各种话语和实践的对象,福柯也将之称为"身份"【Identité/Identity】,简言之,以普遍的主体作为可靠的基础来构建起知识的大厦——形成了各种关于"人"(Man)的科学。对自我的"认识"让人成为一个理性的存在,按照理性的方式去存在就必须遵从规范,实现了对自我的治理;对他人的"认识"让人成为学科的对象,人一旦成为学科的对象就陷入了被治理的陷阱,质言之,知识领域越发扩大,权力的触手就伸得更远。现代哲学通过认识方式去看待知识问题,实现了人的形象的抽象化、普遍化,知识—权力的伴生、共谋化。在这里,多面向、个体的人被普遍化、先验化、抽象化、绝对化了,成了没有内容的一个原点,这就是所谓的"主体"概念,在这基础之上才形成了"大写的人"(Man)、"人的科学"(sciences of Man)、"同一化"(i-dentification)为特征的各种"身份",而福柯"自我"思想的任务就是拒斥"身份",解构"主体"。

福柯在对待"主体"概念的态度上,他坚持的是一种类似于"唯名论"的态度,即"主体"只是一个符号、一个不具有实体性或者先验性的概念假相,现实存在的只是各种强制技术(规训权力、区分实践等)和自我技艺(自白技艺、自我审查技艺等),人按照真理游戏的各种特定形式、通过特定的认识实践和权力技术把自己塑造成看似实存和先验的"主体",而这种"主体"只不过是"在整个历史中始终带着其虚无的身份在奔跑"。[1]保罗·韦纳(Paul Veyne)对此

---

[1]   [法]朱迪特·勒薇尔:《福柯思想辞典》,潘培庆译,重庆大学出版社 2015 年版,第 147 页。

评价为："［在主体的这个例子中］被造就（made）的东西、对象是通过在历史的每一时刻它所做（making）的事情而被解释的，我们错误地设想这些被做的事情、实践是建立在被造就的东西基础上并被其解释的。"①也就是说，主体的形成和能够被理解是依托于它所进行的实践，这些权力实践和真理游戏是真切存在的，而主体并不能够作为证明其实践的有效和合理的基础。

福柯说："我所拒绝的是这样一种想法：从主体理论开始的想法——例如，现象学和存在主义就是这样做的——在这个理论的基础上，询问一种给定的知识形式是如何可能的。"②也就是说，福柯事实上反对的是主体哲学的知识论倾向，康德、现象学的胡塞尔以及存在主义萨特都是这一倾向的继承者、守护者、修护者，就是将普遍、绝对、同一的主体看成是哲学可靠的起点，将自己的理论所涉及的问题都围绕着主体概念展开，并且试图从这个概念中寻找答案，他反对的是这种理论上的预设和假定的形而上学做法，历史也验证了这种概念的先设并不能保证知识大厦的稳固，知识逐渐显示出一种脱离主体的趋势，因此，根据福柯的谱系学调查显示，这种由笛卡尔将自我审查和自白的技艺引入哲学后形成的产物是不存在的。然而，当福柯说主体"它是一种形式，而这种形式并非从根本上或者始终与自身相同"③的时候，实际上是福柯对主体进行了广义上的使用，这与福柯后来在演讲中频繁地使用"主体"【sujet】的做法是一致的，也就是说，主体如果不在主体哲学中去理解，被福柯所认同的要素

①　Paul Veyne, "Foucault Revolutionizes History", *Foucault and His Interlocuters*, ed. Arnold Davidson, Chicago: University of Chicago Press, 1997, pp.160—161.

②　Michel Foucault, "The Ethics of the Concern for Self as a Practice of Freedom", *The Essential Works of Michel Foucault 1954—1985*, Volume 1, *Ethics: Subjectivity and Truth*, ed. Paul Rabinow, trans. Robert Hurley and Others, New York: The New Press, 1997, p.290. ［法］福柯：《自我关注的伦理学是一种自由实践》，刘耀辉译，《自我技术：福柯文选Ⅲ》，汪民安编，北京大学出版社 2015 年版，第 264—265 页。

③　Michel Foucault, "The Ethics of the Concern for Self as a Practice of Freedom", *The Essential Works of Michel Foucault 1954—1985*, Volume 1, *Ethics: Subjectivity and Truth*, ed. Paul Rabinow, trans. Robert Hurley and Others, New York: The New Press, 1997, p.290. ［法］福柯：《自我关注的伦理学是一种自由实践》，刘耀辉译，《自我技术：福柯文选Ⅲ》，汪民安编，北京大学出版社 2015 年版，第 265 页。

就可以被理解为具有主动性、"现实的人"的同义词。但是一味地不加分辨地使用"主体"就包含了福柯所反对的主体哲学中的"主体"概念,也包含了福柯后期所推崇的自我主体化(关心自己、说真话)过程形成的"自我"【soi/self】关系,因此才会导致被其他学者误读,鉴于此,对福柯的研究,应该将主体概念的使用限定在福柯反对的"主体哲学"之中,而将福柯认同的要素称作"自我"。那么如何理解福柯所说的"主体是一种形式"呢,这是指人通过各种真理游戏和权力实践将自己客体化为各种疯癫的、病态的、有罪的形式,人既可以是政治主体,也可以是性爱主体,这取决于人采用何种自我技艺、建构何种自我关系,形成不同的角色和身份。福柯在早中期感兴趣的是与真理游戏相联系的主体客体化过程形成的主体形式的历史,也就是疯人、罪犯、性倒错者等,而"主体是一种形式"还包括了福柯晚期思想中的人通过真正的主体化过程形成的形式,即通过自由的自我实践、拥有风格化生活的"自我"。

二、"主体化"过程

上文讨论了主体的"客体化"过程,认为"主体化"【subjectivation/subjecti-vation】过程与"客体化"过程相对。但朱迪特·勒薇尔(Judith Revel)则认为"主体化"过程是包含主体"客体化"过程在内的过程。"一方面是对象化模式,此模式把人变成主体,这意味着只有对象化的主体,而主体化模式在此意义上就是对象化实践;另一方面则有方法,即自我关系通过若干自我技术得以把自己构成为自我生存的主体。"①其实甚多学者都对"主体化"这一术语持有相同的理解,包括福柯自己其实在晚期的时候也这样使用这个术语。这里存在一个广义和狭义的"主体化"的区分,我们当然不能说这样的理解是错误的,但是不区分广义、狭义的使用给研究相关问题的讨论者和读者带来了诸多困

---

① [法]朱迪特·勒薇尔:《福柯思想辞典》,潘培庆译,重庆大学出版社2015年版,第145页。

难和不便,更带来了许多对福柯"自我"思想的误解。

其实,从朱迪特·勒薇尔的论述中我们能够看到"对象化"和为"自我生存"的主体之间的区分,在福柯晚期,为摆脱主体哲学传统,福柯主要学习、借鉴的是后者,即一种严格意义上的"主体化",这是主动的过程,只将自我作为目标,以自我的自由实践为方式构建起的历史、经验的人的过程。同时,在生前最后一次采访中,福柯对"主体化"过程进行了如下解释,"通过一个过程,最后得以构成一个主体,或者更确切地说,构成一种主体性【subjectivité/subjectivity】,我把这样的过程称为主体化"①。而"主体性"又与"自我"相关(详细见后文)。

因此,为了防止我们在理解福柯思想时产生疑惑,笔者建议在讨论福柯的"自我"思想这一问题时,将"主体化"作狭义上的理解——单指"真正的主体化",即把它看成是人主动、自由地采用自我技艺构建自我的过程,将它看成是具有正面价值的术语;而暂不包括福柯所拒斥的"主体"概念的形成过程——主体的客体化过程,即以解释学的技艺形成抽象、普遍的"主体"的过程。上文中提到的"说真话"和"关心自己"正是"真正的主体化"的两种自我技艺,通过它们实现一种自我伦理学和生存美学。

其实,福柯对于"主体化"过程的关注是与福柯早期对于权力问题的研究紧密相关的,都是对人的现实生存境遇的关注,正是人处于被治理的状态中,因此,福柯希望借助人的"真正主体化"过程试图释放自由的可能性空间。福柯认为"如果真的只有在自我关系中才有抵抗政治权力的首要的和终极的支点,那么建立一种自我伦理学是一种紧迫的、根本的和在政治上不可或缺的任务。"②这种修养实践区别于解放实践,解放实践的路径是建立于压抑模式基础上的,正因为有压抑才需要去解放,然而福柯认为,现代权力并不是一种压抑

---

① Michel Foucault, *Dits et écrits 1954—1988*: *IV 1980—1988*, ed. Daniel Defert and François Edwald, Paris: Gallimard, 1994, p.706. [法]福柯:《福柯集》,杜小真编选,上海远东出版社2002年版,第525页。

② LdF82, p.252.《主体解释学》,第266页。

模式,而是一种权力关系伴生着真理性话语,解放推翻了国家机器,但是不能改变治理情境的普遍存在,所以解放路径行不通。同时,解放路径还假设了人拥有一种通过历史、经济抑或社会过程形成的本质、本性,并且这种本质、本性受到了权力压抑模式的束缚,因此,按照这种考量权力的思路,人就需要解放来实现自己的本质和本性,然而,通过上文中我们对于"主体"概念的讨论,福柯并不认为人拥有这种普遍、同一的本质属性,每个人都是一个通过自由实践形成的不同自我。因此,福柯认为不能以压抑模式来理解权力,现代的权力关系应该是治理术的广泛施行:"'治理'并不仅指涉政治结构或国家管理,也指涉个体或集体行为可能被指引的方式……寻求与权力相适应的关系,不应该在暴力或斗争方面去寻找,也不应该在自愿契约的一边去寻找(这些契约充其量只能是权力的工具),而应该在既不是战争,也不是法律的行为模式,即唯一的治理模式中去找寻。"①

对于权力理解的不同,造成了对于自由理解的不同,如果按照"敌对、敌意"(antagonism)和"战斗"(agonism)去理解权力,那么权力只存在于政治、国家之中,权力和自由是相互排斥的。然而福柯对于权力的理解是一种广泛的理解——对他人行为的引导模式,即治理,因此他认为权力和自由是相互缠绕的,只有人是自由的,权力关系才能施展,而不是权力一现身,自由就遁形。②正是权力关系和自由处于复杂的互动中,我们就能够明白福柯所谓的"哪里有权力,哪里就有反抗"的含义,这种反抗不应该是暴力的解放,而是在广泛的治理下,采用多种行为模式和反应方式去拒绝屈从(subjection),形成抵抗的意志、

---

① Michel Foucault, "The Subject and Power" *The Essential Works of Foucault 1954—1984*, Volume 3, *Power*, ed. James D. Faubion, trans. Bobert Hurley and Others, New York: The New Press, 2001, p. 341. [法]福柯:《主体和权力》,汪民安译,《自我技术:福柯文选 III》,汪民安编,北京大学出版社 2015 年版,第 129 页。

② Michel Foucault, "The Subject and Power", *The Essential Works of Foucault 1954—1984*, Volume 3, *Power*, ed. James D. Faubion, trans. Bobert Hurley and Others, New York: The New Press, 2001, p. 342. [法]福柯:《主体和权力》,汪民安译,《自我技术:福柯文选 III》,汪民安编,北京大学出版社 2015 年版,第 130 页。

保有不妥协的自由。因此我们应该将时间轴向前调整，通过历史谱系学考察，在这种"知识—权力"构型没有出现之前、解释学没有成为处理自我关系的主要技艺之前，看看古代人是怎么做的，这就成为我们摆脱当下被治理的境遇、摆脱被对象化、客体化自我的可能方法。古人的自由实践是一种针对自己欲望和快感的合理控制以及适当节制，福柯要借鉴这种方式，形成一种适应现代的生存美学和自我伦理学，一方面去抗衡和抵抗对人的治理、以实现人自身的自由，另一方面重新审视自我关系、中断以认识论为核心特征的处理自我关系的技艺，走出主体哲学的传统。

　　福柯通过回顾古人的自我技艺，即"关心自己"的方式去处理自我关系、"说真话"的方式去理解真理的功能和价值，给予处于当下困境中的人们以启示，从而建立起具有当代价值的"自我"思想：这种思想具有一定的治疗和批判作用，使人们与所处境遇形成距离，重新审视生活中遭遇的理所当然和司空见惯，同时，这种思想还要形成一种以伦理学选择、美学创造为特征的自我关系，使人始终践行修养实践，实现自我价值。福柯认为这是现代哲学，乃至整个哲学应该具有的重要功能之一，从苏格拉底的训谕出发，用"关心自己"扭转"认知你自己"（knowledge of yourself），"通过控制（mastery）自己，让自由成为你的基础"①。

三、"自我"与"主体性"

　　通过"真正的主体化"过程构成的就是"自我"【soi/self】。上文提到"主体化"有着广义和狭义之分，那么对应在"自我"上也就同样具有广义和狭义之分，广义上就包括了福柯所反对的通过解释学的技艺处理自我关系而形成的

---

① Michel Foucault, "The Ethics of the Concern for Self as a Practice of Freedom", *The Essential Works of Michel Foucault 1954—1985*, Volume 1, *Ethics: Subjectivity and Truth*, ed. Paul Rabinow, trans. Robert Hurley and Others, New York: The New Press, 1997, p.301. ［法］福柯：《自我关注的伦理学是一种自由实践》，刘耀辉译，《自我技术：福柯文选 III》，汪民安编，北京大学出版社 2015 年版，第 283 页。

"客体化主体",那么狭义上就是指通过"关心自己"和"说真话"两方面的生活实践,即一系列严格的修养实现的完满的自我关系,形成的一个历史和经验的人的形象。在研究福柯"自我"思想时,为了避免出现理解上的偏差,建议也将"自我"作狭义的理解,即"自我"对立于"主体"概念,它不是一种先验的、普遍的、绝对的存在,并不是通过"解释学"技艺所形成的对象化的逻辑预设,而是通过生活艺术、创造出来的产物,这个产物不是被创造出来的一劳永逸,而是面向未来处于不断变化和创造中。

福柯也将"自我"用"主体性"【subjectivité/subjectivity】来替换。在法语中,并没有与"自我"相对应的词汇,只存在"主体"【sujet】和"主体性"【subjectivité】两个单词,福柯只能退而求其次选择用后者来代替自己所指的、在古希腊—罗马思想中存在的这种"自我",而不使用"主体"【sujet】,以此来加以区分,所以准确来讲,福柯在《主体性与真相》《主体的解释学》《治理自我与治理他者》《说真话的勇气:治理自我与治理他者 II》之中虽然混用了"主体",但是能够从最后两年的演讲题目和内容中发现,福柯已经开始有意识地进行了区分。

在达特茅斯学院的"真相和主体性"讨论会上,福柯回答提问时说:"如您所知,在法语中我们没有与'self'(对应的词);这是十分遗憾的,不过我认为它是一个合适的词。在法语中,我们有两个词,'sujet'(主体)和'subjectivité'(主体性),我不知道你们是否经常使用'主体性',我想不会。您瞧,所谓'自我'(self),我指的是人类作为主体(subject)可以拥有,并能愉悦(entertain with)自己的那种关系。……在法语中,你可以称它为主体性【subjectivité/subjectivity】,但不够好,我认为'自我'(self)更好。我认为,主体(subject)和他自己的关系就是技术的对象、目标(target)。"①同时,福柯在 1980 年"对活人的治理"的系列演讲的 3 月 12 日一课中,他对于"主体性"一词进行了解释。"主体性"指的是"自我(self)和自己的关系模式"。②此外,福柯在为《哲学家辞典》中

①　BH80, p.116.《自我解释学的起源》,第 104—105 页。

②　Michel Foucault, *On the Government of the Living*:*Lectures at the Collège de France 1979—1980*, trans. Graham Burchell, New York:Palgrave Macmillan, 2014, p.225.

"福柯"词条所写的概要中，他以相似的方式说，"主体性"一词，他理解为"主体在与他自己（himself）产生关系的真理游戏中体验自己的方式"。①因此，在福柯的"自我"思想中，"自我"和"主体性"是等同的，可以相互替换。

通过以上的讨论，可以看出福柯所谓的"自我""主体性"是区别于"主体"概念的，更多地与古希腊—罗马的伦理修养和审美生存相关，具有正面价值，虽然福柯认为"自我"是一种关系，通过不同的技艺和实践能够形成不同样态的人的形象，从广义上讲，亦包括了在"解释学"视域下形成的以"认识、认知"为特征的自我关系，即普遍"主体"概念基础上形成的诸多"身份"（人的科学），例如，疯人、同性恋者等。但是为了更好地区分这些概念，这里姑且将"自我"（self）看成是指涉古希腊—罗马思想中带有正面价值的、自由的自我关系，即通过真正的主体化过程形成的具体的、实践的，具有伦理精神，体现美学价值、历史以及经验的现实的人，是"说真话"以及"关心自己"主题涉及的诸多"修养"塑造出来的。"自我"是一个开放性的场域，抑或是一个只存在于未来的胚胎形态（embryonic form），也就是说，人通过各种自由实践可以将自我打造成不同的样貌，而不是预先给定（pre-given），并要加以破译和确证的本质存在，毋宁说，福柯的"自我"思想是一种关于"自我"的建构和创造论，而不是将之简单理解为解构或者重新找回了他早期抛弃的"主体"概念。

对于"self"和"soi"的中文翻译，本书遵从学术界对于这个词的主流翻译，翻译为"自我"，但是，这种翻译方式仍旧伴有"解释学"方法的色彩，因为"我"就带有与"他者"的区分以及对自身的反思，仍旧有认识论和对象化的倾向。但由于语言差异以及学术界惯例，我们姑且用"自我"来指代人同自身之间、以实践为纽带连接的关系。我们也不能将"self"翻译为"自身"或者"自己"，因为在西语中对应的是"oneself"属于反身代词，不能作为主格出现，只能用作宾

---

① Michel Foucault, "Foucault", *The Essential Works of Michel Foucault 1954—1985*, Volume 2, *Aesthetics, Method, and Epistemology*, ed. James D. Faubion, trans. Robert Hurley and Others, New York: The New Press, 1998, p.461.

语,表语和同位语出现,而"self"是名词,能够独立使用,但是法语中没有与之对应的词汇,同时由于 soi 在法语中是指重读人称代词,使用的时候只能用在介词后,不能独立使用,所以福柯才使用了"主体性",因为它可以作为主格出现,乃至福柯后来直接用英文单词"self"来指代自己所要表达的意思,所以才有了前文讨论会上的说法。

在 1983 年加州伯克利分校哲学系的讨论会上,福柯对于"自我"(self)进行了明确的界定,他说:"自我【soi】不是任何别的什么,它就是和自己的关系。自我是一种关系。自我不是一种实在,它不是一开始就存在的结构。这是和自己的一种关系。在我看来,这种关系和这一整套关系,没有办法对自我给出其他的定义。"①因此,"自我"区别于"主体"概念,在福柯的"自我"思想中想要阐明的是"自我"的非确定性,试图去回应"主体的黄昏"与"主体的隐退",彻底地摧毁"主体"概念,代之以无限可能的自我关系。

以上,本书对于自我、主体、主体性和主体化分别进行了说明,笔者认为,福柯既不是回归了批判过的"主体"概念,也不是用"自我"代替了"主体"的位置,捏造了一种新的哲学预设,放在了其思想的起点之处。福柯的"自我"思想中确实不存在通过"解释学"的自我技艺形成的普遍、绝对的"主体",那种充当主体哲学的基点的逻辑的预设或者实存,在这种意义上,我们说福柯的晚期思想并不是回到了他早期摒弃的"主体"概念上,福柯绝对不是对主体哲学的回归。那么我们如何理解"自我构建"这一悖论呢? 也就是说,福柯重新设定了一个新的"主体",即自我势必预先存在,否则就无法展开构建,这就与福柯"无主体"的说法之间存在矛盾。一方面,有人会认为"自我构建"是悖论的原因在于,他们仍旧是从认识论、逻辑学等视角去理解福柯的现实、生存的思想,从而导致了误解,认为福柯在"逻辑上"出了问题。而认为福柯"自我"思想中不存

---

① Michel Foucault, *Qu'est-ce que la critique*? *suivi de La culture de soi*, ed. Henri-Paul Fruchaud and Daniele Lorenzini, Paris:Vrin, 2015, p.117. [法]福柯:《什么是批判? 自我的文化:福柯的两次演讲及问答录》,潘培庆译,重庆大学出版社 2017 年版,第 107 页。译文有改动。

在"主体"的学者则是从生存美学的角度来看待这一问题:福柯的"自我"的确"在",但是这不是一种先验的"在",不是逻辑上的设定,更不是通过对自我的剖析、解读的解释学方法形成的在意识中唯一确定的"在",而是自然而然的"在"、现实的"在",只要人活着"自我关系"就"在"。但是"自我关系"也同样是"不在",因为它不是被设定好的、本质的存在,而是带有无限可能性的、面向未来的"在",现在"不在",要伴随着生存艺术的加工,自我关系才能"在"。另一方面,对于"新的主体"的理解,本书已经反复强调"自我"是关系,而不是主体哲学的"主体"概念,所以批评福柯重新设定的一个"主体"的说法是不准确的。

总而言之,福柯的"自我思想"既没有回归"主体",也没有重新设定新的"主体"。福柯耐心地讲述古代的"关心自己"与"说真话"技艺是为了以此为基础形成一种现代的生存伦理美学,去形成多样化的"自我关系",让哲学生活化,过一种哲学的生活,以此来抵制、批判我们当下所处的境遇。福柯通过对于主体、自我技艺的历史谱系学追溯,让我们看到了在认识论转向开启前,古人处理自我关系的技艺,哲学蕴含的生活智慧,人呈现出的自由、积极、幸福的精神面貌。"主体解释学"并不是哲学前进唯一的方式,福柯的"自我"思想试图给出一个哲学之可能的出口,他将"说真话"的技艺引申为具有现代价值的"批判态度",将"关心自己"的技艺引申为具有"修养实践"的生活方式,通过两者将人引向通往哲学生活之路,成为美和善的存在。

第二节　"说真话"与"批判态度"

上文对于福柯"自我"思想的内涵作出了讨论,在这一小节就"自我"思想的重要性和意义作出说明,也就是说福柯的"自我"哲学思想到底给我们带来了什么? 笔者认为福柯通过对于古希腊—罗马时期"说真话"自我技艺的研究,他得以将自己的"历史—哲学"实践、"政治—伦理"构想在考古学以及谱系学维度上铺展开来,对其中包含的"批判态度"——这一哲学任务有了学理上更加明确的自觉。

一、"批判态度"的前期酝酿

我们首先要明确什么是"批判态度",其实,伴随着福柯的研究推进,"批判态度"的内容也是不断变化的。

也就是说,批判的思想并不是在福柯晚期思想中乍现的新内容。早在1978 年 1 月为乔治·康吉莱姆(Georges Canguilhem)《正常与病态》(On the Normal and Pathological)的英本版序言中,福柯就通过对于康德文章的简要评论,表达了自己对当下法国启蒙问题的转变以及哲学批判任务的一些看法。① 福柯在 1978 年 5 月 27 日法国哲学学会上以《什么是批判?》为题的演讲,具体而详尽地阐发了他对"批判"的理解,通过对比自己与康德之间关于启蒙、批判的观点的不同,福柯认为"批判"是"不被过度治理的艺术"。② 在福柯看来,康德在启蒙与批判之间引入了差异,批判成了一种狭隘的、仅存于"认识论"范围之内的理论工具,福柯认为这与康德对于启蒙的定义存在违和。而自己对于"批判"的理解更贴近于康德对启蒙的定义。"批判"应该是"这样一种运动,主体由此赋予自己权利,质疑真理的权力效应,质疑权力的真理话语",③ 可以看出在此时,福柯更多的是从"治理"的角度去理解"批判",与其说是对"批判态度"系统性的正面阐发,不如说是福柯为其刚刚结束的"安全、领土与人口"(1977—1978 年)课程涉及的"反—指导"【contre-conduite/anti-conduct】内容寻找一个理论支撑,转化康德的"批判"、借用其启蒙概念,来宣讲自己对"治理"

---

① [法]乔治·康吉莱姆:《正常与病态》,李春译,西北大学出版社 2015 年版,第 263—267 页。
② [法]福柯:《什么是批判? 自我的文化:福柯的两次演讲及问答录》,潘培庆译,重庆大学出版社 2017 年版,第 9 页。
③ [法]福柯:《什么是批判? 自我的文化:福柯的两次演讲及问答录》,潘培庆译,重庆大学出版社 2017 年版,第 12 页。

问题的理解，此时的福柯还处于对于其"自我"哲学批判功能的反思的萌芽阶段，还在围绕着权力问题、真理话语问题在"我们自身的历史本体论"的外围打转。

其实1978—1980年是福柯思想发生变化的重要阶段，在"对活人的治理"（1979—1980年）的课程中，福柯已经开始对基督教的"诉说自己"和"表现真相"的内容展开了研究，但是他表示这是对"治理"话题的继续推进。①在"主体性与真相"（1980—1981年）的课程中，福柯表示他开启的对古希腊—罗马"关心自己"的研究是处在"主体客体化"历史与"治理术"研究的交叉点上，因此对古希腊—罗马的研究得以让我们探究主体性（自我）的历史、得以切入"自我的历史本体论"。②因此，我们能够看到福柯研究问题的切入角度已经由"治理术"转向了"自我的历史本体论"。

此外，在1980年6月6日，克里斯丁·德拉康帕涅（Christian Delacampagne）对福柯的访谈中，福柯的回答也印证了这一点：当时的福柯将自己对"自我的历史本体论"考察仅概括为一种"好奇心"（curiosity）而不是"批判态度"，③因为此时的福柯还没意识到这种关注"现在、当下"的哲学动机能与康德的"批判"概念之间具有契合点，直到1983年对于康德"什么是启蒙?"的再次思考，福柯才为其晚期关于古希腊—罗马研究重新找到了在思想史上的定位，即把他自己的思想放置在更为深远的关于"批判"的话题讨论中。

所以可以看到直到1983年，福柯才在"治理自我与治理他者"（1982—1983年）的课程中逐渐对"批判态度"产生了更为清晰的洞见：在课程的伊始，福柯就阐发了他对于康德"什么是启蒙?"中包含的"批判"再理解，这是自

① Michel Foucault, *On the Government of the Living*: *Lectures at the Collège de France 1979—1980*, trans. Graham Burchell, New York: Palgrave Macmillan, 2014, p.321.
② Michel Foucault, *Subjectivity and Truth*: *Lectures at the Collège de France 1980—1981*, trans. Graham Burchell, New York: Palgrave Macmillan, 2017, pp.294—295.
③ Michel Foucault, *Foucault Live*: *Collected Interviews*, *1961—1984*, ed. Sylvère Lotringer, trans. Lysa Hochroth and John Johnston, New York: Semiotext(e), 1996, p.305.

1978 年以后"批判"主题消失后的重磅回归,这次福柯对于康德"批判"的理解更近一步,他认为"批判"还应该具备"追问现在(the present)"①的历史功能,而这一内容在 1978 年的《什么是批判?》的演讲中是不曾有的。而这一年(1983 年)正是福柯正式着手讨论古希腊—罗马"说真话"[parrêsia]实践的一年,这并不是巧合:这是基于福柯对古希腊—罗马时代以"说真话"技艺去处理人与真理之间关系的考察("治理自我与治理他者"1982—1983 年课程、"说真话的勇气:治理自我与治理他者 II"1984 年课程)得以实现的、对康德"批判"思想再度福柯式的阐发和改造。福柯在 1983 年加州大学伯克利分校作的演讲的结语中也坦言,自己对于"说真话的重要性、知道谁能说真话,以及知道我们为何该说真话"的研究直接促使他"建构西方哲学中批判态度的谱系"。②此外,阿诺德·I.戴维森(Arnold I. Davidson)和达妮埃莱·罗仑兹尼(Daniele Lorenzini)也指出福柯自 1983 年后开始密集地回归康德的文章,这是由于"批判态度"与福柯对古代"说真话"的研究之间存在着密切联系。③正是通过谱系学考察,福柯发现他所研究的古希腊—罗马时期人们处理真理问题的技艺(说真话)与传统形而上学中,即在"真理的形式本体论"之中处理真理问题的方式非常不同,而这一传统主要是由康德认识论批判开启的(狭义的批判理论),他的问题方式是"什么是真理? 认识真理是如何可能的?"而古代人看待真理问题的方式则是"我需要通过哪些实践、锻炼以及代价才能获得真理? 我需要对自己做出哪些改变才能达至真理呢?"这就引发了福柯对于真理与自我之间关系的再度思考;此外"说真话"的内容也是包含在古希腊—罗马的"关心自己"的主题之中,两者关系密不可分,而"关心自己"则涉及对"自我历史本体论"的探究,福柯又发现自己的这一研究与康德的批判思想中对"现在、当下的关注"

① Michel Foucault, *The Government of Self and Others: Lectures at the Collège de France 1982—1983*, trans. Graham Burchell, New York: Palgrave Macmillan, 2010, p.11.
② [法]傅柯:《傅柯说真话》,郑义恺译,台湾:群学出版社 2005 年版,第 229 页。
③ [法]福柯:《什么是批判? 自我的文化:福柯的两次演讲及问答录》,潘培庆译,重庆大学出版社 2017 年版,导言第 lvii 页。

不谋而合。①至此，福柯发现了自己与康德思想内容的重叠，他将自己的所有研究工作都置于康德批判思想视域进行阐发，换句话说，康德的批判思想已经成为福柯阐发自己历史—哲学批判的工具箱，是福柯的政治—伦理思想的重要理论资源。

在福柯没有找到康德"批判"这个有利抓手之前，福柯一直将自己哲学的任务概括为"好奇心"（上文已提及），在1984年出版的《快感的运用》中，福柯详细论述了"好奇心"的内容：福柯认为这种好奇心并不是找出人们应该知道（know）的东西并加以透彻理解，而是"超越、摆脱自我（get free of oneself）的好奇心"，这种好奇心的价值在于能够促使人在可能的范围内、以一定的方式偏离自身，而不是对于知识的渴求、促进知识的增长和积累的求知价值。②在以往的基督教、哲学乃至科学中，这种"好奇心"被掩盖了，因为它往往不被重视或被恶意抹黑，它被当成了"无益、徒劳"的同义词。而福柯则认为这种"好奇心"唤起了"关注"（concern），唤起人们对存在和可能存在的关心，也就是说要勇于发现我们周围的陌生和奇异的事情，颠覆我们对任何人、事物的熟知观点，不要恪守那些重要的和基础性的传统等级制度。③这与我们上文中讨论的犬儒主义的"异的生活"具有的精神完全重合，即把"差异"引入传统乃至我们所处的当下，让两者存在缝隙和距离以至于让我们能够重新审视它们，这种审视就是好奇心、就是批判，而不是反思，反思的提问方式是"什么是传统""什么是我们所处的当下"，而带有好奇心的批判提问的方式则是"我们习以为常的传统

---

① 在1983年的时候，福柯并未明确地把启蒙问题等同于批判态度问题，而是等同于"历史—批判"问题。他注意到了批判的两义性，即"批判"包含了批判态度，也包含了狭义的批判理论，所以福柯认为康德开启了哲学史上的两大传统：一是"对认识的批判分析"，二是"我们自己的历史本体论"。福柯认为康德对于启蒙的定义并不完全正确，因此福柯在1984年《什么是启蒙？》的文章中明确了福柯意义上的启蒙和批判。

② Michel Foucault, *The History of Sexuality*, Volume 2, *The Use of Pleasure*, trans. Robert Hurley, New York: Vintage Books, 1990, p.8.

③ Michel Foucault, *Foucault Live: Collected Interviews, 1961—1984*, ed. Sylvère Lotringer, trans. Lysa Hochroth and John Johnston, New York: Semiotext(e), 1996, p.305.

是怎样得以形成的""我们以及我们所处的当下是怎样得以被塑造的"。福柯认为这种"好奇心"就是当前哲学的任务,"当前的哲学(我是说一种哲学活动),如果不是关于它自身的批判性思考,那又该是什么呢?"①当这种"好奇心"与"说真话"内容中的犬儒主义的"异的生活"、康德的"批判态度"相遇时,福柯的哲学价值和任务就呈现在我们的眼前了。

二、"批判态度"的正式提出

在1984年,福柯发表与康德同名的《什么是启蒙?》(*What is Enlightenment?*)的文章,正式以批判和启蒙为主线,梳理、总结了自己的哲学研究历程,凸显了自己的哲学研究价值的独特性,在现代哲学中给予自己合理的定位和评价。与以往哲学家反思康德的启蒙、批判思想的路径不同,福柯没有将目光放在康德三大批判的研究上,而是放在了这篇名不见经传的小文上,在这篇文章中福柯获得了重大发现:康德在这篇文章中阐述了"启蒙"包含了从哲学角度去提问"现实、今天、当下"的内容。这可谓是西方思想史上首次有哲学家将"现在"(the present)当作哲学范畴引进哲学领域,这是哲学史上重要并具有决定性意义的事件。这是一个新问题。这一新问题不同于有关"不被如此治理"的问题(1978年福柯在《什么是批判》中的理解),而是"哲人在写作,他自己也隶属于其中的这一确切时刻的历史和哲学含义问题"。②当然,福柯并不否认在康德之前的哲学家也同样关注了他们所处的"现在"问题,以往哲学家对他们所处的"当下、现在"进行了反思后产生的对"现在"的看法可以分为三类:比如,柏拉图属于第一类,他将"现在"看成是世界的某个时期,由于其某些特征而区别于

---

① Michel Foucault, *The History of Sexuality*, Volume 2, *The Use of Pleasure*, trans. Robert Hurley, New York: Vintage Books, 1990, p.9.

② [法]福柯:《什么是批判? 自我的文化:福柯的两次演讲及问答录》,潘培庆译,重庆大学出版社2017年版,第66页。

其他时期；奥古斯丁属于第二类，他将"现在"看成是以后发生的事情的某种预兆；维柯属于第三类，他将"现在"看成是走向新世界的一个过渡阶段。与康德稍近时代的哲学家其实也都考虑过他们的处境，比如霍布斯关注了英国的政治局势，莱布尼茨关注了宗教的论争，笛卡尔关注了科学的失败，他们都积极地介入他们所处的境遇并试图改变他们所处的局势。但是康德与他们思考"现代"的方式很不相同——康德既不是从总体上，也不是从未来的终极视角来领悟"现在"，他意图寻找"差异"：现在相对于过去，带来了怎样的不同？这就是福柯对康德产生兴趣，并将自己看成是康德的"启蒙"继承人的原因。并且福柯认为康德对"现在"的追问是具有现代哲学特征的。也就是说，康德在思考他所隶属的现实的时候，提出的分析总是："什么是我们的现实？作为隶属于这一现实的我们是谁？就我们隶属于这一现实而言，我们的哲学活动目的是什么"。①福柯认为这样的诊断"今天、现实"的提问方式在现代哲学中越发重要、得到众多哲学家的继承，比如费希特、黑格尔、奥古斯特·孔德、尼采、马克斯·韦伯，甚至是胡塞尔。

　　但是，遗憾的是康德并没有将自己对"启蒙"这种对"当下、现实"的历史批判理解贯彻下去，而是转而用他的对"认识的批判分析"来解决"启蒙"问题，换句话说，康德是将"启蒙"问题与"理性"批判连接起来。在福柯看来，康德对启蒙的描述是一个"出口、出路"〈Ausgang/exit〉的消极定义，"启蒙"这一过程能够使人从"未成年"状态中脱离出来，这种"未成年"的状态并不是指人缺乏智慧、理性，而是指"不经别人的指导，就对运用自己的理智感到无能为力"。②因此，康德认为人要走出"未成年"状态、实现启蒙、就要"有勇气运用你自己的理智"。③"启蒙"在这种意义上就是人类不屈从于任何权威、能够独立使用自己的理性的时刻，那么在这一时刻上对于理性的"批判"显得尤为必要，正是因为

---

① 　［法］福柯：《什么是批判？自我的文化：福柯的两次演讲及问答录》，潘培庆译，重庆大学出版社
　　　2017年版，第68页。
②③　［德］康德：《历史理性批判文集》，何兆武译，商务印书馆1996年版，第22页。

存在对于理性的非正当使用,才产生了人屈从教条、他律的情况,只有确定了理性在其原则中正当地使用,理性才能获得自主和独立,才能够去断定"人们所能认识的、应该去做的和准许期望的东西",①才能不屈从于权威。因此,福柯认为康德对于"启蒙"的理解最终滑向了对理性的思考和批判,通过对认识能力的批判,康德确立和维护了理性的绝对地位,而忽视了与理性共在的权威、治理,弱化了"启蒙"具有的翻转外在权威控制、反治理的功能,使得"启蒙"肩负的历史—哲学批判这一属于政治—伦理任务与认识论的问题相混合,使得"启蒙"能够追问"现在"这一功能变得晦暗不明了。

在福柯看来,虽然康德将"启蒙"转向了对"理性"的批判,而没能完成启蒙的任务,但是还是要看到《什么是启蒙?》(*Was ist Aufklärung*?)这篇文章的新颖之处:它处于康德的批判反思和对历史的思考的交叉点上,也就是说,康德对于认识范围的划界这一理性批判的哲学尝试实际上是对于人类处于"未成年"状态这一现实境遇问题的回答,虽然在福柯看来这一回答是失败的,但是康德写作三大批判的理由的确是对现实性的思考,这是不能否认的。在福柯看来,"一位哲学家紧密而又内在地把他的作品对于认识【connaissance/knowledge】的意义同对历史的思考和对他写作的特别时刻(也正因为此他才写作)所作的特殊分析联系起来",②这样的做法是史无前例的,这是哲学史上第一次把诊断现实作为哲学问题来看待,也标志着具有的追问"现在"之含义的"启蒙"以一种诊断人的"当下生存境遇"的批判态度方式具象化了,这种批判态度是一种批判实践,而不是一种批判理论;是一种基于历史—现实的事件批判,而不是一种先验的批判、寻求普遍结构的批判。

---

① Michel Foucault, "What is Enlightment?", *The Essential Works of Michel Foucault 1954—1985*, Volume 1, *Ethics*: *Subjectivity and Truth*, ed. Paul Rabinow, trans. Robert Hurley and Others, New York: The New Press, 1997, p.308. [法]福柯:《福柯集》,杜小真编选,上海远东出版社 2003 年版,第533 页。

② Michel Foucault, "What is Enlightment?", *The Essential Works of Michel Foucault 1954—1985*, Volume 1, *Ethics*: *Subjectivity and Truth*, ed. Paul Rabinow, trans. Robert Hurley and Others, New York: The New Press, 1997, p.309. [法]福柯:《福柯集》,杜小真编选,上海远东出版社 2002 年版,第533 页。

　　因此，这种关注当下的“批判态度”必然与“现代性”相关，但是福柯对“现代性”的理解不同于以往哲学家对“现代性”的时间概念或历史时期的理解，他们所理解的“现代性”总是处于线性的历史分期中，即有一个前现代性、后现代性的比照。福柯把现代性理解为“一种态度”，①首先这种“现代性态度”是人与其所处的现实（present）发生关联（relationship）的方式，即人对于所处的当下所做的选择、思考、感觉乃至所采取的行为、行动，也就是说，在“成为现代的”这种恒常运动中把握永恒的、“英雄”的、“诗意”的东西。此外，这种现代性态度还类似于古希腊人追求的“êthos”（品行、气质），换言之，现代性态度除了指涉与现实的关系形式之外，还包含了“同自身建立起关系的方式。现代性的自愿态度同必不可少的苦行主义（asceticism）相联系”，②也就是说，我们不能只是被动地接受那些处于时光流淌中的我们自己，而是要主动地塑造自我，将自我看成是一个有待被创造的艺术品，将我们的所说、所想、所做等指涉的生活变成一件艺术品。这就与我们前文所讨论过的通过“说真话”、“关心自己”的自我技艺（艺术）来塑造“品行”、创设一种生活美学相呼应，福柯正是对我们所处的“当下、现实”进行了批判，才发现了不同于今天我们所相关的真理、自我关系的新模式。

　　因此，我们看到按照福柯对康德的阐发，福柯将启蒙看成是对当下的审问，通过批判态度、现代性态度来实现的历史—哲学考察，这其实就是他的“主体谱系学”研究所做的工作：这兼有政治分析层面和伦理美学实践层面。也就是说，一方面要对“现实、当下”进行政治（治理）层面的理论剖析，即我们与现实发生关联的方式，“是什么造就了我们的现实？”，这就是福柯对于主体解释

①　Michel Foucault, "What is Enlightenment?", *The Essential Works of Michel Foucault 1954—1985*, Volume 1, *Ethics: Subjectivity and Truth*, ed. Paul Rabinow, trans. Robert Hurley and Others, New York: The New Press, 1997, p.309. ［法］福柯：《福柯集》，杜小真编选，上海远东出版社 2002 年版，第 533 页。

②　Michel Foucault, "What is Enlightenment?", *The Essential Works of Michel Foucault 1954—1985*, Volume 1, *Ethics: Subjectivity and Truth*, ed. Paul Rabinow, trans. Robert Hurley and Others, New York: The New Press, 1997, p.311. ［法］福柯：《福柯集》，杜小真编选，上海远东出版社 2002 年版，第 536 页。

学所做的批判。另一方面要对何以转变"现实、当下"做出伦理美学实践的实验，即除了当前我们与自我、真理、权力发生关联的方式外，还有无其他的关联方式存在的可能，这就是福柯对于古希腊—罗马的"关心自己"与"说真话"技艺的谱系学研究。由此，我们将福柯的哲学任务概括为分析"在我们的世界里，在我们自己身上和我们的境遇中，我们愿意接受、拒绝和改变的东西"。①也就是说，建立"一种批判的哲学，它寻求改变主体、改变我们自己的条件和无限的可能性"。②福柯提醒读者需要警惕的是"人文主义"，福柯试图构建的"启蒙"的批判哲学与"人文主义"处于一种紧张的对立关系之中，而不是同一。人文主义虽然也包含了对权力关系、治理的抵制，比如对于基督教神学的批判、19 世纪对科学持敌视态度的人文主义、国家社会主义展现的人文主义等，但是人文主义总是不得不求助普遍的、总体的"人的概念"，这是福柯的启蒙批判哲学所反对的（福柯认为自我关系是开放、未知的）。

至此，福柯完成了对康德启蒙和批判概念的改造，他将自己看成是 Aufklärung 的继承人，秉持批判态度围绕着关于人的自我的本体论历史展开了我们同真理之间、我们同义务之间、我们同自我和他人之间关系的批判和分析，从这里我们仍旧能够看出福柯三角形结构，即真理、权力、主体之间的关系：我们同真理的关系可以不是那种生产自我真相的解释学关系，真理可以不以知识的形式表现，而是以一种伦理力量呈现，即真理主体化，使人成为说真话的人；我们同权力的关系可以不是以求知意志为导向的屈从、规训关系，切断知识同权力的共谋关系，为不愿被如此治理开辟道路；我们同自我的关系可以不是那种解读、分析、认识的关系，自我可以不是认识的对象，而是有待被创造的美之存在。这也与本书的逻辑关系相符：受主体解释学方法的禁锢，当前哲学的演进模式则以理性主体哲学为前进模型，各个领域都以此为起点来构建人的科学。福柯就要批判这种"现实、当下"，这属于福柯批判态度的第一

---

① ②　BH80, p.24, note b.《自我解释学的起源》，第 9 页，注释 b。

层——即政治分析。对于古希腊—罗马的谱系学考察则是对人转变"现实、当下"的可能性实践,这属于批判态度的第二层——伦理美学实验。德勒兹在评价福柯的历史—哲学批判的时候曾认为,福柯对于历史感兴趣的原因在于历史指明了我们来自何方,能够在对历史的考察中知晓是什么在禁锢着当下的我们,我们为了突破和超越自己、塑造一种新型的自我关系要与什么进行决裂。他认为福柯的批判哲学是一种实验,而不是对历史的解释,在这种实验中对现实进行拷问;当然这种实验并不能脱离历史,否则福柯的批判态度就只能是不确定和无条件的了。①将哲学与历史、现在、实践相连接,这是福柯批判态度有别于其他批判理论的地方。

第三节　"关心自己"与"创造性的修养实践"

上文讨论了福柯对于犬儒主义的态度,福柯不视其为丑陋、粗鄙的哲学流派,相反,通过诸多描述流露出他对于犬儒主义的崇尚和迷恋,福柯事实上继承了犬儒主义一个极为特殊的传统,即犬儒主义不太关心对于其学说(doctrine)的传授,而更关心传授图式(schema)、一种生活的图式,也就是说,相对于理论教学,他们更倾向通过榜样、轶事、事例来传递他们推崇的生活方式,福柯称之为"生活传统"②(traditionality of existence)。这种通过榜样、事迹来传递其推崇的行为模式和生活方式的传统与学说理论传统(doctrinal traditionality)截然不同,后者对于柏拉图主义和亚里士多德主义等哲学思想的发展是非常重要的,它通过重新激活被遗忘或者未被理解的思想核心、使之成为一种思想发展的起点或者是权威来源,继而构建起复杂的理论体系,现代哲学的发展则秉持了这种学说理论传统。而犬儒主义、事实上还包括伊壁鸠鲁主义都是通过对于生活中的情节、要素的记忆和效仿来传递他们所推崇的哲学生

---

① ［法］吉尔·德勒兹:《哲学与权力的谈判》,刘汉全译,商务印书馆2000年版,第120页。
② LdF84, p.209.《说真话的勇气:治理自我与治理他者II》,第174页。

活方式,对于生活中的要素、情节的记忆和效仿并不是因为遗忘了这种生活,而是相对于从前,处于当下的我们不再具有传递这种生活方式的榜样们相同的力量和高度,我们已经堕落、腐化和衰微了。如果说伊壁鸠鲁主义还保持了学说传统和生活传统之间的平衡,那么在犬儒主义中则是生活传统绝对压制了学说传统。同时,犬儒主义成了哲学英雄(philosophical hero)的最为本质、典型的形象,这种"哲学英雄"的形象不同于智者、圣贤、禁欲者,他们象征着一种生活方式,一种哲学生活方式,犬儒主义以最严苛的方式践行这种哲学英雄主义,使其生活成为哲学传奇、英雄的生活,成为启发后世的传奇和楷模。这种方式与当前的哲学发展模式极为不同,当前的哲学是有关哲学学说的历史,而不是由生活风格、生活方式构建的历史,福柯认为在19世纪初的时候,当哲学成为一种教授的职业开始,这种作为生活方式的哲学、作为伦理和英雄主义的哲学发展遇阻,也就是说,从19世纪初起,哲学传奇、英雄主义的生活方式不再具有广泛的生存空间。①这与上文我们提及的尼哈马斯对于哲学形态的分析存在共鸣:现代西方哲学只单线发展理论体系思辨的哲学。西方哲学从这时开始,逐渐忽视了它原来具有的生活、实践维度,仅仅是哲学观念的陈列,为形而上学的如火如荼的发展让路。哲学生活的问题成为哲学实践的一个越发无用的影子。其原因有二:一是犬儒主义代表的那种"真的生活"被宗教融合和征用。也就是说,宗教的禁欲和精神修行将犬儒主义生活中那些苦行、考验等内容继承了过去,并与其教义和教规相融合。二是现代科学模式的哲学发展使得"真的生活"不再是通向真理的条件,相反科学实践、体制以及共识为真理提供了保证。②由于这两个原因导致西方哲学失去了它原有的生活面向,而福柯通过"自我"的思想其实想要重新激活哲学的生活传统,他的哲学理想是——他想成为现代的犬儒主义者,一个哲学英雄式的人物,一个生存艺术哲学家,通过自己的离经叛道的生活方式去成为榜样和传奇,试图让那些已经衰

---

① LdF84, pp.210—211.《说真话的勇气:治理自我与治理他者 II》,第 175 页。
② LdF84, p.235.《说真话的勇气:治理自我与治理他者 II》,第 194 页。

弱、堕落的人重新拥有做人的力量，犬儒主义的“真的生活”给了福柯最直接的
启迪。

在 1982 年的一次采访中福柯表示：“我的每一部作品都是我生活传记的
一部分。出于某种原因，我有机会去感受和体验那些东西。”①也就是说，福柯
的每一本著作都是福柯个人经历的写照和浓缩，是福柯在追求美的体验、生活
极限的道路上的纪实档案，是福柯选择将哲学当成一种生活方式来度过一生
的宝贵经验的总结和结晶。美国学者詹姆斯·米勒（James Miller）也表示在福
柯的作品中体现出想要实践某种生活方式的强烈愿望，而通过对于福柯生平
轶事的追踪，米勒发现了福柯在生活中极力将这种愿望实现的诸多努力痕迹，
并且已经获得一些成功。②因此，我们要理解福柯的“自我”思想不能仅仅依据
福柯的著作本文，还要更加重视他的个人生活（人物传记），才能领悟福柯做哲
学的方式。

同时，福柯对于古希腊—罗马“关心自己”的研究，使得福柯意识到自我关
系不过是盛在容器中的水，水会随着容器的变化而变化，因此处理自我关系的
不同技艺就会导向不同的自我构型。对比于以解释学技艺形成的主体概念，
古人从“操心、照管、关爱”出发形成的自我关系使得福柯意识到它将是为现代
主体哲学松绑的一种途径。主体哲学并不是理解一切问题的唯一方式，当我
们不能再以认识和解读的方式去对待主体、失去主体根基后，我们将面临什
么？福柯的谱系学和考古学批判为我们展示了处理自我关系的新方法以及
“我们可以所不是今日的我们”的可能性。当然，这种新方法和可能性建立在
福柯对古希腊—罗马思想的批判地继承基础之上——福柯深知古代时期的哲
学思想不能够成为解决当下问题的金钥匙，他将自己的新观点融入“关心自

---

① Michel Foucault：“Truth，Power，Self：An Interview with Michel Foucault”，*Technologie of the Self：A Seminar with Michel Foucault*，ed. Luther H. Martin，Huck Gutman，Amherst：University of Massachusetts Press，1988，p.11.

② James Miller：*The Passion of Michel Foucault*，New York：Simon & Schuster，1993，p.5.

己"这一古代自我技艺中,将"关心自己"发展为以"体验、创造"为核心特征的自我技艺。换言之,如果说古人的"关心自己"最为主要的实现方式是"转向自我",形成的自我关系是以美的存在为目的,那么我们可以将福柯处理自我关系的技艺"发明"称为"挑战、冲破自己",其主要实现方式是"体验和创造自我",形成的自我关系是以异之存在为目的。福柯主张创造多样的自我关系,来抵制普遍的、同一的主体概念,主张用体验置换知识,来抵制哲学仅以理论体系建构为自己唯一的前进方式的做法。上文提到福柯的偶像是犬儒主义的第欧根尼,也就是说,福柯一方面参考了古代哲学中传统处理自我关系的方法,即通过"关心自己"这样常规的修养方式处理自我关系,使之完满、和谐,以至于自己拥有达至安宁、平静的哲学生活;①另一方面福柯更倾向于选择犬儒主义的路径,也就是追求极限的方式来进行自我关系的锻造(自我通过界限态度"une attitude limite"获得越界行为,以此作为自我转化和创造的动力),虽然他遵循了将哲学看成是一种生活方式,但是他的哲学将他的生活打造成了危险的生活,离经叛道的异之存在,对此,福柯曾笑谈自己不能提供普通的日常生活的快乐,他在日常生活中是个乏味的人,他渴望给自己的、给别人的生活是拥有强烈快乐的异的生活。②

一、 日常生活革命

　　首先我们应该从福柯文本中抓取福柯关注的对象,然后才能追踪福柯的生活经历,从中发掘出福柯是如何将他的哲学观点贯彻在生活中,以何种自我技艺来阻断原有的主体身份,以便形成新的自我关系。

---

① 皮埃尔·阿多对于古代哲学思想的阐发则以这种倾向为主,即他认为我们应该学习和继承古代这种精神习练获得一种平静幸福的生活。参见 Pierre Hadot, *What is Ancient Philosophy*, trans. Michael Chase, Cambridge & London:Belknap Press of Harvard University Press, 2002。

② [法]福柯:《权力的眼睛——福柯访谈录》,严锋译,上海人民出版社 2021 年版,第 9 页。

　　从《疯癫与文明》开始,福柯事实上已经开始触及现代社会的治理问题,在这之后的《词与物》《知识考古学》更多的是从话语角度去做考古学分析,而承接《疯癫与文明》关注的问题,福柯一口气发表了多部有关权力关系的著作:1963 年出版的《临床医学的诞生》、1975 年出版的《规训与惩罚》、1976 年出版的《性史》第一卷。本书将这些作品集中一起讨论的原因在于这些著作描写的对象就是福柯所谓的主体的客体化,即以解释学的"认识你自己"来处理自我关系,自我被当成被分析和解读的对象,以至于在求真意志的煽动下形成了众多关于人的科学——疯人、病人、罪犯以及性变态者,他们都是学科对象,而这正是哲学上主体哲学崛起的表现、是认识论转向开始的标志。其实,现代社会治理术的管治对象不仅仅是这些内容,在福柯为监狱情况协会印刷的小册子背面的几行字中包含了他所忧虑的各种权力关系和安全配置:"法庭—警察—医院,疯人院—学校,军队—报刊,电视—国家。"①也就是说现代社会中的多种身份体现了权力关系在社会中的广泛渗透:学生、士兵,甚至是情侣关系等。福柯认为疯人被看成是精神病患者这并不是理所当然的,犯人必须被关起来也不是不言而喻的,疾病的原因只能依靠身体检查来寻找也不是自然而然的。②以往人们采取暴力革命、解放运动来试图取消这些主体身份,而福柯是诉诸局部的反抗和抵制,即所谓的"日常生活革命",它与性、死亡等体验一道形成了福柯的"危险生活"。③

　　多种主体客体化的存在就说明了权力关系的多样性,因此,对于反抗的理解绝不能相信传统的单一权力观,即从政治—国家来理解权力。权力关系应该是无中心的、无主体的、生产性的、与现代知识相互勾结的,暴力革命砍去了统治者的脑袋,却对继续存在的权力关系束手无策,即便我们真的成功地进行

① 刘北成:《福柯思想肖像》,中国人民大学出版社 2012 年版,第 186 页。
② 刘北成:《福柯思想肖像》,中国人民大学出版社 2012 年版,第 266 页。
③ 这里需要说明的是,福柯对于性的关注一方面是以"生活日常革命"展开的,另一方面是以性体验展开的,而后者在福柯的生活中占有重要地位,因此本书用一小节的内容单独来阐述福柯如何在其生活中践行了他对性的理解的。

了革命和解放,我们也成为不了自由的主体,这是一种解放的乌托邦式遐想。在福柯的思想中,自由本就是与权力关系依傍共生的,没有自由空间,权力关系也无法施展,不存在不自由的问题,只存在过度治理的问题,我们应该做的是通过"日常生活革命"这种自我技艺去极力抹掉我们的身份(疯人、病人、性变态者、过失犯、乖孩子等等)。

1968 年法国的"五月风暴"事件对福柯影响巨大,①在这次事件中"政治"和"权力"的含义都发生了移位,对此福柯说:"政治的定义正在发生变化。现在,教育、文化甚至性事都在某种它们未曾是的意义上是政治问题。"②也就是说,并不是福柯对政治感兴趣,而是人们发现越来越多的压迫形式并不是按照传统的权力观运行的,而是完全符合福柯对权力关系的理解。"政治"主动找上了福柯,越来越多反抗的人将福柯的思想奉为战斗武器,福柯也主动参与各种运动。例如在教育改革方面:早在 1965 年福柯就担任了改革中学和大学教育体制研究委员会的成员,他主张教育改革。在 1968 年 5 月 17 日参加了五万人大会。又在接下来的 1969 年担任万塞纳大学的哲学系主任,并于同年 1 月 23 日与本校学生一道为巴黎圣路易公立中学的学生提供声援活动,并被警察逮捕。2 月 11 日又同萨特一起在拉丁区 3 000 人的抗议大会上发表宣言。参与运动过程中福柯不断被恐吓、威胁、殴打,但是,他没有退却……在福柯看来当时的学校是纪律和规训的工厂,强行灌输服从政治、社会、法律、规范的知识,培养整齐划一的"乖孩子",因此福柯与学生一道多次向教育发起挑战。此外在监狱改革方面:1971 年福柯与维达尔-盖纳(Pierre Vidal-Naquet)、多梅纳克(Jean-Marie Domenach)创建了"监狱情况协会"来声援犯人运动、为他们提供一个说话的机会,组织印发了四本小册子来揭示警察对日常生活越来越严

---

① 福柯当时正陷于突尼斯的学潮之中,突尼斯的经历对于福柯也有很大的影响,在突尼斯福柯多次不顾危险帮助学生,这是他主动卷入政治活动的开始,从此,政治和艺术、性等一道成为福柯的"极限体验"。参见刘北成:《福柯思想肖像》,中国人民大学出版社 2012 年版,第 139 页。

② [英]戴维·梅西编:《福柯》,徐德林译,北京大学出版社 2019 年版,第 114 页。

格把控的现实，也揭露了监狱忍无可忍的糟糕状况。同年的 5 月 1 日，福柯因为这四本小册子被警察盯上，他们以散播非法出版物的罪名逮捕了福柯并殴打了他。次年年初，福柯收到了一份由默伦监狱犯人提供的控诉，福柯连同二三十位（包括萨特、德勒兹夫妇、莫利亚克等知名人士）支持者进行示威和召开了新闻发布会，莫利亚克回忆当时的状况时表现出对福柯极大的钦佩：福柯一直走在最前列，情绪激昂，全力抵抗。在其他方面的社会斗争中福柯也显得十分积极：比如在反对种族主义的运动中，福柯同萨特、热奈、莫利亚克一起在 1971 年 11 月 27 日举行了游行示威，并设立办公室为需要帮助的人提供合法支持。又如在捍卫记者权利的斗争中，福柯也十分热情，在 1971 年 5 月他对撰稿人若贝尔（Alain Jaubert）进行了声援……罗列更多福柯参与的事件无益，我们能从这些事件中清楚地看到福柯对于这些带有危险性的抵抗运动的态度：体验，主动参与，无畏危险，而不是躲在书斋里"想理论"。

　　由于篇幅所限，本书将福柯参与的事件作了节选，挑选相关和重要的事件来讨论，因此不可能面面俱到，但我们能够看到福柯进行的是具体而明确的斗争实践，比如声援学生、为犯人呼吁等，而不是单纯地对意识进行批判，福柯用他的真实生活经验和实践来践行他的哲学观点，与边缘和弱势群体一起战斗在反抗治理的最前线，此时的他已经是一位行动派的哲学家、一位参与型的知识分子，而不是哲学的理论体系家、坐在书斋进行理论批判的知识分子。同时在这里我们也能看到福柯对于知识分子角色的理解，他与萨特那种"20 世纪人类的良心"的"普遍的知识分子"不同，福柯认为当前知识分子的角色不是为集体表达声音的代言人，而是应该身体力行地参与到各种反对权力关系的斗争中。[1]这是因为从 20 世纪 60 年代起，知识分子呈现"专业化"趋势，也就是说随着科学的扩展和职业的细致分工，知识分子承担的更多的是信息传递的功能，

---

[1] Foucault, "Intellectuals and Power", *Language, Counter-Memory, Practice: Selected Essays and Interviews*, ed. Donald F. Bouchard, trans. Donald F. Bouchard and Sherry Simon, Ithaca: Cornell University Press, 1980, p.207.

而不是真理生产的功能;他们不再仅隶属于资产阶级,而是服务于广大人民,因而没有"阶级原罪"。福柯一直秉持着这种知识分子的角色,奔忙于各种不平、不公、不义的具体斗争,为边缘人发声,他通过自己的生活实践展现了"日常生活革命"的可行性,体现了他对于犬儒主义"牺牲""治疗""战斗"来经营与他人之间的关系的思想的继承和发扬。在这种日常生活的革命体验中,"我是谁"的问题被消解了,"我可以不是谁"的问题被彰显了,我可以不是疯子、病人、罪犯、性倒错者、乖孩子等,同时,福柯也得以在这种革命体验中将自己塑造成英雄和美的存在。

二、 性体验

福柯作为同性恋者,这种身份在当时的社会算是异类。1942 年 8 月,法国刑法典增加了第 334 修正案,明确宣布同性性行为会遭受监禁和罚款的处理,这是第一部同性恋法律。①也许正是处于这种氛围中的福柯才会对性的治理异常敏感,才会极力为同性恋身份和越轨性行为作出辩护。同性恋同疯人、罪犯一样,它们是这个社会排斥、区分的反常、病态意象,是边缘人,同时它们又都成为知识的对象、成为权力关系运行的场所。当时"性压抑假说"影响力广泛,人们认为只有性解放才能使那些性反常的人重新获得自由,然而福柯反对这种对性的理解,认为这是一种谎言。他的谱系学调查显示,自 16 世纪末以来,性非但没有被压抑反而被激活,性话语爆炸式的繁殖,这是由于性成了以治理生命、人口为目标的生命权力的追逐对象,性话语的爆炸正是权力关系在身体与人口的连接点上疯狂煽动的表现,性面对权力—知识无处遁形。现代人与性的接触是以"性科学"[scientia sexualis]为主要方式的,伴随着福柯在法兰西学院的研究,他发现这种处理问题的方式不过是现代人对基督教"自白"和"自

_____

① ［英]戴维·梅西编:《福柯》,徐德林译,北京大学出版社 2019 年版,第 24 页。

我审查"的自我技艺的晚近改造,一方面通过"性科学"将性客体化为知识的对象,将各种反常的性行为分门别类地划归在不同科目的关于人的科学之中;另一方面不断地向人拷问自我的真相,让其不断地通过自白、说出性的真理性话语。因此,福柯认为西方文化是自白的文明,西方人是自白的动物,这与东方文化中的"性爱艺术"颇为不同。上文讨论了福柯对于古希腊—罗马时期的自我关系的研究,其中包含的修养实践则从较为概括的方面提及了古人对待性的基本态度,事实上对于性的理解是包含在古人对自我关系的理解之中的,因此本书并没有在自我关系中特别地予以论述,在这里我们进行简要的讨论。在《性史》的第 2 卷中福柯表达了这样的观点:古人对于性的理解,并不是被求知欲望支配的"性科学",也不是普遍统一的性道德,而是基于性快感的"工夫"和"修养实践",是一种基于美学的创造伦理行为。这是古人对性快感的享用,通过"养生法"、"家政学"、"性爱论"以及"真正的爱情"四个方面的自我实践展开对自我关系的风格化塑造:"养生法"不同于医学,虽然同样是以身体为中心,但是"养生法"并不是矫正和治疗的手段,而是一套用来调节人们行为的生活艺术,这是从"关心自己"出发的自我实践和主体化程序,目的是建立和谐、完满的自我关系,"养生法"的存在并不是为了消除性、监视性,而是为了让性的快感不至于成为人塑造完满的自我关系的阻碍。"家政学"要求的婚姻约束与现代婚姻忠诚的原因并不相同,这并不是一种道德要求,严格来说,古代的婚姻并不必然对男人构成约束,他们忠于婚姻的原因是出于对自我的呵护和关心,也就是适当的性节制有利于自我关系的塑造,继而治理好一个家庭,而女人则是家政的合作者,男人与女人的共同目标是"好好生活",而不是为了性健康、性道德。"性爱论"涉及了男同问题,在古代男同的爱与异性之间并无欲望上的区别,在古代对于男同的关注并不是因为它是反常的行为、需要被矫正,而是由于"少男"的特殊身份。这是因为在男女关系中,男人始终是主导、主体,而在男男关系中,"少男"日后必将成为性爱的主体,并且男男的性爱是为了将"少男"塑造为日后自我关系完满的人,因此两者之间更多是以引导、教育社会关系。"真正的爱情"涉及将真理问题融入爱欲之中,苏格拉底通过追问"什么是爱"使得问题变为:真正的爱并不是对对象的欲求,而是真理之爱,并且从成年男子对少男的爱慕转变为少男对真理导师的爱慕。①因此,福柯通过对古代人对性的理解的谱系学考察,发现性更多的是一种"利用、享用",是体验,而不是知识和规范的对象。

那么福柯是如何在其生活中践行他对于性的理解的呢?答曰:性的极限体验。也就是将身体和感官所得到的经验纳入修养实践,创造性地进行自我关系的塑造。何乏笔认为福柯的这种"性的极限体验"是一种"ascèse homosexuelle"(同性恋工夫),这区别于精神习练,更不类似基督教的禁欲苦行,而是一种贯穿"精神经验与身体经验的美学实践"②,也就是说,福柯将"性的极限体验"转化为一种美学实践以此来摆脱"工夫论"上的宗教的、侧重精神性发展的模式。同时,这种"同性恋工夫"使得自我得以不断地冲破原有自我关系的束缚,通过有关于性的修养实践使自我关系永恒地处于无限变换的可能性之中。福柯在写作《性史》的期间,美国旧金山之行无疑是改变他看待性问题的方式的重要事件,此时的旧金山已经成为同性恋者的圣地,对希望不停地改变自己、向多样性开放自我的福柯来讲,这是极大的诱惑,可以说,北美发展起来的同性恋解放运动是除了"无产阶级左派"失败事件外对福柯影响最大的政治运动。③其实福柯对于同性恋解放运动持犹豫态度,因为在福柯看来这种"走出来"的解放给性贴上了固定的身份标签,虽然这场运动坚决反对社会强行规定人的性角色的做法是福柯所称赞的——大胆而无羞愧地承认自己同性恋的身份是对社会禁忌、法律、成见的挑战,在福柯看来政治权力、知识权力没有资格

① Michel Foucault, *The History of Sexuality*, Volume 2: *The Use of Pleasure*, trans. Robert Hurley, New York: Vintage Books, 1990, pp.249—254. 中文参见[法]福柯:《性经验史》,佘碧平译,上海人民出版社2005年版,第285—289页。

② 何乏笔:《哲学生命与工夫论的批判意涵:关于晚期福柯主体观的反思》,《文化研究》2010年第11期。

③ James Miller: *The Passion of Michel Foucault*, New York: Simon & Schuster, 1993, p.254.

把性当成自己管治的对象，①同时，福柯希望在这场运动中更多地是通过性体验来达成对自我关系的多重塑造、革新和创造，而不是认同。虽然他对同性恋解放运动的态度犹疑，但是福柯还是多次在公开场合支持同性恋者，1981 年法国同性恋杂志《Gai Pied》发表了福柯有关同性恋的一篇专访，这是福柯生平第一次公开详尽地谈论建立"同性恋生活方式"的愿望，②在他看来这是"成为自己"的美学目标必需的"同性恋工夫"。

对于性体验则集中表现在福柯对 S/M 的探索上，福柯对弗索姆街（这条街是旧金山 S/M 的场所的聚集地区）十分着迷，帕萨尼（Bersani）在对于福柯极限的性体验的评价中说，福柯的旧金山之行绝不是玩玩而已，像一个坏孩子一样，不对其生活产生任何意义，相反，这样的性体验对福柯的精神生活产生了巨大的意义。③福柯勇于对世俗进行抨击，因为当时这种体验是被社会谴责的，他在 1979 年后多次公开谈论了 S/M 行为，他认为谈论这种性行为并不是要揭示、探究深藏于人类无意识之中的 S/M 倾向，而是要将 S/M 行为看成是一项创造性的事业，在这种创造中人可以建立、发明、增殖各种自我关系，对自我的形象不断进行突破，这就是我们上文提到的"挑战、冲破自我"的自我技艺。"你在那里遇见的人，对你来说，就像你对他们一样，都是一具通过相互交合从而产生快感的身体。你不再会被困在你的形象之中、你的过去、你的身份之中了。"④这也能让我们明白为何福柯总是忌讳别人给他贴上"结构主义者""后现代主义者"等标签，为何他强调"请不要问我是谁，更不要希求我保持不变，从一而终"⑤。福柯通过性体验来掌控快感，这是符合古人对于性的理解的，但是福柯又将其进行了犬儒主义的改造，即进行一种极端化、危险化的体验，将

---

① 福柯主张废除性的刑罚，比如强奸被惩罚的原因是由于肉体暴力，性任何时候都不应该受立法制约。参见 James Miller：*The Passion of Michel Foucault*，New York：Simon & Schuster, 1993, p.257。

② James Miller：*The Passion of Michel Foucault*，New York：Simon & Schuster, 1993, p.258.

③ James Miller：*The Passion of Michel Foucault*，New York：Simon & Schuster, 1993, p.262.

④ James Miller：*The Passion of Michel Foucault*，New York：Simon & Schuster, 1993, p.264.

⑤ ［法］福柯：《知识考古学》，谢强、马月译，生活·读书·新知三联书店 2003 年版，第 19 页。

现代社会看来备受谴责、伤风败俗、有悖于科学和法律的性越界行为（同性行为、性虐待行为等）作为自己体验的方式，向那种被科学、法律、道德驯化了的现代性行为发起挑战。虽然福柯的这种说法有为他自己的同性倾向作出狡辩的嫌疑，但是不得不承认的是从治理角度去思考福柯的越界性行为，确实是对现代"性科学"的抵制和松绑。

三、 福柯之死

1984 年 6 月 25 日，福柯猝然与世长辞，当时他在学术界的地位如日中天，并且在他逝世前夕，《性史》刚又出版了两卷，他的突然离开让人意外和扼腕惋惜的同时也被种种猜测包裹着。事实上，福柯对死亡有着很深入的思考，他对于死亡及其意义的看法十分独特，对他来讲，死亡本身就是生命的组成部分，不应该具有否定价值，它并不是与生命相对立的，而是一种生命的特殊表现形式。因此，福柯的死不仅仅应该被看成是他生命的终止，而应该被看成是他将"挑战、冲破自我"的修养实践、哲学作为生活方式的构想、创造性的生存美学付诸实践的表现。德勒兹也认为福柯将死亡看成一种生命的扩展，并且评价福柯的死时说："很少人能如福柯般以他们所构思的死亡而死"，他认为福柯重现了《雷蒙·鲁塞尔》（Raymond Roussel），"或许他选择了死亡，如同鲁塞尔……"①。那么，我们就不能简单地从生理性死亡去理解福柯的死，他的死是他的自我选择，是"冲破自我"的自我技艺塑造出的新的自我关系。

在上文中，我们讨论过福柯对于古希腊—罗马思想中对于老年阶段的价值、恶的预想、死亡的沉思的研究：从中他领略到的是老年作为一种修养的美好状态并不是生理的孱弱垂死阶段，应该坚持以"关心自己"来处理自我关系、不断地向老年迈进，达至积极、完满的理想生活境界，并且这种境界是人人都

---

① ［法］吉尔·德勒兹：《德勒兹论福柯》，杨凯麟译，江苏教育出版社 2006 年版，第 98、103 页。

可以凭借不断地修养实践能够达成的，这就是所谓的"关心自己"的普遍性。另外，对恶的预想、死亡的沉思在古人那里是出于对自己的关心，要形成一种对人坚不可摧的保护，拆解恶和死亡因不确定性带来的恐惧，使人可以对它们的随时到来做好准备。福柯将此发展为属于自己的有关死亡的生存美学，并在人生的最后阶段践行了对死亡之美的追求。死亡对于福柯来讲是美的集中体现，凡是向往美的人都会与死亡达成某种默契，如果想要拥有美的至高体验，就不会惧怕死亡，就会为了美而选择死亡，给死亡冠以消极的名字、等待死亡降临的被动行为、被死亡所震慑和奴役都是作为美之存在的对立面，要予以抛弃。人可以成为死亡的主人，通过选择自己所喜欢的方式去和死亡游戏，在博弈中实现审美的生活。最懂得生活和生命的人应该最懂得死亡，死亡是对于可能性本身的诗意浓缩，绽放了生命的可能性空间，但它又同时是生命中的必然事件，因此死亡"最自由、最有开发性、最踏实和最坦然自在"，①哲学家应该具备面对死亡的冷静态度，并且在死亡中把握生命可能性的极值，让生命在死亡中看到与自己迥异的形象。

　　1984年6月26日《解放报》(Libération)的一篇报道否认了福柯死于艾滋病的谣传，并认为艾滋病导致的死亡是"可耻的"，而这受到了大众的围攻，但还是形成了"艾滋病"在人们心中最初的印象——这是一种罪恶、道德败坏的人给人类纯洁世界带来的生物学天惩，也就是说"艾滋病"不仅是医学的对象，还要面对病因的道德拷问。然而，在1986年《倡导者》题为"巴黎来信"的专稿中确证了福柯死于艾滋病的事实。但是福柯的伴侣德费尔则认为，福柯和他具有相同的"道德"看法，并不会因为自己是同性恋者，死于艾滋病而感到自惭形秽。事实上，当时对艾滋病的病因和预防并没有十分明确的定论，但是对于艾滋病是一种十分危险的致死疾病是一种共识，并在男同之间广泛传播，但是福柯不以为然、丝毫不惧怕。②福柯对S/M十分迷恋，并认为这种方式可以创

---

① 高宣扬：《福柯的生存美学》，中国人民大学出版社2015年版，第546页。

② James Miller：*The Passion of Michel Foucault*, New York：Simon & Schuster, 1993, pp.21—34.

造快感的多种可能性,在福柯的晚期,这种性快感通过艾滋病这个中介与死亡相连接。也就是说,福柯晚期在明知道同性快感会带来生命危险的情况下,仍旧选择成为"受难的耶稣",通过这种极限体验的方式来试图改变自己,这种体验能够冲破现代真理游戏中的普遍区分:非理性与理性、无意识与意识、生与死等之间的界限。换句话说,福柯并没有听从医学(福柯认为这是一种治理方式)的指导,避免危险的性行为,这是对权力关系的抵制,性快感不应该与法律、规则、禁忌、道德相关联,①将艾滋病看做"同性恋病"本身就是社会的一次重大失误。性应该与对自我的关心、照管相关,是一种自我的自由实践,为新型自我关系提供条件,对于性快感的调节是修养的智慧,是生活美学的重要内容,性是一种体验、是人成为美之存在的途径,而不应该是性科学、知识的对象;同时艾滋病也不应该背负道德的评价,成为被区分的对象,人们当时对艾滋病的反应就像福柯在《规训与惩罚》中描写的"心理瘟疫"一样,颇具讽刺。即便这种同性行为被蒙上了艾滋病的危险外衣,福柯仍旧选择通过性的极限体验来宣示他对犬儒主义的"真的生活"的继承,即这种生活可能是一种带有恶名的生活(当时艾滋病具有负面形象),因为福柯没有像其他知识分子一样建立一种光辉、楷模的形象,而是用他对于性的危险实验来颠覆世俗对性和艾滋病的成见、禁忌、规定和法律。福柯通过成为他死亡的主人,开启了他独特的死亡体验:早年间,福柯多次尝试自杀,在 1979 年发表的一篇文章中,福柯就表达过他对自杀的看法,他认为人们应该为自杀做准备来迎接这终极和单纯的快乐,因为它会照亮人的生命,所以福柯在 1983 年才在艾滋病肆虐的时候仍旧选择与死神拥抱。他在与米勒(D.A.Miller)的对话中也表示,他一点也不害怕死亡,并用他一次被车撞倒濒死的体验说明死亡"欢欣而神秘"。② 这种对死亡的态度颠覆了传统对死亡的看法。他同波德莱尔一样,是对越界实践的苦行者,通过看似放纵的色情生活和死亡体验来抵制千篇一律的生活,实现对

---

① [英]戴维·梅西编:《福柯》,徐德林译,北京大学出版社 2019 年版,第 195—196 页。
② James Miller: *The Passion of Michel Foucault*, New York:Simon & Schuster, 1993, p.55, p.349, p.350.

自我关系的重新构造。

　　在晚期福柯将批判态度得以与这种以"体验"为特征的修养实践美学结合起来:不光是通过局部抵抗的方式来反对现代社会对人的过度治理,还要在承认治理的存在具有普遍性前提下,一方面通过批判态度对人现有的生存境遇(司空见惯的生存常态)进行质疑和批判,在哲学上即体现为对主体哲学(哲学既有传统)的摒弃,对自我的历史本体论涉及的三对关系进行重新整合——自我—真理、自我—义务、自我—他人——放弃运用解释学的自我技艺来维系它们之间的关系,不一味追求哲学的智识化;另一方面通过以体验和实践为特征的修养方式对人现有的生存境遇做出改造——福柯通过"极限体验"来塑造自己以及他的生活,也就是将他的哲学观点看成一种生活方式并予以践行,让自我关系成为一个开放性的空间,所以他一生中不停地变换自己的身份和形象,与此同时,福柯用自己的切身哲学实践来影响、启迪人们重新思考他们所处的当下,重新思考哲学的任务,重拾西方哲学的修养生活传统。

结　语

　　本书的研究为什么从福柯的主体解释学开始？这并不意味着福柯晚期的"自我"思想与早期的权力关系问题和知识考古学研究各自独立、互不联系，这是由于福柯早期对于权力关系和真理话语的讨论更侧重从策略和技术角度来谈论他所关注的人的生存境遇问题。正如本书开头提到的，福柯在1982年对自己一生工作的总结，他说自己关注的问题始终是主体，从主体这个视角来重新审视福柯的早期研究，其实权力关系的存在和真话游戏的运行都是基于主体哲学的，也就是说，正是有了主体解释学的自我技艺的存在，才有了那些权力技术和策略、才有了那些真理话语游戏。将人看成有待被分析的对象，将真理看成是知识，在求真意志下，知识与权力勾结，在自我和他人两条轨道上展开了对"人"的治理，形成了不同的主体身份，这就是福柯早期谈论的疯人、罪犯、同性恋者等等客体化的主体，这就是福柯早期谈论的性科学、医学、人文科学等关于"大写的人"的科学，这就是福柯基于"我们的历史本体论"所作的对人的当下、现实进行的诊断和批判。因此，要抵制现代治理术、摆脱人的客体化塑形、脱离人的现有处境的最根本的途径，就要拆解掉它们赖以生存的基础——主体哲学，消解掉其建立起运行逻辑的解释学自我技艺。如果说早期福柯的思想在描述"我们是谁"这个问题，从《主体解释学》开始，福柯已经开始将问题更推进一步，"我们怎么样变成了今天的我们"，而福柯的"自我"思想则是对"我们能不能不是我们今日之所是"的思考和实验。

　　从"人与自我的关系"和"人与真理的关系"两个维度入手，本书分别就主体解释学时期和古希腊—罗马时期讨论了福柯的观点，两种对待自我关系和真理关系的不同方法和态度的对照,让我们能够更加清晰地看到我们当前生存的境遇中存在的诸多问题,也就能够重新思考和衡量主体哲学的价值。想要脱离人当下的困境,一方面我们必须承认对主体哲学的迷恋造成了诸多问题:将主体看成是先验、绝对、客观的存在,并以此为基点、将所有的意义和原则都建立在它之上、形成真理知识的大厦其实是摇摇欲坠的。主体哲学与人文主义、逻各斯中心主义、人类学中心主义的交叉、融合带来的理性泛滥,人的地位绝对化等问题也是不言而喻的。福柯从自我技艺的角度入手分析主体哲学的弊端在哲学史上独树一帜,对于主体哲学赖以生存的主体概念的批判鞭辟入里,主体概念作为奠基性的存在,其本身的合法性确实存在问题。另一方面也必须承认福柯极端化地认为只存在塑造客体化主体的各种权力配置、技术策略、真理游戏,而主体只是一个概念假相的观点是有待商榷的。因为福柯不仅放弃了主体哲学,还摧毁了"主体",而后者是以哈贝马斯为代表的、仍旧以理性为手段挽救传统形而上学发展的哲学家们不能接受的做法。虽然福柯对社会"监狱"效应的谱系学描述与哈贝马斯的"生活世界的殖民化"的论断有着相似的对人类生存境遇的分析,但是福柯对传统概念——例如理性、真理、价值、规范性等的舍弃是传统形而上学哲学家不能容忍的。的确,我们必须承认理性、价值、规范、意义等这些概念为人类的进步和文明作出的贡献,但是也必须承认福柯对于这些东西的舍弃并没有完全走向一种浪漫虚无主义道路,他不是反对理性、反对规范、反对价值,而是反对这些东西的过分膨胀,福柯是在为那些正沉醉在看似文明进步的当下、现实之中的我们敲响警钟。

想要摆脱当下困境,仅对现实做批判是不够的,重要的是如何走出当下的困境。福柯通过对古希腊—罗马时期的探索,用历史描述的方法展现了不同当前人们处理真理、处理自我关系的自我技艺,试图给人们以参照。在晚期,福柯完全变换了自己天马行空的研究风格,十分小心谨慎地对诸多古希腊—罗马文本进行了近乎"照本宣科"的分析和解读。但是福柯的方法又是匠心独运的,他没有从传统的篇目和话题对古代思想进行解读,例如他选用《阿尔喀比亚德篇》这个并不引人注目的篇章开始自己的研究,从中提取出他认为重要的"关心自己"的内容,又如他对《拉凯斯篇》的解读也是特别的,很多学者都是从这篇文章的"勇气"话题来展开研究的,而福柯却从中提取出"说真话"的内容,诸如此类的运用还有很多,比如对犬儒主义的讨论、对斯多葛学派的文本理解等等,这里不一一列举。我们要明确的是福柯的哲学进路,也就是说福柯为什么费尽心血来谈古代思想,这是福柯从主体谱系学出发,也就是本书所研究的福柯的"自我"思想,站在主体问题这一更高层面(相对于治理问题)来思考人的当下、现实问题。他希望通过历史描述的方式来展现采用不同自我技艺形成的不同的自我关系、真理观,希望展现传统形而上学对普遍、绝对主体概念的迷信,对求知意志下的真理观的过分狂热。试图用古人"关心自己"构造的美的自我、"说真话"塑造的直言者来置换被主体哲学禁锢的主体观和真理观,试图为现实的我们松绑。诚然福柯对于古希腊—罗马的诸多文本的运用完全是依照着自己的哲学构想来编排和阐发的,他对于很多文本的使用不加以分辨、不谈论其真伪性、不在意文本翻译的版本是否权威,而仅仅挑选那些自己中意的文字。这成为他被学者诟病的地方,很多学者认为福柯在对古代思想的解读中存在这样或那样的误读——比如法国古典哲学家皮埃尔·阿多就认为福柯对古代哲学的研究是既不准确,又是十分危险的。但是,我们也必须肯定福柯从历史—哲学角度做出批判的价值,必须承认他为我们走出主体哲学传统提供了一条可参考的路径。

通过论述福柯批判的对象(主体哲学)、批判的展开过程(对古希腊—罗马思想的谱系学分析),至此,本书回答了"福柯的'自我'思想能否作为独立且完整的体系?",即"是不是一种建构的工作"这一问题。然而笔者认为至此自己对福柯思想所做的研究工作所形成的这一回答并不完善,因为福柯的猝然离世、福柯做哲学的风格、福柯讨论问题时选用的词汇的不严密等因素造成了福柯晚期"自我"思想看起来并不完整(福柯一直在谈论别人的思想、没有正面关于自己观点的阐述)和十分混乱(福柯"自我"思想是不是回归了抛弃的"主体"概念,还是另造了一个主体)。

因此,正面总结、提炼福柯的"自我"思想的内核,阐发这一思想为我们带来了什么,是本书亟须做的工作。福柯的"自我"思想为我们带来的其实是在对古希腊—罗马思想的诠释的基础上,形成的适应当下境遇的创造性生活美学。首先,从福柯"自我"思想涉及的诸多术语(主体、主体化、自我、主体性)入手,讨论了它们之间的区别和联系,这样才能抑制对福柯思想产生更多的误解。正因为以往学者没有对于这些术语进行界定,没有对讨论的前提进行说明,所以他们对福柯晚期所做的工作莫衷一是。福柯晚期并不是向"主体"概念回归,也不是重新塑造了一个主体,由于福柯本人对"主体"这一概念的模糊使用以及学者在讨论福柯"自我"思想时也没有对这一术语的内涵进行界定,因此学者对福柯的"自我"思想评价差别非常大。如若"主体"只指涉存在于主体哲学中的"主体",那么我们说福柯的"自我"思想既不是回归也不是再造了"主体",我们不能再用"主体"来指代人本身,因为有"主"就有"客",这仍旧遵循着主客二分的现代主体哲学思维,所以笔者建议采用"自我"(self)来替换"主体"这一词汇,福柯的"自我"思想因此就是一次创造性的实验,将人看成自我关系,试图不断地创造自我的不同形象,而不是发觉已然存在的人之本质。也许有人会担心福柯的"自我"思想有走向唯我主义、个人崇拜的危险,失去与他者之间的联系,其实不然,"说真话"的内容调和、平衡了"关心自己"对自我的过分依恋,也承担起了对他者的责任和义务,也就是说,"说真话"催生的批判态度是面向共同参与当下的所有人,而不仅仅是对个人的境遇反思,只是在解决生存困境的时候,福柯选择采用个人精英化的路径来解决问题。

同时本书从批判态度和体验的修养生活两个方面对福柯的"自我"思想的内核做出了讨论。其实这是一个十分矛盾的做法:受制于当前哲学理论化的发展模式,想要让更多的人理解福柯的"自我"思想,本书必须对福柯"自我"思想中那些需要人们了解,乃至继承的东西做出正面表述,但是这却违背了福柯的哲学初心,因为在福柯看来哲学面向个人,哲学本身是个人的一种生活方式和体验,是一种实践过程,它不能表述为具体的理论。一旦将哲学表述为理论,哲学就失去了它本身的价值。但是也必须意识到,福柯的"自我"思想确实给了我们向自身所处境遇发起质疑的武器:批判态度和体验式的创造修养实践。也许会有人怀疑福柯对康德的解读是否正确,质疑他的极限体验的说法是否对他个人生活的辩护,思考福柯式的哲学是否只是一种针对个人不具有大众属性的精英哲学。但是,我们也要看到福柯对启蒙、对现代性、对批判的解读是创设性的,跳出了传统哲学的思路,他对人的现实境遇的分析也是犀利和独特的,从历史—哲学、政治—伦理重新思考这些问题是福柯给我们最宝贵的馈赠。就像福柯在讨论"关心自己"的时候说过的,这本来就是"呼吁的普世性和获救的稀有性"交汇,是否要选择福柯这样的哲学,也是人们伦理的自由选择,因为毕竟福柯认为进行美的生存体验方式诸多,很多条自由实践的道路都会通向"美之存在"的罗马殿堂,福柯走向殿堂的路是一条充满危险的哲学之路,虽然看似边缘,但的确是松绑当下人被主体哲学束缚、被广泛治理的困境的手段。就像福柯在《疯癫与文明》的导言中借用帕斯卡的名言所说的那样:"人类必然会疯癫到这种地步,即不疯癫也只是另一种形式的疯癫。"我们如若不能了解福柯的体验式的生活美学、创造性的修养实践,又如何能评价福柯的这些看似疯狂的体验呢,福柯未尝不是一个常常冲破界限、与死神共舞的哲学苦行者。

参考文献

（一）福柯著作：

外文：

［1］Foucault, M. (1978). *The History of Sexuality*, volume 1: *An Introduction*(R. Hurley, Trans.). New York, NY: Pantheon Books.

［2］Foucault, M. (1980). *Language, Counter-Memory, Practice: Selected Essays and Interviews*(D. F. Bouchard, Ed.; D. F. Bouchard & S. Simon, Trans.). Ithaca, NY: Cornell University Press.

［3］Foucault, M. (1980). *Power/Knowledge: Selected Interviews and Other Writings, 1972—1977*(C. Gordon, Ed.). New York, NY: Vintage Books.

［4］Foucault, M. (1984). *The Foucault Reader*(P. Rabinow, Ed.). New York: Pantheon Books.

［5］Foucault, M. (1986). *The History of Sexuality*, volume 3: *The Care of the Self*(R. Hurley, Trans.). New York, NY: Pantheon Books.

［6］Foucault, M. (1990). *The History of Sexuality*, volume 2: *The Use of Pleasure*(R. Hurley, Trans.). New York, NY: Vintage Books.

［7］Foucault, M. (1994). *Dits et écrits 1954—1984: IV 1980—1988*(D. Defert & F. Edwald, Ed.). Paris: Gallimard.

［8］Foucault, M. (1995). *Discipline and Punish: The Birth of the Prison*(A. Sheridan, Trans.). New York, NY: Vintage Books.

［9］Foucault, M. (1996). *Foucault Live: Collected Interviews, 1961—1984*

(S. Lotringer, Ed.). New York, NY: Semiotext(e).

[10] Foucault, M. (1997). *The Essential Works of Michel Foucault 1954—1984*, volume 1: *Ethics: Subjectivity and Truth*(P. Rabinow, Ed.). New York, NY: The New Press.

[11] Foucault, M. (1998). *The Essential Works of Michel Foucault 1954—1984*, volume 2: *Aesthetics, Method, and Epistemology*(J. D. Faubion, Ed.). New York, NY: The New Press.

[12] Foucault, M. (1999). *Discourse and Truth: The Problematization of Parrhesia* (six lectures given by Michel Foucault at Berkeley, Oct—Nov. 1983). Re-edited for www.foucault.info.

[13] Foucault, M. (1999). *Religion and Culture*(J. R. Carrette, Ed.). Manchester, UK: Manchester University Press.

[14] Foucault, M. (2001). *The Essential Works of Michel Foucault 1954—1984*, volume 3: *Power*(J. D. Faubion, Ed.). New York, NY: The New Press.

[15] Foucault, M. (2001). *Madness and Civilization: A History of Insanity in the Age of Reason*(R. Howard, Trans.). New York,NY: Routledge.

[16] Foucault, M. (2002). *The Archaeology of Knowledge*(A. Sheridan, Trans.). New York, NY: Routledge.

[17] Foucault, M. (2003). *Abnormal: Lectures at the Collège de France 1974—1975*(G. Burchell, Trans.). New York, NY: Picador.

[18] Foucault, M. (2003). *Society Must Be Defended: Lectures at the Collège de France 1975—1976*(D. Macey, Trans.). New York, NY: Picador.

[19] Foucault, M. (2005). *The Hermeneutics of the Subject: Lectures at the Collège de France 1981—1982* (G. Burchell, Trans.). New York, NY: Palgrave Macmillan.

[20] Foucault, M. (2006). *History of Madness*(J. Murphy & J. Khalfa, Trans.).

New York, NY: Routledge.

[21] Foucault, M. (2008). *The Birth of Biopolitics: Lectures at the Collège de France 1978—1979* (G. Burchell, Trans.). New York, NY: Palgrave Macmillan.

[22] Foucault, M. (2009). *Security, Territory, Population: Lectures at the Collège de France 1977—1978* (G. Burchell, Trans.). New York, NY: Palgrave Macmillan.

[23] Foucault, M. (2010). *The Government of Self and Others: Lectures at the Collège de France 1982—1983* (G. Burchell, Trans.). New York, NY: Palgrave Macmillan.

[24] Foucault, M. (2011). *The Courage of Truth (The Government of Self and Others II): Lectures at the Collège de France 1983—1984* (G. Burchell, Trans.). New York, NY: Palgrave Macmillan.

[25] Foucault, M. (2014). *On the Government of the Living: Lectures at the Collège de France 1979—1980* (G. Burchell, Trans.). New York, NY: Palgrave Macmillan.

[26] Foucault, M. (2015). Qu' est-ce que la critique? suivi de La culture de soi (H.-P. Fruchaud & D. Lorenzini, Ed.). Paris: Vrin.

[27] Foucault, M. (2016). *About the Beginning of the Hermeneutics of the Self: Lectures at Dartmouth College 1980* (H.-P. Fruchaud & D. Lorenzini, Eds.; G. Burchell, Trans.). Chicago, CA & London, UK: The University of Chicago Press.

[28] Foucault, M. (2017). *Subjectivity and Truth: Lectures at the Collège de France 1980—1981* (G. Burchell, Trans.). New York, NY: Palgrave Macmillan.

[29] Foucault, M. (2023). *Madness, Language, Literature* (R. Bononno, Trans.). Chicago, CA: The University of Chicago Press.

中文:

[1] [法]福柯:《规训与惩罚:监狱的诞生》,刘北成、杨远婴译,生活·读书·新知三联书店 1999 年。

[2] [法]福柯:《词与物:人文科学考古学》,莫伟民译,上海三联书店 2002 年。

[3] [法]福柯:《福柯集》,杜小真编选,上海远东出版社 2002 年。

[4] [法]福柯:《疯癫与文明》,刘北成、杨远婴译,生活·读书·新知三联书店 2003 年。

[5] [法]福柯:《知识考古学》,谢强、马月译,生活·读书·新知三联书店 2003 年。

[6] [法]福柯:《不正常的人》,钱翰译,上海人民出版社 2003 年。

[7] [法]傅柯:《傅柯说真话》,郑义恺译,台湾:群学出版社 2005 年。

[8] [法]福柯:《性经验史》,佘碧平译,上海人民出版社 2005 年。

[9] [法]福柯:《主体解释学》,佘碧平译,上海人民出版社 2005 年。

[10] [法]福柯:《安全、领土与人口》,钱翰、陈晓径译,上海人民出版社 2010 年。

[11] [法]福柯:《必须保卫社会》,钱翰译,上海人民出版社 2010 年。

[12] [法]福柯:《福柯读本》,汪民安译,北京大学出版社 2010 年。

[13] [法]福柯:《临床医学的诞生》,刘北成译,译林出版社 2011 年。

[14] [法]福柯:《生命政治的诞生》,莫伟民、赵伟译,上海人民出版社 2011 年。

[15] [法]福柯:《什么是批判——福柯文选 II》,汪民安编,北京大学出版社 2015 年。

[16] [法]福柯:《自我技术——福柯文选 III》,汪民安编,北京大学出版社 2015 年。

[17] [法]福柯:《说真话的勇气:治理自我与治理他者 II》,钱翰、陈晓径译,上海人民出版社 2016 年。

[18] [法]福柯:《什么是批判? 自我的文化:福柯的两次演讲》,潘培庆译,重庆大学出版社 2017 年。

［19］［法］福柯:《自我解释学的起源——福柯1980年在达特茅斯学院的演讲》,潘培庆译,西南师范大学出版社2018年。

［20］［法］福柯:《权力的眼睛:福柯访谈录》,严锋译,上海人民出版社2021年。

［21］［法］福柯:《自我坦白:福柯1982年在多伦多大学维多利亚学院的演讲》,潘培庆译,长江文艺出版社2021年。

［22］［法］福柯:《知识意志讲稿》,张亘译,上海人民出版社2021年。

（二）有关研究文献:

外文:

［1］Chrysostom, D. (1932). *Dio Chrysostom I: Discourses I—XI* (J. W. Cohoon Ed.). Cambridge, MA: Harvard University Press.

［2］Sheridan, A. (1980). *Michel Foucault: The Will to Truth*. London, UK & New York, NY: Routledge.

［3］Dreyfus, H. L., & Rabinow, P. (1983). *Michel Foucault: Beyond Structuralism and Hermeneutics*. Chicago, IL: The University of Chicago Press.

［4］Smart, B. (1985). *Michel Foucault*. London, UK & New York, NY: Routledge.

［5］Rajchman, J. (1985). *Michel Foucault: The Freedom of Philosophy*. New York, NY: Columbia University Press.

［6］Hoy, D. C. (1986). *Foucault: A Critical Reader*. Oxford, UK: Basil Blackwell Ltd.

［7］Hadot, P. (1987). *Exercices Spirituels et Philosophie Antique*. Paris, France: Études Augustiniennes.

［8］Martin, L. H., Gutman, H. & Hutton, P. H. (Eds.). (1988). *Technologies of the Self: A Seminar with Michel Foucault*. Amherst, MA: University of Massachusetts Press.

［9］Deleuze, G. (1988). *Foucault* (S. Hand, Trans.). Minneapolis, MN: University of Minnesota Press.

[10] Bernauer, J. W., & Rasmussen, D. (Eds.). (1988). *The Final Foucault*. Cambridge, MA: MIT Press.

[11] Taylor, C. (1989). *Sources of the Self: The Making of Modern Philosophy*. Cambridge, MA: Harvard University Press.

[12] Bernauer, J. W. (1990). *Michel Foucault's Force of Flight: Towards an Ethics for Thought*. Atlantic Highlands, NJ: Humanities Press.

[13] Burchell, G., Gordon, C., & Miller, P. (Eds.). (1991). *The Foucault Effect: Studies in Governmentality*. Chicago, IL: The University of Chicago Press.

[14] Mahon, M. (1992). *Foucault's Nietzschean Genealogy: Truth, Power, and the Subject*. New York, NY: State University of New York Press.

[15] McNay, L. (1993). *Foucault and Feminism: Power, Gender and the Self*. Boston, MA: Northeastern University Press.

[16] Miller, J. (1993). *The Passion of Michel Foucault*. New York, NY: Simon & Schuster.

[17] Kelly, M. (Eds.). (1994). *Critique and Power: Recasting the Foucault/ Habermas Debate*. Cambridge, UK & Malden, MA: MIT Press.

[18] Deleuze, G. (1995). *Negotiations 1972—1990* (M. Joughin, Trans.). New York, NY: Columbia University Press.

[19] Hadot, P. (1995). *Philosophy as a Way of Life: Spiritual Exercises from Socrates to Foucault* (A. I. Davidson, Ed.; M. Chase, Trans.). Oxford, UK & Malden, MA: Blackwell Publishers Ltd.

[20] Davidson, A. I. (Ed.). (1997). *Foucault and His Interlocutors*. Chicago, IL: University of Chicago Press.

[21] Nehamas, A. (1998). *The Art of Living: Socratic Reflections from Plato to Foucault*. Berkeley, CA: University of California Press.

[22] Moss, J. (1998). *The Later Foucault: Politics and Philosophy*. London, UK & Thousand Oaks, CA & New Delhi, India: Sage Publications.

[23] Dumezil, G. (1999). *The Riddle of Nostradamus: A Critical Dialogue* (B. Wing, Trans.). Baltimore, MD & London, UK: The Johns Hopkins University Press.

[24] McWhorter, L. (1999). *Bodies and Pleasures: Foucault and the Politics of Sexual Normalization*. Bloomington, IL: Indiana University Press.

[25] Carrette, J. R. (2000). *Foucault and Religion: Spiritual Corporality and Political Spirituality*. London, UK & New York, NY: Routledge.

[26] Danaher, G., Schirato, T., & Webb, J. (2000). *Understanding Foucault*. London, UK: Sage Publications.

[27] Cavallaro, D. (2001). *Critical and Cultural Theory*. London, UK & New Brunswick, NJ: The Athlone Press.

[28] Han, B. (2002). *Foucault's Critical Project: Between the Transcendental and the Historical* (E. Pile, Trans.). Stanford, CA: Stanford University Press.

[29] Hadot, P. (2002). *What Is Ancient Philosophy?* (M. Chase, Trans.). Cambridge, MA & London, UK: Belknap Press of Harvard University Press.

[30] Strozier, R. M. (2002). *Foucault, Subjectivity and Identity: Historical Constructions of Subject and Self*. Detroit, MI: Wayne State University Press.

[31] O'Leary, T. (2002). *Foucault and the Art of Ethics*. London, UK & New York, NY: Continuum.

[32] Millers, S. (2003). *Michel Foucault*. London, UK & New York, NY: Routledge.

[33] Taylor, D., & Vintges, K. (Eds.). (2004). *Feminism and the Final Foucault*. Urbana, IL & Chicago, IL: University of Illinois Press.

[34] Bernauer, J. W., & Carrette, J. R. (Eds.). (2004). *Michel Foucault and Theology: The Politics of Religious Experience*. Burlington, VT: Ashgate.

[35] Gutting, G. (Ed.). (2005). *The Cambridge Companion to Foucault*. New York, NY: Cambridge University Press.

[36] O'Grady, H. (2005). *Woman's Relationship with Herself: Gender, Foucault and Therapy*. London, UK & New York, NY: Routledge.

[37] Oksala, J. (2005). *Foucault on Freedom*. Cambridge, UK: Cambridge University Press.

[38] Flynn, T. R. (2005). *Sartre, Foucault, and Historical Reason: A Poststructuralist Mapping of History*. Chicago, IL: University of Chicago Press.

[39] Detel, W. (2005). *Foucault and Classical Antiquity: Power, Ethics and Knowledge*(D. Wigg-Wolf, Trans.). New York, NY: Cambridge University Press.

[40] Paras, E. (2006). *Foucault 2.0: Beyond Power and Knowledge*. New York, NY: Other Press.

[41] McGushin, E. F. (2007). *Foucault's Askêsis: An Introduction to the Philosophical Life*. Evanston, IL: Northwestern University Press.

[42] Besley, T. A. C., & Peters, M. A. (2007). *Subjectivity and Truth: Foucault, Education, and the Culture of Self*. New York, NY: Peter Lang.

[43] Bührmann, A. D., & Ernst, S. (Eds.). (2010). *Care or Control of the Self? Norbert Elias, Michel Foucault, and the Subject in the 21st Century*. Newcastle, UK: Cambridge Scholars Publishing.

[44] Seneca. (2010). *Natural Questions*(H. M. Hine, Trans.). Chicago, IL & London, UK: The University of Chicago Press.

[45] Seneca. (2010). *Selected Letters*(E. Fantham, Trans.). New York, NY: Oxford University Press.

[46] Taylor, D. (Ed.). (2011). *Michel Foucault: Key Concepts*. Durham, UK: Acumen.

［47］Fitzsimons，P.（2011）. *Governing the Self*：*A Foucauldian Critique of Managerialism in Education*. New York，NY：Peter Lang.

［48］Weir，A.（2013）. *Identities and Freedom*：*Feminist Theory Between Power and Connection*. New York，NY：Oxford University Press.

［49］Falzon，C.，O'Leary，T.，& Sawicki，J.（Eds.）.（2013）. *A Companion to Foucault*. West Sussex，UK & Malden，MA & Oxford，UK：Wiley-Blackwell.

［50］Koopman，C.（2013）. *Genealogy as Critique*：*Foucault and the Problems of Modernity*. Bloomington & Indianapolis，IN：Indiana University Press.

［51］Kelly，P.（2013）. *The Self as Enterprise*：*Foucault and the Spirit of 21st Century Capitalism*. Farnham，London，UK & New York，NY：Routledge.

［52］Imafidon，E.（Ed.）.（2015）. *The Ethics of Subjectivity*：*Perspectives since the Dawn of Modernity*. New York：Palgrave Macmillan.

［53］Cremonesi，L.，& Irrera，O.（Eds.）.（2016）. *Foucault and the Making of Subjects*. London，UK：Rowman & Littlefield International.

［54］Elden，S.（2016）. *Foucault's Last Decade*. Cambridge，UK & Malden，MA：Polity Press.

［55］Elden，S.（2021）. *The Early Foucault*. Cambridge，UK & Malden，MA：Polity Press.

中文：

［1］［法］笛卡尔：《第一哲学沉思集》，庞景仁译，商务印书馆 1986 年。

［2］［德］康德：《历史理性批判文集》，何兆武译，商务出版社 1996 年。

［3］莫伟民：《主体的命运：福柯哲学思想研究》，上海三联书店 1996 年。

［4］［法］吉尔·德勒兹：《哲学与权力的谈判》，刘汉全译，商务印书馆 2000 年。

［5］汪民安等主编：《福柯的面孔》，文化艺术出版社 2001 年。

［6］《柏拉图全集》（共四册）第 1 卷，王晓朝译，人民出版社 2002 年。

［7］［美］理查德·舒斯特曼：《实用主义美学》，彭锋译，商务印书馆 2002 年。

[8]《柏拉图全集》(共四册)第2—4卷,王晓朝译,人民出版社2003年。

[9]冯俊等著:《后现代主义哲学讲演录》,商务印书馆2003年。

[10][美]理查德·罗蒂:《偶然、反讽与团结》,徐文瑞译,商务印书馆2003年。

[11][美]詹姆斯·米勒:《福柯的生死爱欲》,高毅译,上海人民出版社2003年。

[12][古罗马]爱比克泰德:《哲学谈话录》,吴欲波、郝富强、黄聪聪译,中国社会科学出版社2004年。

[13][法]弗朗索瓦·多斯:《从结构到解构——法国20世纪思想主潮》,中央编译局出版社2004年。

[14][德]哈贝马斯:《现代性的哲学话语》,曹卫东译,译林出版社2004年。

[15]《康德著作全集》第3卷,李秋零主编,中国人民大学出版社2004年。

[16][古希腊]伊壁鸠鲁、[古罗马]卢克来修:《自然与快乐:伊壁鸠鲁的哲学》,包利民等译,中国社会科学出版社2004年。

[17][古罗马]塞涅卡:《强者的温柔:塞尼卡伦理文选》,包利民译,中国社会科学出版社2005年。

[18][法]吉尔·德勒兹:《德勒兹论福柯》,杨凯麟译,江苏教育出版社2006年。

[19][德]尼采:《快乐的科学》,黄明嘉译,华东师范大学出版社2007年。

[20][德]尼采:《论道德的谱系、善恶的彼岸》,谢地坤等译,漓江出版社2007年。

[21][古罗马]塞涅卡:《哲学的治疗:塞涅卡伦理文选2》,吴欲波译,中国社会科学出版社2007年。

[22]黄瑞祺主编:《再见福柯:福柯晚期思想研究》,浙江大学出版社2008年。

[23][古罗马]马可·奥勒留:《沉思录》,何怀宏译,中央编译局出版社2008年。

[24]莫伟民等:《二十世纪法国哲学》,人民出版社2008年。

[25][古希腊]柏拉图:《阿尔喀比亚德》,梁中和译,刘小枫、甘阳主编,华夏出

版社 2009 年。

[26] 刘永谋:《福柯的主体解构之旅——从知识考古学到"人之死"》,江苏人民出版社 2009 年。

[27] [古希腊]第欧根尼·拉尔修:《名哲言行录》,徐开来、溥林译,广西师范大学出版社 2010 年。

[28] [美]理查德·舒斯特曼:《身体意识与身体美学》,程相占译,商务印书馆 2011 年。

[29] 刘北成:《福柯思想肖像》,中国人民大学出版社 2012 年。

[30] [美]弗莱德·R.多迈尔:《主体性的黄昏》,万俊人译,广西师范大学出版社 2013 年。

[31] [法]皮埃尔·阿多:《作为生活方式的哲学》,姜丹丹译,上海译文出版社 2014 年。

[32] 高宣扬:《福柯的生存美学》,中国人民大学出版社 2015 年。

[33] [法]乔治·康吉莱姆:《正常与病态》,李春译,西北大学出版社 2015 年。

[34] [法]朱迪特·勒薇尔:《福柯思想辞典》,潘培庆译,重庆大学出版社 2015 年。

[35] [加]阿德里娜·S.尚邦等主编:《话语、权力和主体性:福柯与社会工作的对话》,郭伟和等译,中国人民大学出版社 2016 年。

[36] [法]皮埃尔·阿多:《古代哲学研究》,赵灿译,华东师范大学出版社 2016 年。

[37] 汪民安主编:《福柯在中国》,河南大学出版社 2016 年。

[38] 赵灿:《诚言与关心自己:福柯对古代哲学的阐释》,上海人民出版社 2017 年。

[39] [英]安妮·施沃恩、史蒂芬·夏皮罗:《导读福柯〈规训与惩罚〉》,庞弘译,重庆大学出版社 2018 年。

[40] 陈媛:《解构中的建构:福柯思想解读的一种视角》,法律出版社 2018 年。

[41][英]戴维·梅西编:《福柯》,徐德林译,北京大学出版社 2019 年。

[42]杨大春:《福柯的当代性研究》,商务印书馆 2020 年。

[43]陈帅:《马克思与福柯:现代性批判理论比较研究》,社会科学文献出版社 2021 年。

[44]陈帅:《个体的自我拯救:福柯生存美学理论研究》,武汉大学出版社 2021 年。

[45]杜玉生:《福柯晚期主体伦理思想研究》,中国社会科学出版社 2021 年。

[46]梁中和编:《柏拉图对话二十讲》,商务印书馆 2022 年。

[47]宋玲玲:《伦理学视域下福柯对西方古典经典的阐释研究》,学苑出版社 2023 年。

未刊博士学位论文:

[1]杜玉生:《哲学修行与品性塑造:福柯的古代哲学研究》,北京外国语大学博士学位论文 2014 年。

[2]王辉:《主体与真理:福柯晚期伦理思想研究》,西安交通大学博士学位论文 2015 年。

(三)有关研究文章:

外文:

[1] Said, E. W. (1972). Michel Foucault as an Intellectual Imagination. *Boundary 2*, 1(1), 1—36.

[2] White, H. V. (1973). Foucault Decoded: Notes from Underground. *History and Theory*, 12(1), 23—54.

[3] Flynn, B. (1981). Sexuality, knowledge and Power in the Thought of Michel Foucault. *Philosophy & Social Criticism*, 8(3), 330—348.

[4] Taylor, C. (1984). Foucault on Freedom and Truth. *Political Theory*, 12(2), 152—183.

[5] Dreyfus, Hubert(1984). Beyond hermeneutics: Interpretation in late Heidegger and Recent Foucault. In Gary Shapiro & Alan Sica(Eds.), *Hermeneutics: Questions and Prospects*. Amherst: University of Massachusetts Press. pp.66—83.

[6] Lash, S. (1984). Genealogy and the Body: Foucault / Deleuze / Nietzsche. *Theory, Culture & Society*, 2(2), 1—17.

[7] Fraser, N. (1985). Michel Foucault: A " Young Conservative "?. *Ethics*, 96(1), 165—184.

[8] Patton, P. (1985). Michel Foucault: The Ethics of an Intellectual. *Thesis Eleven*, 10(1), 71—80.

[9] Schurmann, R. (1985). "What Can I Do?"In an Archaeological-Genealogical History. *The Journal of Philosophy*, 82(10), 540—547.

[10] Watson, S. (1985). Kant and Foucault: On the Ends of Man. *Tijdschrift voor Filosofie*, 47(1),71—102.

[11] Flynn, T. R. (1985). Truth and Subjectivation in the later Foucault. *The Journal of Philosophy*, 82(10), 531—540.

[12] Rorty, A. O. (1986). The Structure of Descartes' Meditations. In Rorty (Ed.), *Essays on Descartes' Meditations*. Berkeley: University of California Press. pp.1—20.

[13] Gordon, C. (1986). Question, Ethos, Event: Foucault on Kant and Enlightenment. *Economy and Society*, 15(1), 71—87.

[14] Rajchman, J. (1986). Ethics after Foucault. *Social Text*,(13/14), 165—183.

[15] Wolin, R. (1986). Foucault's Aesthetic Decisionism. *Telos*, 1986 (67), 71—86.

[16] Davidson, A. (1987). Sex and the Emergence of Sexuality. *Critical Inquiry*, 14(1) ,16—48.

[17] Flynn, T. (1987). Foucault as Parrhesiast: His last course at the College de

France(1984). *Philosophy & Social Criticism*, 12(2—3), 213—229.

[18] Dews, P. (1989). The Return of the Subject in late Foucault. *Radical Philosophy*, 51(1), 37—41.

[19] Patton, P. (1989). Taylor and Foucault on Power and Freedom. *Political Studies*, 37(2), 260—276.

[20] Davidson, A. I. (1990). Spiritual Exercises and Ancient Philosophy: An introduction to Pierre Hadot. *Critical Inquiry*, 16(3), 475—482.

[21] Rubidge, B. (1990). Descartes's Meditations and Devotional Meditations. *Journal of the History of Ideas*, 51(1), 27—49.

[22] Hadot, P. (1990). Forms of Life and Forms of Discourse in Ancient Philosophy. *Critical Inquiry*, 16(3), 483—505.

[23] Deleuze, G. (1991). The Conditions of the Question: What Is Philosophy?. *Critical Inquiry*, 17(3), 471—478.

[24] Gilles, D. (1992). What is a Dispositif ?. *Michel Foucault Philosopher*, 159—168.

[25] Veyne, P. (1993). The Final Foucault and His Ethics. *Critical Inquiry*, 20(1), 1—9.

[26] Davidson, A. I. (1994).Ethics as ascetics: Foucault, the History of Ethics, and Ancient Thought. In J.Gold-stein(Ed.), *Foucault and the Writing of History*. Oxford: Blackwell. pp.63—80.

[27] Balibar, E. (1994). Subjection and Subjectivation. In Joan Copjec(Ed.), *Supposing the Subject*. New York:Verso. pp.1—15.

[28] Huijer, M. (1999). The Aesthetics of Existence in the Work of Michel Foucault. *Philosophy & Social Criticism*, 25(2), 61—85.

[29] Gordon, N. (1999). Foucault's Subject: An Ontological Reading. *Polity*, 31(3), 395—414.

[30] McGushin, E. (2002). Michael Foucault's Retrieval of Care of the Self in the Thought of Plato. *A Journal of Ideas and Culture*, 6(2), 77—103.

[31] Levy, N. (2004). Foucault as Virtue Ethicist. *Foucault Studies*, (1), 20—31.

[32] Flynn, T. R. (2004). The Religious(Re) Turn in Recent French Philosophy. In Jeremiah Hackett & Jerald Wallulis(Eds.), *Philosophy of Religion for a New Century*. Dordrecht: Springer Netherlands. pp.173—186.

[33] McGushin, E. F. (2005). Foucault's Cartesian Meditations. *International Philosophical Quarterly*, 45(1), 41—59.

[34] Flynn, T. (2005). Philosophy as a Way of Life: Foucault and Hadot. *Philosophy & Social Criticism*, 31(5—6), 609—622.

[35] Koopman, C. (2008). Foucault's Historiographical Expansion: Adding Genealogy to Archaeology. *Journal of the Philosophy of History*, 2(3), 338—362.

[36] Koopman, C. (2009). Two Uses of Genealogy: Michel Foucault and Bernard Williams. In Carlos Prado(Ed.), *Foucault's Legacy*. New York: Continuum. pp.90—108.

[37] Rochmore, T. (2009). Foucault, Hegel, and the Death of Man. In Carlos Prado(Ed.), *Foucault's Legacy*. New York: Continuum. pp.90—108.

[38] Koopman, C. (2010). Revising Foucault: The History and Critique of Modernity. *Philosophy & Social Criticism*, 36(5), 545—565.

[39] Macmillan, A. (2011). Michel Foucault's Techniques of the Self and the Christian Politics of Obedience. *Theory, Culture & Society*, 28(4), 3—25.

[40] Koopman, C. (2011). Foucault across the Disciplines: Introductory Notes on Contingency in Critical Inquiry. *History of the Human Sciences*, 24(4), 1—12.

[41] Seitz, B. (2012). Foucault and the Subject of Stoic Existence. *Human Studies*, 35(4), 539—554.

[42] Dorrestijn, S. (2012). Technical Mediation and Subjectivation: Tracing and

Extending Foucault's Philosophy of Technology. *Philosophy & Technology*, 25(2), 221—241.

[43] Bustamante, C. B. S. (2013). Michel Foucault's Philosophy of Bio-power and the Construction of the Human Subject. *Philippiniana Sacra*, 48(143), 77—108.

[44] Koopman, C. (2013). Putting Foucault to Work: Analytic and Concept in Foucaultian Inquiry. *Critical Inquiry*, 39(4), 817—840.

[45] Iftode, C. (2013). Foucault's Idea of Philosophy as "Care of the self": Critical Assessment and Conflicting Metaphilosophical Views. *Procedia-Social and Behavioral Sciences*, 71(10), 76—85.

[46] Iftode, C. (2015). The Ethical Meaning of Foucault's Aesthetics of Existence. *Culture*, 12(2), 145—162.

中文:

[1] 何乏笔:《修养与批判:傅柯〈主体诠释学〉初探》,《中国文哲研究通讯》第15卷第3期。

[2] 何乏笔:《导论:迈向另一种主体的政治经济学》,《中国文哲研究通讯》第18卷第4期。

[3] 费德希克·格霍:《启蒙与批判态度:福柯论康德》,蒋国英译,《中国文哲研究通讯》第20卷第4期。

[4] 何乏笔:《前言:傅柯的主体概念及其跨文化意涵》,《中国文哲研究通讯》第20卷第4期。

[5] 何乏笔、费德希克·格霍:《哲学生命与艺术作品》,《中国文哲研究通讯》第20卷第4期。

[6] 何乏笔:《从性史到修养史——论福柯〈性史〉第二卷中的四元架构》,《欧美研究》第32卷第3期。

[7] 莫伟民:《从尼采的"上帝之死"到福柯的"人之死"》,《哲学研究》1994年

第 3 期。

[8] 张志伟:《主体概念的历史演变》,《教学与研究》1996 年第 5 期。

[9] 杨大春:《身体经验与自我关怀——米歇尔·福柯的生存哲学研究》,《浙江大学学报》2000 年第 4 期。

[10] 章国锋:《海德格尔、德里达、福柯:现代性的解构与"形而上学批判"》,《世界文学》2001 年第 1 期。

[11] 莫伟民:《论福柯非历史主义的历史观》,《复旦学报》(社会科学版)2001 年第 3 期。

[12] 文兵:《主体的非中心化与历史的非连续性——福柯〈知识考古学〉的主旨》,《哲学研究》2002 年第 1 期。

[13] 杨大春:《别一种主体——论福柯晚期思想的旨意》,《浙江社会科学》2002 年第 3 期。

[14] 莫伟民:《福柯的反人类学主体主义和哲学的出路》,《哲学研究》2002 年第 1 期。

[15] 汪民安:《论福柯的"人之死"》,《天津社会科学》2003 年第 5 期。

[16] 汪民安:《福柯与哈贝马斯之争》,《外国文学》2003 年第 1 期。

[17] 孟彦文:《哲学的终结与伦理学的兴起》,《哲学研究》2004 年第 2 期。

[18] 曾志:《西方知识论哲学中的真理融贯论》,《社会科学辑刊》2005 年第 1 期。

[19] 张政文:《康德与福柯:启蒙与现代性之争》,《哲学动态》2005 年第 12 期。

[20] 莫伟民:《我思:从笛卡儿到萨特》,《学术月刊》2006 年第 3 期。

[21] 何乏笔:《跨文化批判与当代汉语哲学——晚期福柯研究的方法论反思》,《学术研究》2008 年第 3 期。

[22] 莫伟民:《福柯与政治想象力》,《哲学动态》2009 年第 5 期。

[23] 莫伟民、汪炜:《启蒙的悖论及其出路》,《求是学刊》2009 年第 1 期。

[24] 何乏笔:《从权力技术到美学修养:关于傅柯理论发展的反思》,《哲学与

文化》2010 年第 3 期。

[25] 莫伟民:《主体的真相——福柯与主体哲学》,《中国社会科学》2010 年第
3 期。

[26] 何乏笔:《哲学生命与工夫论的批判意涵:关于晚期傅柯主体观的反思》,
《文化研究》2010 年第 11 期。

[27] 于奇智:《从康德问题到福柯问题的变迁——以启蒙运动和人文科学考
古学为视角》,《中国社会科学》2011 年第 5 期。

[28] 高秉江:《"思"与思维着的我——笛卡尔和康德自我观的异同》,《哲学研
究》2011 年第 6 期。

[29] 欧阳谦:《福柯的新政治观:一种微观权力的谱系学构建》,《中国人民大
学学报》2012 年第 2 期。

[30] 胡颖峰:《论福柯对现代性的批判》,《浙江社会科学》2014 年第 3 期。

[31] 胡颖峰:《论福柯的生存美学思想》,《理论月刊》2014 年第 8 期。

[32] 赵灿:《"parrêsia"与"epimeleia heautou":福柯晚期思想的两个核心术
语》,《哲学动态》2014 年第 9 期。

[33] 陈群志:《阿道与福柯的修身哲学之争》,《世界哲学》2015 年第 6 期。

[34] 刘悦笛:《走向"生活之道"的当今西方哲学——兼与孔子的"生活哲学"
比较》,《社会科学战线》2015 年第 10 期。

[35] 莫伟民:《"人之死"——词与物的主旨及其哲学意蕴》,《哲学研究》2015
年第 4 期。

[36] 张旭:《论福柯晚期思想的伦理转向》,《世界哲学》2015 年第 3 期。

[37] 赵灿:《福柯论古代哲学中的"修习"》,《哲学动态》2015 年第 4 期。

[38] 莫伟民:《福柯政治历史主义探究》,《哲学研究》2016 年第 12 期。

[39] 宋玲玲:《从皮埃尔·阿多的批评看福柯晚期的主体观念》,《道德与文
明》2016 年第 5 期。

[40] 汪民安:《作为直言者的福柯》,《中国图书评论》2016 年第 8 期。

［41］陈新华：《皆以修身为本——福柯与中国修身哲学沟通的可能性》，《湖北社会科学》2017 年第 7 期。

［42］韩东晖：《成己、启蒙与直言》，《中国高校社会科学》2018 年第 4 期。

［43］莫伟民：《哲学是诊断活动——福柯哲学观探究》，《复旦学报》（社会科学版）2019 年第 5 期。

［44］汤明洁：《反思批判：论福柯的现代性启蒙哲学》，《哲学研究》2019 年第 9 期。

后　记

终于将我的博士论文修改完毕，准备付梓了。

在本书即将出版之际，需要感谢的人很多。最要感谢的人是我的导师冯俊教授。九年前，承蒙恩师厚爱，收我于门下，不嫌弃我资质平庸，悉心教导，我的每一点滴进步与成绩都凝聚了他的辛苦付出。冯老师是法国哲学研究的专家，有着渊博的学识和极高的学术造诣，是我毕生学习的榜样。他为人温和宽厚，善良仁爱，用他的一言一行教会我做人的道理。与恩师的相处，让我真正明白了什么是"经师易求，人师难得"。唯有勤恳工作，继续踏实地做好科研，才能不负恩师多年的苦心栽培。

此外，本书得以顺利出版还要感谢学校提供的学术著作出版基金的资助。感谢学校领导和部门主任陈胜云教授对本书出版事宜给予的高度关心和大力支持；感谢科研处朱俊英老师在出版过程中的指导帮助和沟通协调；感谢上海人民出版社的编辑为本书的出版所付出的辛劳；感谢刘海蛟、颜孙棋同学为书稿完善所作的校订工作。在此一并衷心感谢！

时至今日，博士毕业已四年有余，既惭愧于自己的懒惰，又疲于奔忙在工作和家庭琐事之间，疏于对学术研究的精进，使得博士论文在完稿后未能有更高的学术水平的提升，所以我深知，本书的出版并非意味着结束，而是新的开始，我会带着对法国哲学的热情，对福柯的热爱，努力做好学问！

最后，恳请学界同仁批评指正！

王　婷

2024 年 10 月于上海

图书在版编目(CIP)数据

通向哲学生活之路 : 福柯晚期"自我"思想研究 /
王婷著. -- 上海 : 上海人民出版社,2024. -- ISBN
978-7-208-19188-4

Ⅰ. B565.59

中国国家版本馆 CIP 数据核字第 2024D57H28 号

责任编辑 刘 宇
封面设计 谢定莹

通向哲学生活之路:福柯晚期"自我"思想研究
王 婷 著

出　　　版　上海人民出版社
　　　　　　（201101　上海市闵行区号景路 159 弄 C 座）
发　　　行　上海人民出版社发行中心
印　　　刷　上海景条印刷有限公司
开　　　本　720×1000　1/16
印　　　张　15
插　　　页　3
字　　　数　199,000
版　　　次　2024 年 12 月第 1 版
印　　　次　2024 年 12 月第 1 次印刷
ISBN 978 - 7 - 208 - 19188 - 4/B·1790
定　　　价　68.00 元